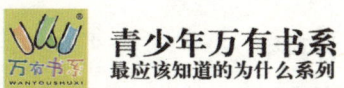

青少年万有书系
最应该知道的为什么系列

优秀青少年
最应该知道的为什么

生物卷
SHENGWU JUAN

青少年万有书系编写组 编写

北方联合出版传媒(集团)股份有限公司
辽宁少年儿童出版社
沈阳

编委会名单（按姓氏笔画排序）

方　虹　冯子龙　朱艳菊　许科甲
佟　俐　郎玉成　钟　阳　谢竞远
谭颜葳　薄文才

图书在版编目（CIP）数据

优秀青少年最应该知道的为什么.生物卷/青少年万有书系编写组编写.—沈阳：辽宁少年儿童出版社，2014.1（2021.8 重印）

（青少年万有书系.最应该知道的为什么系列）

ISBN 978－7－5315－6040－1

Ⅰ.①优… Ⅱ.①青… Ⅲ.①生物学－青年读物②生物学－少年读物 Ⅳ.①Z228.2

中国版本图书馆CIP数据核字(2013)第003558号

出版发行　北方联合出版传媒（集团）股份有限公司
　　　　　辽宁少年儿童出版社
出 版 人　胡运江
地　　址　沈阳市和平区十一纬路25号
邮　　编　110003
发行（销售）部电话：024-23284265
总编室电话：024-23284269
E-mail：lnse@mail.lnpgc.com.cn
http://www.lnse.com
承 印 厂　三河市嵩川印刷有限公司

责任编辑　朱艳菊　谭颜葳
责任校对　贺婷莉
封面设计　红十月工作室
版式设计　揽胜视觉
责任印制　吕国刚

幅面尺寸　170mm×240mm
印　　张　12　　　字　数　330千字
出版时间　2014年1月第1版
印刷时间　2021年8月第3次印刷
标准书号　ISBN 978－7－5315－6040－1
定　　价　45.00元

版权所有　侵权必究

全案策划　唐码书业(北京)有限公司
WWW.TANGMARK.COM
图片提供　台湾故宫博物院　时代图片库 等
www.merck.com　www.netlibrary.com
digital.library.okstate.edu　www.lib.usf.edu　www.lib.ncsu.edu

版权声明

经多方努力，本书个别图片权利人至今无法取得联系。请相关权利人见书后及时与我们联系，以便按国家规定标准支付稿酬。

联系人：刘　颖　联系电话：010-82676767

ZONGXU 总序

  青少年最大的特点是多梦和好奇。多梦，让他们心怀天下，志存高远；好奇，让他们思维敏捷，触觉锐利。而今我们却不无忧虑地看到，低俗文化在消解着青少年纯美的梦想，应试教育正磨钝着青少年敏锐的思维。守护青少年的梦想，就是守护我们的未来。葆有青少年的好奇，就是葆有我们的事业。

  正是基于这一认识，我社策划编写了《青少年万有书系》丛书，试图在这方面做一些有益的尝试。在策划编写过程中，我们从青少年的特点出发，力求突出趣味性、知识性、神秘性、前沿性、故事性，以最大限度调动青少年读者的好奇心、探索性和想象力。

  考虑到青少年读者的不同兴趣，我们将丛书分为"发现之旅系列"、"探索之旅系列"、"优秀青少年课外知识速递系列"、"历史地理系列"、"最应该知道的为什么系列"和"最惊奇系列"六大系列。

  "发现之旅系列"包括《改变世界的发明与发现》《叹为观止的世界文明奇迹》《精彩绝伦的世界自然奇观》和《永无止境的科学探索》。读者可以通过阅读该系列内容探究世界的发明创造与奇迹奇观。比如神奇的纳米技术将如何改变世界？是否真的存在"时空隧道"？地球上那些瑰丽奇特的岩洞和峡谷是如何形成的？在该系列内容里，将会为读者一一解答。

  "探索之旅系列"包括《揭秘恐龙世界》《走进动物王国》《打开奥秘之门》。它们将带你走进神奇的动物王国一探究竟。你将亲临恐龙世界，洞悉动物的奇趣习性，打开地球生命的奥秘之门。

  "优秀青少年课外知识速递系列"涵盖自然环境、科学科技、人类社会、文化艺术四个方面的内容。此系列较翔实地列举了关于这四大领域里的种种发现和疑问。通过阅读此系列内容，广大青少年一定会获悉关于自然以及人类历史发展留下的各种谜团的真相。

  "历史地理系列"则着重于为青少年朋友描绘气势恢宏的世界历史和地理画卷。其中《世界历史》分金卷和银卷，以重大历史事件为脉络，并附近千幅珍贵图片为广大青少年读者还原历史真颜。《世界国家地理》和《中国国家地理》图文并茂地让读者领略各地风情。该系列内容包含重大人类历史发展进程的介绍和自然人文风貌的丰富呈现，绝对是青少年读者朋友不可错过的知识给养。

"最应该知道的为什么系列"很好地满足了广大青少年朋友的好奇心和求知欲。此系列分生物、科技、人文、环境四卷,很全面地回答了许多领域我们关心的问题。比如,生命从哪里来?电脑为何会感染病毒?为什么印度人发明的数字会被称作阿拉伯数字?厄尔尼诺现象具体指什么?等等,诸多贴近我们生活的有意义的话题。

"最惊奇系列"则为广大青少年读者朋友介绍了许多世界之最和中国、世界之谜。在这里你会知晓世界上哪种动物最长寿,宇宙是如何起源的,中国人的祖先来自哪里,传说中的所罗门宝藏又在哪里等一系列神秘话题。这些你都可以通过阅读《青少年万有书系》之"最惊奇系列"找到答案。

现代社会学认为,未来社会需要的是更具有想象力、创造力的人才。作为编者,我们衷心希望这套精心策划、用心编写的丛书能对青少年起到这样的作用。这套丛书的定位是青少年读者,但这并不是说它们仅属于青少年读者。我们也希望它成为青少年的父母以及其他读者群共同的读物,父女同读、母子共赏,收获知识,收获思想,收获情趣,也收获亲情和温馨。

谁的青春不迷茫?愿《青少年万有书系》能够为青少年在青春成长的路上指点迷津,带去智慧的火花,带来知识的宝藏。

Contents
目录 >>

SHENGWU JUAN

PART 1
神秘的史前生物　1

什么是生命？..................2
生命从哪里来？..................2
为什么生物会千差万别？..................3
什么是生物的地质年代？..................3
人们如何了解古生物？..................4
什么是"寒武纪生命大爆发"？..................4
什么是"三叶虫时代"？..................4
恐龙是何时出现的？..................5
恐龙为什么叫"恐龙"？..................5
早期的恐龙什么样？..................6
为什么说侏罗纪是"恐龙时代"？..................6
最大的恐龙是哪种？..................7
为什么要研究恐龙足迹？..................7
恐龙蛋化石是什么样的？..................8
恐龙都是卵生的吗？..................9
恐龙到底吃什么？..................9
为什么有些恐龙喜欢吃石头？..................10
翼龙为什么会飞？..................10
角龙的角有什么作用？..................11
恐龙喜欢群居吗？..................11
恐龙的视力好不好？..................12
恐龙的皮肤什么样？..................12

恐龙的智商有多高？..................13
为什么有的恐龙有两个脑子？..................13
恐龙是怎样走路的？..................14
恐龙怎样照顾幼崽？..................14
恐龙是恒温动物吗？..................15
恐龙会游泳吗？..................15
霸王龙是龙中霸王吗？..................16
窃蛋龙真的会偷蛋吗？..................16
恐龙为什么会灭绝？..................17
恐龙有哪些活着的近亲？..................17
恐龙能够复活吗？..................18
鸟类由恐龙进化而来？..................18
始祖鸟是什么鸟？..................19
中华龙鸟是龙还是鸟？..................19
剑齿虎为何长着长牙？..................20
剑齿虎为什么会灭绝？..................20
古代巨猪个头有多大？..................21
始祖马长什么样子？..................21
猛犸象是现代亚洲象的亲戚吗？..................22
猛犸象都是长毛象吗？..................22

PART 2
动物世界探秘　23

蚯蚓吃什么？..................24

蚯蚓怎样适应环境? ……………………24
蚯蚓为什么能再生? ……………………25
蛔虫怎样进入寄主体内? ………………25
为什么绦虫能固定在动物的肠壁上? …26
蜗牛有眼睛吗? …………………………26
为什么蜗牛爬过会留下亮晶晶的痕迹? …27
天然珍珠是怎么来的? …………………27
乌贼为什么能喷墨汁? …………………28
乌贼和章鱼有何区别? …………………28
为什么章鱼能成为海中"一霸"? ……29
海星的"嘴"在哪里? …………………29
海星的管足有什么用? …………………30
为什么龙虾的小脚能变成大螯? ………30
为什么虾煮熟后会变红? ………………31
螃蟹鳃和鱼鳃一样吗? …………………31
寄居蟹"寄居"在哪里? ………………32
珊瑚是动物吗? …………………………32
水母为什么会"蜇"人? ………………33
水母为什么能发光? ……………………33
水母为何能预知风暴? …………………34
海绵到底是什么东西? …………………34
海葵的触手有什么用? …………………35
为什么小丑鱼能在海葵触手中自由穿梭? …35
蜈蚣到底有多少只脚? …………………36
为什么蜘蛛不会被蜘蛛网粘住? ………36
为何有的蜘蛛不结网? …………………37
最毒的蜘蛛是哪一种? …………………37
昆虫为什么有翅膀? ……………………38
沫蝉是"跳高冠军"吗? ………………38
蜻蜓为什么要"点水"? ………………39
蜻蜓是"飞行之王"吗? ………………39
为什么白蚁是"伟大的建筑师"? ……40
为什么军蚁被称为"微型杀手"? ……40
蚂蚁是如何"放牧"的? ………………41
蚂蚁为什么不会迷路? …………………41
蚂蚁为什么是"大力士"? ……………42
蜜蜂为什么要跳舞? ……………………42
为什么蜜蜂蛰人后自己就会死掉? ……43

为什么说蜂巢堪称鬼斧神工? …………43
为什么蝴蝶的翅膀绚丽多彩? …………44
蝴蝶与蛾有什么不同? …………………44
家蚕为什么会吐丝? ……………………45
萤火虫为什么能发光? …………………45
为什么说蝉的生活方式非常独特? ……46
蝉为什么叫声响亮? ……………………46
鱼类用什么器官呼吸? …………………47
鱼鳔是做什么用的? ……………………47
鱼的视力好不好? ………………………48
为什么鱼大多有鳞片? …………………48
鱼身上为什么有黏液? …………………49
鲑鱼为什么要洄游? ……………………49
鲨鱼为什么不停地游动? ………………50
鱼也要喝水吗? …………………………50
肺鱼为什么能离开水? …………………51
弹涂鱼为什么能上树? …………………51
海马是鱼吗? ……………………………52
雄海马为什么能生宝宝? ………………52
飞鱼为什么会飞? ………………………53
双髻鲨的头为什么长得那么奇怪? ……53
为什么电鳗会放电? ……………………54
射水鱼为什么能射水? …………………54
深海鱼为什么能承受巨大的水压? ……55
什么是两栖动物? ………………………55
青蛙为什么生活在潮湿的地方? ………56
为什么青蛙吃东西的时候要眨眼睛? …56
多指节蛙为什么又叫"悖论蛙"? ……57
龟为什么能够长寿? ……………………57
为什么海龟记得自己的出生地? ………58
蜥蜴尾巴为何能再生? …………………58
科摩多龙有毒吗? ………………………59
变色龙为什么会变色? …………………59
壁虎为什么能在墙上爬而不掉下来? …60
为什么鳄鱼会流眼泪? …………………60
扬子鳄为什么被称为"最后的活化石"? …61
为什么蛇能吞下比头部还大的食物? …61
为什么蛇总爱吐舌头? …………………62

为什么蛇要蜕皮？...........................62	为什么狼喜欢在半夜里嗥叫？...........81
蛇都是卵生的吗？...........................63	熊为什么要冬眠？...........................82
蟒蛇怎样杀死猎物？.......................63	亚洲黑熊为什么又叫"月亮熊"？......82
为什么响尾蛇的尾巴会发出响声？...64	为什么猫眼一日三变？...................83
候鸟为什么要迁徙？.......................64	猫科动物走路为什么悄无声息？......83
鸟为什么会飞？...............................65	为什么连猛兽都怕臭鼬？...............84
为什么鸵鸟不会飞？.......................65	为什么说鲸不是鱼类？...................84
哪种鸟飞行速度最快？...................66	海象为什么长着长牙？...................85
海鸥为什么追着轮船飞？...............66	象鼻子为什么那么长？...................85
为什么企鹅不怕冷？.......................67	大象用鼻子吸水为什么不会被呛到？...86
为什么水鸟能够浮在水面上？.......67	非洲象和亚洲象有什么区别？.......86
熟睡的鸟儿为何不会从树上跌落？...68	骆驼为什么能在沙漠中长途跋涉？...87
为什么鹤会单腿站立？...................68	麋鹿为什么叫"四不像"？...............87
孔雀为什么要开屏？.......................69	长颈鹿的脖子为什么那么长？.......88
啄木鸟为什么不会得"脑震荡"？...69	为什么长颈鹿不会患"高血压"？...88
火烈鸟为什么红艳似火？...............70	斑马身上为什么有黑白相间的条纹？...89
为什么蜂鸟能在半空中停留？.......70	斑马如何寻找水源？.......................89
犀鸟为什么叫"多情鸟"？...............71	白犀牛和黑犀牛只是颜色有别吗？...90
为什么雌杜鹃从不自己哺育后代？...71	犀牛身上为什么常落着小鸟？.......90
为什么鹦鹉会说人话？...................72	河马为何总泡在水里？...................91
老鹰为什么视力敏锐？...................72	为什么说蜘蛛猴有"第五只手"？...91
为什么母针鼹没有乳腺也能喂奶？...73	狐猴是什么样的猴子？...................92
织巢鸟是怎样织巢的？...................73	猴子为什么会给同伴"捉虱子"？...92
为什么卵生的鸭嘴兽也是哺乳动物？...74	吼猴为什么嗓门大？.......................93
为什么许多有袋类动物生活在大洋洲？...74	夜猴为什么眼睛大？.......................93
袋鼯为什么能滑翔？.......................75	为什么说大猩猩是"温驯的巨人"？...94
树袋熊为什么挑食？.......................75	为什么大猩猩喜欢拍自己的胸脯？...94
袋鼠为什么善于跳跃？...................76	
袋鼠的怀孕期为什么非常短？.......76	

PART 3 植物王国漫游 95

穿山甲为何身披鳞片？...................77	
食蚁兽食量有多大？.......................77	
蝙蝠为什么不属于鸟类？...............78	植物"吃"什么长大？...................96
蝙蝠靠什么确定方位？...................78	植物和动物有何区别？...................96
小白兔为何长红眼睛？...................79	植物也会交谈吗？...........................97
兔子为什么会吃自己的粪便？.......79	植物也有喜怒哀乐吗？...................97
为什么雪兔会变色？.......................80	为什么小小的种子能够长成大树？...98
河狸为什么要筑坝？.......................80	为什么说种子是"大力士"？...........98
为什么说斑鬣狗群是"母系社会"？...81	

为什么大树的树干都是圆柱形的?..........99
树木为什么会长年轮?..........99
为什么植物的根往下长?..........100
为什么有些植物的根可以吃?..........100
叶片上为什么有叶脉?..........101
为什么秋天树叶会变色?..........101
为什么绿色植物能够净化空气?..........102
植物的茎有什么用处?..........102
花朵为什么万紫千红?..........103
花儿为什么能散发出迷人的香气?..........103
花粉是怎样传播的?..........104
牵牛花为什么要在早晨开放?..........104
为何有的植物不开花?..........105
为什么有的植物先开花后长叶?..........105
为什么果子熟了比较甜?..........106
为什么高山上的植物比较矮小?..........106
为什么高山上的花朵更艳丽?..........107
为什么会发生赤潮?..........107
巨藻到底有多大?..........108
马尾藻海为什么被称为"海上草原"?...108
苔藓为什么能监测污染?..........109
苔藓为什么长不高?..........109
铁树开花为什么罕见?..........110
银杏为什么是"活化石"?..........110
琥珀是怎样形成的?..........111
松柏树的叶子为什么多为针形?..........111
松柏类植物为什么四季常绿?..........112
樟木为什么可以防蛀虫?..........112
针叶树的球果是什么?..........113
红树林为什么被称为"海岸卫士"?...113
竹子为什么长不粗?..........114
为什么竹子有"节"?..........114
为何竹子开花就会死?..........115
为什么椰树树干上有一圈圈横纹?..........115
面包树真的能结"面包"吗?..........116
为什么光棍树不长叶子?..........116
为什么榕树独木能成林?..........117
木棉为什么是"英雄树"?..........117

为什么胡杨能在盐碱地中存活?..........118
为什么茶树大都生长在南方?..........118
红茶和绿茶有什么区别?..........119
香蕉的种子在哪里?..........119
仙人掌为什么长满尖刺?..........120
为什么水生植物的根茎不会腐烂?..........120
为什么荷叶不沾水珠?..........121
为什么藕中有许多孔?..........121
"藕断"为什么"丝连"?..........122
为什么王莲的叶子那么结实?..........122
为什么蒲公英的种子打着"小伞"?..........123
常春藤为什么能爬墙?..........123
植物有血型吗?..........123
为什么大蒜可以起到防治疾病的作用?..........124
为什么水仙不需要土壤也可以活?..........124
向日葵的花盘为什么向着太阳?..........125
为什么黑色的花特别少?..........125
含羞草为什么"害羞"?..........126
为什么无籽西瓜没有籽?..........126
佛手瓜为什么被称为"胎生植物"?..........127
为什么发芽的土豆不可以吃?..........127
花生为什么地上开花地下结果?..........128
无花果真的没有花吗?..........128
为什么昙花的花期很短?..........129
为什么猪笼草能吃虫?..........129
为什么箭毒木能"见血封喉"?..........130
为什么大王花奇臭无比?..........130

PART 4
探索微生物世界 131

微生物到底有多小?..........132
细菌都藏在什么地方?..........132
什么是球菌、杆菌、螺旋杆菌?..........133
细菌是怎样繁殖的?..........133
为什么说人类的生活离不开细菌?..........134
为什么细菌可以发电?..........134

为什么噬菌体能杀菌? 135
为什么病毒性疾病很难治愈? 135
为什么有些动物病毒也能感染人类? 136
为什么接种牛痘可以预防天花? 136
艾滋病病毒为什么能致人死亡? 137
变形虫为什么被称为"永生的动物"? 137
草履虫在水中怎样运动? 138
鞭毛虫靠什么维生? 138
为什么说真菌既不是动物也不是植物? 139
真菌和细菌有什么区别? 139
真菌是怎样繁殖的? 140
为什么潮湿的食物上会生霉菌 140
为什么说食用菌的营养价值很高? 141
为什么许多蘑菇都有"伞盖"? 141
哪些蘑菇是有毒的? 142
马勃菌为什么会炸裂? 142
冬虫夏草是虫还是草? 143
灵芝为什么是"仙草"? 143
为什么有一些真菌能"吃虫"? 144
地衣是植物还是真菌? 144

PART 5 认识人类自身 145

人身上共有多少块骨头? 146
骨骼为什么是坚硬的? 146
人的头骨是一块完整的骨头吗? 147
肋骨是做什么用的? 147
为什么女人的骨盆比男人的宽而浅? 148
骨折患者为什么要打上石膏? 148
关节到底有什么作用? 149
为什么女性的肌肉没有男性的发达? 149
为什么受伤了会觉得疼? 150
皮肤为什么会出油? 150
人手为什么有五根手指? 151
拇指为什么只有两节? 151
人脑由什么物质组成? 152

大脑皮层为什么布满了褶皱? 152
左右脑功能有何不同? 153
人的小脑起什么作用? 153
人为什么要每天睡觉? 154
睡着后为什么会做梦? 154
眼睛为什么能看见东西? 155
人为什么有两只眼睛 155
瞳孔的大小为什么会变? 156
人为什么会流泪? 156
人的两只耳朵为什么长在脑袋两侧? 157
耳朵如何听到声音? 157
耳朵里为什么有耳屎? 157
人怎样保持身体平衡? 158
为什么有的人会晕车? 158
鼻子为什么能闻到气味? 159
为什么要用鼻子呼吸? 159
舌头为什么能尝味道? 160
手的触觉为什么很敏感? 160
人为什么会感觉痒? 161
盲人为什么能识别盲文? 161
人为什么离不开空气? 162
为什么肺部有许多肺泡? 162
人是怎样发声的? 163
人为什么会打喷嚏? 163
人为什么会咳嗽? 164
人为什么会打哈欠? 164
为什么人血是红的? 165
为什么小伤口流血会很快停止? 165
静脉中流动的都是静脉血吗? 166
人为什么会有脉搏? 166
不同血型的人为什么不能相互输血? 167
皮肤苍白就是贫血吗? 167
只要血型相同就能保证输血安全吗? 168
心脏从来不休息吗? 168
牙齿为什么各不相同? 169
蛀牙是怎样形成的? 169
为什么酸东西吃多了会"倒牙"? 170
人为什么要换牙? 170

为什么食物要经过咀嚼才能吞咽？............171
为什么嚼东西时不宜偏用一侧牙齿？............171
胃酸有什么用？............172
为什么胃不会把自己消化掉？............172
肚子饿了为什么会叫？............173
吃下的东西都去哪儿了？............173
人为什么会打嗝？............173
胆汁是胆囊分泌的吗？............174
为什么大肠里有细菌？............174
阑尾是无用的器官吗？............175
为什么要定时排便？............175
人晒太阳为什么会变黑？............176
皮肤磕碰后为什么会变成乌青色？............176
人害羞为什么脸会红？............176
人体内的淋巴系统是做什么用的？............177
为什么得过一次水痘就终身免疫？............177
基因是什么？............178
人类的细胞有什么用？............178
精子是由哪里产生的？............179
精子为什么长着小尾巴？............179
卵子是怎样形成的？............180
精子和卵子怎样结合？............180
为什么说"十月怀胎，一朝分娩"？............181
为什么会有双胞胎？............181

Part 1
神秘的史前生物

我们了解古老生物的最直接途径就是化石。化石就像记录地球生命的书,从中可以看到古代动植物的样子,从而推断出它们的生活情况和生存环境,也可推断出埋藏化石的地层形成的年代和经历的变化……

> 主题索引
> 什么是生命？生命从哪里来？

> 科学关键词
> 进化 应激性 新陈代谢

■ 什么是生命？

Weishenme

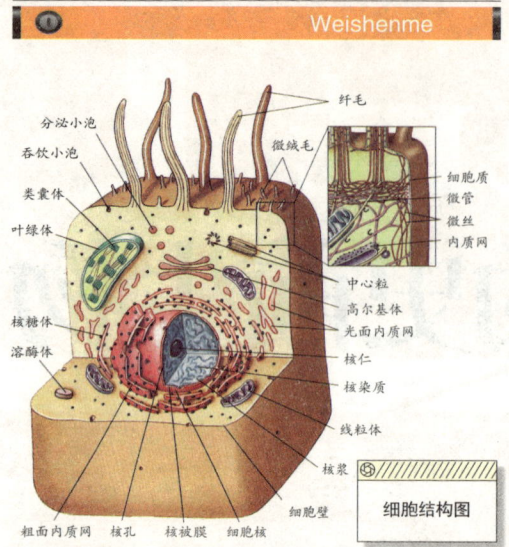

分泌小泡 吞饮小泡 类囊体 叶绿体 核糖体 溶酶体 粗面内质网 核孔 核被膜 细胞核 细胞壁 核浆 线粒体 核染质 核仁 光面内质网 高尔基体 中心粒 纤毛 微绒毛 细胞质 微管 微丝 内质网

细胞结构图

看看水里游来游去的鱼、地上跑来跑去的小狗、空中飞来飞去的鸟，我们会发现，世界上到处都是生物。生物使我们的地球变得生机勃勃、丰富多彩。虽然生物各不相同，但它们有一个共同点——都有生命。

只有生物才有生命。生物有以下共同的特征：

应激性：生物个体能够对外界的刺激作出反应，如大多数植物对光的刺激都会产生向光生长的反应。

细胞：生物是由细胞构成的，单个细胞构成单细胞生物，许多细胞构成多细胞生物。如人体是由几十万亿个细胞构成的。

一猪生九崽，连母十个样

新陈代谢：生物都要进行新陈代谢。经过一系列复杂的过程，生物把来自外界的营养物质转化为自身物质，再把体内的物质分解，使细胞获得营养和能量。

生长与繁殖：生物的生长，是指生物把它所需要的物质吸收到体内，经过一系列转化后变为它自身的物质，这就是生物个体长大的过程。生物生长到一定程度后具有产生后代的能力，即具有繁殖能力。如小鸟长大后，开始繁衍下一代。

遗传、变异和进化：生物进行繁殖时，亲代与子代相似的现象称为"遗传"；亲代与子代之间，以及子代各个个体之间不一样的现象称为"变异"；生物从简单到复杂、从低级到高级的变化发展称为"进化"，又称"演化"，如古猿进化成人。

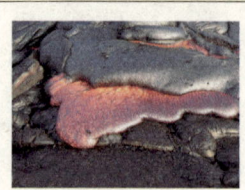

早期地球上的熔岩

起初，地壳活动频繁，来自太空的陨石经常撞击地球，地球表面处处都是熔化的岩浆。后来，地球逐渐冷却下来，原始的海洋形成了，孕育出最原始的生命。

■ 生命从哪里来？

Weishenme

地球上共有微生物8万多种、植物46万多种、动物100多万种。它们都是从哪里来的呢？科学家们认为，生命起源于原始海洋。不过也有人

> **你知道吗**
>
> ■ 最初的大气层由二氧化碳、氮气和水蒸气组成，几乎不含氧气。后来地球逐渐冷却，水蒸气凝结成雨从天空落下来，接着地球上便出现了湖泊和海洋。
>
> ■ 大约35亿年前，地球上出现了生命。在各种生物中，人类是最晚诞生的。

动物之最　统治地球陆地时间最长的动物：爬行动物。2.8亿年前出现，中生代时达到全盛。

提出不同的看法，如认为生命是从地球外来的等等。尽管如此，科学家对生命诞生过程的认识却基本一致。他们认为，生物从无机物合成有机小分子后，再由有机小分子合成生物大分子。生物大分子在原始海洋中长期相互作用，构成多分子体系，最终演化成原始生命。然后，原始生命从海洋出发，向不同方向进化，形成许多分支，再经过千百万年，便形成了新的、复杂的生命。

含量，也使生命进化得越来越快。大约18亿年前，原核生物演化成了有真正细胞核的真核生物。此后，经过漫长的岁月，真核细胞生物的一支逐渐发展成多细胞生物，然后出现了更高级的动植物。在进化过程中，生物周围不同的生活环境使生物在自然选择的作用下向不同方向进化，从而造就了它们之间的千差万别。

地球演化和生物进化示意图
地球上生命的进化，是一个从无到有、从低级到高级、从简单到复杂的过程。这一过程从地球诞生之日起就开始了，经过了数十亿年的漫长时间。

■ 为什么生物会千差万别？

Weishenme

地球上生物种类繁多，而且生物与生物各不相同，千差万别，这是为什么呢？

达尔文认为，地球上形形色色的生物是自然选择的结果。在《物种起源》一书中，他用"适者生存"的进化论观点阐释了这一现象。

原始生命出现后，地球便进入生物进化阶段。大约35亿年前，原始生命演变为原核生物。随着数量的增多，它需要的物质越来越供不应求，生存竞争便出现了。结果，有的原核生物被淘汰了，有的生存下来，开始进化。大约30亿年前，光合作用大大增强了大气中氧气的

达尔文像
达尔文认为，经过"人工选择"而获得的品种，彼此之间的差别有时比野外物种之间的还要大。

■ 什么是生物的地质年代？

Weishenme

生命的起源与生物的进化都发生在地球上不同的地质年代。那么，什么是地质年代呢？人们又是怎样划分地质年代的呢？

地质年代指地壳上不同时期的岩石和地层在形成过程中的时间（年龄）和先后顺序。人们把地质年代分为两类：相对地质年代和绝对地质年代。相对地质年代是指岩石和地层之间的相对新老关系和它们的生成顺序。根据地层自然形成的先后顺序，科学家把地层分为5代12纪。地层里一般都有古代动植物的化石。化石出现的早晚是有一定顺序的，生物越低等，化石出现得越早；生物越高等，化石出现得越晚。绝对地质年代是岩石的实际年龄。通过检测岩石中的某种放射性元素，人们能计算出它的绝对地质年代。岩石越老，绝对地质年代越长。一般情况下，科学家先算出每个地质年代开始的时间，再算出它结束的时间，然后推算它共延续了多久。如中生代开始于2.3亿年前，于6700万年前结束，共延续了约1.6亿年。

【百科辞典】

自然选择：
生物在自然条件的影响下经常发生变异，适应自然条件的生物可以生存、发展，不适应自然条件的生物被淘汰。

原核生物：
由原核细胞（没有真正的细胞核的细胞）构成的生物。

▶ 主题索引
人们如何了解古生物？什么是"寒武纪生命大爆发"？
什么是"三叶虫时代"？

▶ 科学关键词
化石 无脊椎动物

■ 人们如何了解古生物？

Weishenme

古生物指那些曾经生活在地质年代中而现在大部分早已灭绝的生物。那么，我们是怎么知道这些死去很久的古老生物的呢？原来，它们的遗体、遗迹埋藏在地层里，以化石的形式保存了下来。

化石就像记录地球生命的书。从化石中可以看到古代动物、植物的样子，从而推断出它们生存的状态和环境，也可以推断出埋藏化石的地层形成的年代和经历的变化，以及生物从古到今的变化，等等。科学家们正是通过化石，为人们揭示了古生物演化的漫长进程。

■ 什么是"寒武纪生命大爆发"？

Weishenme

寒武纪岩层
图为寒武纪时期形成的岩层，距今已有5.4亿至5.1亿年历史。

寒武纪是地质年代划分中属显生宙古生代的第一个纪，距今已有5.4亿至5.1亿年。

寒武纪开始时，绝大多数无脊椎动物在很短的时间内同时出现了，古生物学家把这种现象称作"寒武纪生命大爆发"。令人不解的是，在寒武纪地层中，有大量门类众多的无脊椎动物化石，但在寒武纪之前的更古老的地层中却一直都找不到任何动物化石。地球花了近30亿年的时间才完善了细胞的结构，可为什么在寒武纪短短的数百万年间，就会一下子出现这么多复杂的多细胞生物呢？达尔文对此深感困惑，并曾在《物种起源》中提到这一事实。"寒武纪生命大爆发"至今仍是古生物学和地质学上的一个谜。

■ 什么是"三叶虫时代"？

Weishenme

三叶虫是生活5亿多年前到2亿多年前的一种原始节肢动物。它的形体扁宽，背面正中突起，背上有两道纵沟把身体纵分为三叶形，由此得名。三叶虫统治地球时正值寒武纪，因此人们又将寒武纪称为"三叶虫时代"。

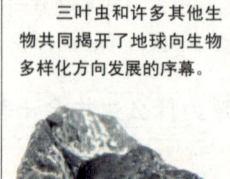

三叶虫化石
三叶虫和许多其他生物共同揭开了地球向生物多样化方向发展的序幕。

为什么寒武纪时会出现这么多三叶虫呢？科学家认为，三叶虫具有很好的适应环境的能力。三叶虫并不遵循单一的生活模式，有些种类的三叶虫喜欢游泳，有些种类喜欢在水面上漂浮，有些种类喜欢在海底爬行，还有些种类习惯于钻进泥沙里生活，它们占据了海洋中的不同生存空间。寒武纪初期，海洋中出现了大量的小壳动物群，主要是软舌螺、腹足类、单板类等低等的软体动物。它们给三叶虫带来了丰富的食源。因此，整个寒武纪的海洋成了三叶虫的世界。

【百科辞典】

化石：
古生物的遗体（动物的骨骼、牙齿、甲壳、贝壳等）、遗物（恐龙的蛋等）、遗迹（脚印等）埋藏在地下变成的像石头一样的东西。

无脊椎动物：
体内没有脊柱或脊索的动物，如节肢动物、软体动物、腔肠动物和环节动物等。

动物之最　现今世界上最原始最低等的无脊椎动物：桃花水母，又名"桃花鱼"，生长在我国三峡地区，被我国列入濒危动物红色目录。

恐龙是何时出现的?

在大约2.3亿年前的三叠纪晚期,地球上缓慢漂移着的陆地在赤道附近结合成了一个超级大陆,这个超级大陆被德国地质学家阿尔弗雷德·魏格纳叫做"盘古古陆"。在这个"盘古古陆"上,气候很温暖,但后来渐渐变得干燥起来,在水分充足的地方,长着针叶树、苏铁类植物和蕨类植物,后来渐渐出现了恐龙。

在恐龙出现以前,地球上已经出现蜥蜴类的动物,古生物学家相信它们就是后来出现的恐龙的雏形。在大约2.45亿年前的二叠纪末期,一颗小行星撞击地球,灭绝了当时生活在地球上的大多数物种。然后,最早的恐龙从某种爬行动物中进化出来,它们是当时陆地上许多新的动物类群中的一支。同时,还有一些新生命征服了天空和海洋。

恐龙化石(头部)
恐龙的尸体经过亿万年地质作用后变成化石,由于地壳的变化而露出地面,被人发现。

两栖动物的登陆
两栖动物是鱼类向爬行动物过渡的种类,是恐龙的祖先,它们首先完成了从海洋到陆地的过渡。

恐龙为什么叫"恐龙"?

1822年,在英国南部的岩石中,乡村医生曼特尔和妻子发现了一些动物牙齿和骨头化石,并把它们带给当时法国古生物学家居维叶鉴定。居维叶认为牙齿是犀牛的,骨骼是河马的,它们的年代都不会太古老。曼特尔对这个结论非常怀疑,决定继续考证。

两年后,曼特尔偶然结识一位研究鬣蜥的博物学家,就将自己的发现与博物学家收集的鬣蜥的牙齿相对比,发现二者很相似。曼特尔认为这些化石属于一种与鬣蜥同类,但是已经绝灭了的古代爬行动物,就把它命名为"鬣蜥的牙齿",即禽龙。禽龙是科学史上最早记载的恐龙。

1842年,为概括当时地层中已经发现的、

曼特尔向众人展示禽龙化石
曼特尔(1790—1852),英国医生、地质学家和古生物学家,长期致力于中生代的古生物研究,他在白垩纪的地层中首次发现了恐龙类爬行动物的化石。

你知道吗

- 阿尔弗雷德·魏格纳提出了"大陆漂移学说"。
- 人们一般采到的三叶虫化石都是背壳,三叶虫腹面的节肢极少形成化石。
- 中国三叶虫化石是早古生代的重要化石品种,是划分和对比寒武纪地层的重要依据。三叶虫化石不仅是研究古生物学的珍贵资料,也是一种独特的观赏石和工艺原料,可制成文房四宝、花瓶、扇面等。

最古老的昆虫化石:一种无翅的弹尾目昆虫化石,形成于3.5亿年前。昆虫躯体明显地分为头、胸、腹三部分。

生活在陆地上的大型爬行动物，英国古生物学家查理德·欧文创建"恐龙"一词，意为"恐怖的蜥蜴"或"恐怖的爬行动物"。迄今为止，人们发现的恐龙已有650～700种。

■ 早期的恐龙什么样？

发掘恐龙化石
恐龙骨骼化石和恐龙蛋化石是研究恐龙及其生活年代的重要参考资料。图为考古学家正在发掘一具完整的恐龙骨骼化石。

自20世纪起，科学家陆续在阿根廷西北部的月谷发现了很多早期恐龙以及其他大型爬行动物的骨架化石。其中包括两种最早的恐龙：黑瑞龙和始盗龙。

1988年，美国科学家瑟里诺博士在月谷发现了第一具黑瑞龙头骨化石，这具化石保存得相当完好。经研究，黑瑞龙耳朵里有一个听小骨，这表明它的听觉可能很敏锐。它的爪子很长，牙齿锋利，前肢强而有力，骨骼轻巧，应该是一种善于奔跑的食肉类恐龙。据推测，它高3～4米，身长3～6米，体重达360～450千克。

1993年，瑟里诺博士又在月谷发现了一具保存得非常完整的恐龙骨架化石。它被命名为"始盗龙"。始盗龙身长不足1米，体重仅5～7千克，上下牙齿、口腔后面的牙齿与其他的食肉恐龙一样锋利，但是口腔前面的牙齿却呈树叶状，与其他的素食恐龙相似。这说明，始盗龙可能既吃植物又吃肉。始盗龙有5个"手指"，而它之后的恐龙"手指"数目越来越少；始盗龙的腰部只有三块脊椎骨，它之后的恐龙的腰部脊椎骨的数目越来越多，体形也越来越大。

■ 为什么说侏罗纪是"恐龙时代"？

侏罗纪属于中生代中期，是中生代第二个纪，距今2.08亿～1.44亿年。这一时期，陆地上气候温暖潮湿，植物生长繁茂，大部分地区被森林覆盖。

侏罗纪是恐龙的全盛时期，因此被称为"恐龙时代"。恐龙在这一时期变化很大，从初龙分化出蜥臀目恐龙和鸟臀目恐龙。蜥臀目恐龙又分化出霸王龙、跃龙、雷龙、梁龙等，鸟臀目恐龙则分化出鸭嘴龙、禽龙、剑龙、甲龙、角龙等。这些形形色色的恐龙共同组成了一个庞大的恐龙家族。

大部分的蜥臀目恐龙都有向前突出的耻骨，而鸟臀目恐龙的耻骨都向后倾斜。除臀部结构不同外，两类恐龙在生活及行为特征上也不一样。蜥臀目恐龙包括以四肢行走的植食性蜥脚类恐龙和几乎用两肢行走的肉食性兽脚类恐龙。鸟臀目恐龙全是植食动物，以四肢或两肢行走。

■ 最大的恐龙是哪种？

Weishenme

三叠纪时，恐龙还是又小又敏捷的动物。后来，慢慢出现了大型肉食类恐龙和笨重的植食类恐龙。恐龙的身体变得越来越大，成为庞然大物。

到目前为止，我们所发现的最大的恐龙是震龙。震龙又叫"地震龙"。震龙身长39～52米，身高达18米，体重达130吨。可以说，2～3只震龙头尾相接地站在一起，可以从足球场的一个球门排到另一个球门。要是它在原野上行走，巨脚一踩到地面，大地都会发生颤抖，像地震一样。这就是"震龙"一名的含义。震龙生活在1.62亿～1.36亿年前的侏罗纪晚期。在动物分类学上，它属于蜥臀目蜥脚亚目梁龙科，是植食恐龙。据说，震龙吃东西时，会将树叶整个咽下去，从不咀嚼。

现在，我们在陆地上再也见不到如此庞大的动物了，能够与它们相比的大概只有生活在海洋里的蓝鲸。雌性蓝鲸可以长到30多米，体重可以达到200吨。

翼龙复原图
翼龙和恐龙生活在同一时代，也属于爬行动物，是恐龙的近亲，也是第一种飞上蓝天的脊椎动物。

■ 为什么要研究恐龙足迹？

Weishenme

人们很早就注意到了恐龙的足迹，但真正认识它却很晚。1802年，一位美国青年在他的家乡康涅狄格峡谷附近的红色砂岩中发现了许多恐龙脚印化石，但当时它们被当成是鸟爪的化石。我国云南省晋宁夕阳彝族自治乡的彝胞有个习俗，当他们要埋葬死去的亲人时，送葬的队伍必须抬着棺材沿着一行"金鸡爪"的方向走向墓地。后来古生物学家发现，这种"金鸡爪"其实是一行恐龙的脚印化石。

黑瑞龙复原图
黑瑞龙是距今约2.3亿年前的三叠纪后期的恐龙，长约5米，头大颈短，是最早的肉食恐龙之一，在阿根廷已发现其数具遗骸。

这些有趣的恐龙足迹是遗迹化石的一种。遗迹化石指那些保留在岩层中的古生物的活动痕迹及其遗物。根据足迹的大小、深浅和排列情况，科学家能够得到很多的信息。例如，可以通过恐龙脚印的深浅推测恐龙的体重；由脚印的形态推测它是肉食的或是植食的，是在地上跑的或是在水中游的；从一行脚印中各脚印的关系，分析它行走时

震龙复原图
到目前为止，人类所发现的身材最大的恐龙是震龙，它的身长有39～52米，身高可以达到18米，体重达130吨。

动物之最　最早的植食类恐龙：板龙。出现于2亿年前的三叠纪晚期，身长6~8米，体重1~2吨。

> 主题索引
> 恐龙蛋化石是什么样的？

> 科学关键词
> 恐龙蛋 羊膜卵

是漫步、快跑还是跳跃，是两足行走还是四足行走……

因此，研究恐龙的足迹很有意义。

■ 恐龙蛋化石是什么样的？

Weishenme

> **你知道吗**
> ■ 1960年，科学家在北极发现了生活在1亿年前的禽龙的足迹。
> ■ 我国是世界上恐龙蛋化石埋藏丰富的国家之一。1993年，科学家曾在河南西峡发现了5000多枚恐龙蛋化石。

恐龙蛋化石是非常珍贵的古生物化石。1869年，在法国南部普罗旺斯的白垩纪地层中，人们第一次发现了恐龙蛋化石。当时人们不知道这是何种动物的蛋化石。后来，人们发现了越来越多类似的碎蛋片化石，最后确认其为恐龙蛋化石。

恐龙蛋化石
恐龙蛋与其他爬行动物以及鸡、鸭等产的蛋一样，也是羊膜卵。恐龙蛋蛋壳厚2~7毫米，是世界上最厚的蛋壳。

人们把恐龙蛋化石称为"化石珍品"，因为它的蛋壳很脆弱，要形成化石非常难，所以现在保留下来的恐龙蛋化石非常稀少。各种恐龙的蛋大小不一，直径一般在10~15厘米之间。恐龙蛋的形状也不同，如窃蛋龙、驰龙、伤齿龙等小型兽脚类恐龙的蛋一般是长形的，而马门溪龙、梁龙这些四腿走路的恐龙的蛋是圆形的，鸭嘴龙等鸟脚类恐龙的蛋是椭圆形的，等等。有的恐龙蛋蛋壳表面光滑，也有的具有点线饰纹。

这么小的恐龙蛋怎么能长成那么庞大的恐龙？科学家解释说，如果恐龙蛋大小和恐龙体

恐龙足迹
此为美国得克萨斯州沃思堡市东南部恐龙谷州立公园内的恐龙足迹，据说这是侏罗纪时期的恐龙散步时留下的。

形成正比的话，那么蛋壳将会厚得让小恐龙无法孵化，也无法让足够的氧气进入蛋内供小恐龙呼吸，所以恐龙蛋并不大。但是由于有些种类的恐龙从孵化出来后，几乎一辈子都会不停生长，所以它们最终能长成庞然大物。

> **你知道吗**
> ■ 侏罗纪不仅是爬行动物的天下，还是裸子植物的时代，苏铁类、银杏类、松柏类植物非常繁茂。
> ■ 藻类是地球上最古老的植物，其中蓝藻是最早出现的。

最长的恐龙足迹化石：位于土库曼斯坦和乌兹别克斯坦边境，其中5串分别长184米、195米、226米、262米和31

■ 恐龙都是卵生的吗？

自1869年第一次发现恐龙蛋化石以来，人们又发现了更多的恐龙蛋化石。很长时间以来，人们认为恐龙都是卵生的。不过，有科学家却认为，雷龙可能不是卵生，而是胎生的。

雷龙是世界上最大的恐龙之一，生活在1.2亿年前。雷龙的盆骨腔比其他大多数恐龙都宽得多，足以容纳下胎儿，且能顺利分娩。同时，人们也一直没有找到雷龙的蛋化石。1910年，人们曾发掘出一具成年雷龙的骨架化石，其腹部包含一个小雷龙的骨架。有科学家认为这是雌雷龙和它未出世的胎儿的遗骨。

还有，人们曾发现一些成年雷龙足迹间有小雷龙的足迹。分析这些小足迹，科学家判断小雷龙的体重不低于133千克。如果雷龙是卵生的，刚孵化出来应该没这么大，而胎生出来的小雷龙已经在母体内生长了一段时间，很可能已经有了一定的体重，也很快能在父母的保护下自己走动。

关于雷龙到底是胎生还是卵生的问题，现在还没有一个肯定的结论。

侏罗纪时，裸子植物生长得非常繁盛，因此植食类恐龙有丰盛的食物享用。肉食类恐龙都属于兽脚亚目，常被称为"食肉龙"或"食肉蜥蜴"。它们主要以其他恐龙、昆虫和鸟类为食，有时也吃动物尸体。它们可能是先用有利爪的前肢捕杀猎物，然后再借助利牙和前肢的利爪把猎物的肉撕扯下来吃。

■ 恐龙到底吃什么？

很多人以为恐龙全是可怕的肉食性动物。其实，恐龙分植食类恐龙和肉食类恐龙两类。还有一些恐龙原先是肉食类恐龙，后来既吃植物也吃肉食。不过，绝大多数恐龙属于植食类恐龙，包括体形最大的蜥脚亚目恐龙以及所有的鸟臀目恐龙，只有少数恐龙属于肉食类恐龙。

判断一种恐龙的食性，我们可以从恐龙化石遗骸入手，尤其看它下颌骨及牙齿的形状和排列方式，以及整副恐龙骨架的形状。如肉食类恐龙常常牙齿锋利，头很大，颈比较短。而大多数植食类恐龙则有长长的脖子，便于它们撕扯树梢上的叶片吃。

苏铁
苏铁科植物是世界上最古老的种子植物，是植食性恐龙最喜欢的食物之一，被地质学家誉为"植物活化石"。

动物之最 现在世界上最大的食肉动物：生活在美国阿拉斯加科迪亚克岛上的棕熊，体长约4米，体重达757千克。

▶ 主题索引
为什么有些恐龙喜欢吃石头？翼龙为什么会飞？

▶ 科学关键词
胃石 臼齿 退化

■ 为什么有些恐龙喜欢吃石头？

Weishenme

20世纪，美国科考队在我国内蒙古自治区与蒙古人民共和国交界处发掘出大量的恐龙化石。其中，在一具植食类恐龙骨架的胃里，发现了112颗光滑的小石子，显然，这只恐龙在活着的时候就吞下了这些石子。石子一直留在胃里，并随着胃的蠕动与食物一起反复搅拌，渐渐地被磨得十分光滑。古生物学家称这些石头为"胃石"。不过，只有在恐龙的体腔内或体腔旁的圆石才可能是胃石。

在埋藏恐龙骨骼化石的地层中，人们经常会发现胃石。为什么有些恐龙会喜欢吃石头呢？

原来，有些恐龙没有咀嚼食物的臼齿，食物未嚼碎就咽下去了，而胃石能帮它们磨碎和消化食物。其实，现在地球上也有经常吃石头的动物，如鸡、鳄鱼，它们吃石头也是为了帮助消化。胃石是恐龙留下的宝贵记录之一。胃石不容易磨碎或风化，保存为化石的机会比骨骼多。在地层中，只要发现了胃石，哪怕没有发现其他化石，也可以认定恐龙曾在这里生活过。

腕龙

腕龙是最高大的恐龙之一，长23米，高12米，体重达80吨。它是一种植食性恐龙，靠胃石消化食物。

■ 翼龙为什么会飞？

Weishenme

翼龙生活在中生代三叠纪，是地球上最早会飞的爬行动物。翼龙有两大类，早期的喙嘴龙类比较原始，主要生活在侏罗纪，有一条很长的尾巴；晚期的翼龙类主要生活在白垩纪，尾巴很短甚至消失，生活于世界各地的海边。最早的翼龙翼展不超过1.8米，有牙齿和尾巴，

翼龙复原图

翼龙是恐龙的近亲，其化石分布较广，在南美洲、欧洲以及亚洲，都有发现。在法国甚至发现了翼龙的足迹化石。

后来，牙齿、尾巴都退化了。它们的个头不一样大，有的大如飞机，有的小如麻雀。

作为一种爬行动物，翼龙为什么会飞呢？从翼龙化石看，它虽然没有羽毛，但凭借奇特的骨骼结构和翼膜，翼龙可以自如地飞来飞去。据推测，翼龙最初有五根指头，像鳄鱼一样爬行。经过不断进化，它的第五指退化，第四指不断加长变粗，长到其他手指的20倍长，成为由七节指骨组成的飞行指。两根飞行指构成翅膀的骨架。飞行指与腿之间连接着薄薄的翼膜。翼膜是皮状的，很柔软。翼膜内没有骨骼支撑，只有纤维分布。因此，科学家猜测，翼龙主要的飞行方式是在空中滑翔。另外，中国翼龙的头部有一个很大的孔，便于飞行时减轻头部的重量；脖子比较长，便于开阔视野；轻盈的体态，使它飞得又快又远。

【百科辞典】

臼齿：
位于口腔后方两侧的牙齿，齿冠上有疣状的突起，适合磨碎食物。

退化：
生物体在进化过程中某一部分器官变小，构造简化，功能减退甚至完全消失的现象。

主题索引
角龙的角有什么作用？恐龙喜欢群居吗？

科学关键词
角 颈盾 恐龙公墓

神秘的史前生物

■ 角龙的角有什么作用？

Weishenme

角龙最早出现在白垩纪早期的亚洲大陆上，时间大约是一亿年以前。它们是最后出现的一类鸟臀类恐龙，在很短的时间内就演化出很多种类，因此被称为恐龙家族的"末代骄子"。

角龙长着短而宽的脚，前脚有5趾，后脚有4趾，指（趾）末端有蹄状的构造，所以走起路来又快又稳。除此之外，它们最大的特点是头上都有数目不等的角。另外，还有从头骨后端向后长出的一个宽大的骨质颈盾。角龙的角和颈盾有什么作用呢？

实际上，角龙的角和颈盾是它们防御和保护自己的武器，如同"矛"和"盾"一样。如果说角龙的角是攻击敌人的"矛"，那么颈盾就是防护自身的"盾"。例如，长着三只角的三角龙，它们的角锋利无比，进攻时可以穿透凶猛的霸王龙的身体，把它们刺得浑身是血，而颈盾又使霸王龙无处下手，只得落荒而逃。因此，连霸王龙都惧它三分呢！

恐龙生活场景图
从世界各地出土的恐龙化石来看，大多数恐龙都喜欢群居生活。

三角龙骨骼化石
三角龙是一种具短褶叶颈盾的大型角龙。它额上的两只尖角大约有1米长，第三只从鼻后伸出的角短而粗壮。

■ 恐龙喜欢群居吗？

Weishenme

自从人类第一次发现恐龙化石以来，人们一直想知道恐龙喜欢单独活动还是群体生活。越来越多的发现证明绝大多数恐龙喜欢群居，只有个别的例外。

1877年～1878年，在比利时的一个煤矿里，人们发现了许多埋藏在一起的禽龙骨架化石。在内蒙古，人们发现了大量聚集在一起的原角龙和甲龙化石，这些化石有幼年恐龙化石，也有成年恐龙化石。1954年，科学家在辽宁省发现了大量3个趾的恐龙足迹化石。据判断，这是一群用两足行走的素食鸟脚类恐龙留下的。足迹分布在方圆3000米范围内，有的地方很密集。这些足迹的足尖都朝东，足迹大小不一，但都是同类恐龙留下的。这些都是恐龙群居的证据。

你知道吗

■ 慈母龙的足迹化石表明，它们过着群居生活，常像象群一样列队外出，大恐龙在两侧，小恐龙在队列中间。

■ 1996年～2004年间，我国古生物学家在云南元谋挖掘出一大型恐龙化石群。这里，几百具恐龙遗骸集中在一起，形成一个巨大的"恐龙公墓"。

世界上规模最大的白垩纪恐龙化石群集中地：加拿大艾伯塔省恐龙公园，这里保存有60多种不同种类的恐龙化石。

> 主题索引
> 恐龙的视力好不好？恐龙的皮肤什么样？

> 科学关键词
> 视力 皮肤印膜化石 角质

■ 恐龙的视力好不好？

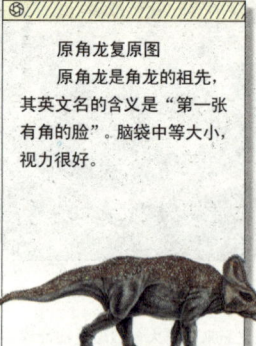

原角龙复原图
原角龙是角龙的祖先，其英文名的含义是"第一张有角的脸"。脑袋中等大小，视力很好。

判断动物视力好不好要看两方面：第一，看眼睛的大小；第二，看两眼的位置。那么，怎么才能知道恐龙的视力情况呢？当然，还是要从恐龙化石入手，看恐龙头骨化石上眼眶的大小和眼睛的位置。恐龙头骨化石上眼眶的大小，大体可以反映恐龙眼睛的大小。一般而言，眼眶越大，眼睛也就越大，视力也就越好。另外，要是眼睛位于头骨前面，其视力比位于头骨两侧的要好，且两眼之间的距离越宽，视力越好，能够更加准确地分辨外界物体。

大多数植食类恐龙的眼睛都很大，这能帮助它们尽早发现远处的敌人，及时采取有效的防范措施。其中，眼睛最大的要属鸟脚类恐龙。它们头骨化石上又大又圆的眼眶，说明它们的视力非常好。蜥脚类恐龙眼睛也很大，视力很

【百科辞典】

视力：
在一定距离内眼睛辨别物体形象的能力。"近视眼"能看清楚近处的东西，却看不清楚远处的东西。

角质：
某些动植物体表的一层物质，质地较坚韧。

好，加上其特有的长脖子，使它们成为视野最为开阔的恐龙。剑龙和甲龙的眼睛相对较小，它们的视力比前两类恐龙差一些，是恐龙中的"近视眼"。肉食类恐龙大都有一双大眼睛，它们目光敏锐，视力超群。其中，恐爪龙、似鸟龙和窄爪龙的视力最好。它们的眼睛不仅大，而且左右分隔较大，位置靠前，可谓是恐龙中的"千里眼"。

■ 恐龙的皮肤什么样？

在地球漫长的发展历程中，只有少数恐龙的遗骸能够保存下来，形成化石。恐龙的皮肤极少能形成化石。除非恐龙死后，在皮肤还未腐烂前很快被掩埋，皮肤表面的印痕就留在岩石里，形成皮肤印膜化石。

从发现的少数皮肤印膜化石看，大部分恐龙具有粗糙坚韧的鳞甲或角质突起。如霸王龙的皮肤很粗糙，上面长有一排排高出表面的大鳞片。而甲龙则身披坚硬的甲板，甲板上常长有大的瘤或刺一样的突起，活像古代武士的铠甲。

虽然我们能因此了解了恐龙皮肤的结构，但恐龙皮肤的颜色就不得而知了。据推测，恐龙可能具有比现代动物更加艳丽的肤色，它们可能利用绚丽的颜色来炫耀自己或警示敌人，或许还能利用不同的肤色来调节体温呢！

剑龙复原图
1985年，古生物学家在中国四川自贡发现了剑龙皮肤化石。这是世界上第一个恐龙皮肤化石，它证实剑龙皮肤的表面有六角形的角质鳞。

◆ 12 动物之最 视力最好的恐龙：似鸟龙，生活在白垩纪后期，身长3.5米，眼球直径有10厘米左右。

主题索引
恐龙的智商有多高？为什么有的恐龙有两个脑子？

科学关键词
智商 脑子 神经球

神秘的史前生物

■ 恐龙的智商有多高？

Weishenme

人们熟悉的恐龙，如马门溪龙、剑龙等，身子很大，脑袋却很小，看上去呆呆的。是不是恐龙都是这样笨头笨脑的？

一般认为，智商的高低和脑部大小成正比，

窄爪龙复原图
窄爪龙个头不大，全长只有 2 米，臀高 80 厘米。眼睛很大，眼球直径约 5 厘米。脑容量较大，被称为"最聪明的恐龙"。

脑袋越大，智商越高。有学者用计算恐龙"脑量商"的办法来测量恐龙的智力水平。"脑量商"是根据恐龙的体重、脑量及现在生活在地球上的爬行动物的脑量大小，按一定公式算出来的。被测的恐龙脑量商越小，它就越笨；脑量商越大，它就越聪明。经测量，马门溪龙等蜥脚类恐龙的脑量商最低，只有 0.2～0.35。甲龙和剑龙的脑量商为 0.52～0.56，角龙的脑量商在 0.7～0.9 之间。

在植食类恐龙中，最有智慧的是鸭嘴龙，它的脑量商为 0.85～1.50。鸭嘴龙的嗅觉很灵敏，视力不错，非常机警，能及时发现敌人，

是有点"小聪明"的恐龙。大型肉食龙脑量商达到 1.0～2.0；小型肉食龙中的恐爪龙脑量商超过 5.0，它的后裔窄爪龙的脑量商比恐爪龙还高，是最聪明的恐龙。

■ 为什么有的恐龙有两个脑子？

Weishenme

要是说有的恐龙有两个脑子，你肯定觉得很奇怪。马门溪龙、雷龙、剑龙、梁龙就是这类恐龙。它们有个共同的特点，就是身躯特别大，而脑袋却很小。如马门溪龙，据推测，它活着的时候有四五十吨重，而脑子的重量仅有五百克左右。

后来，科学家研究了马门溪龙的头骨及脊椎骨化石，发现在它们的臀部脊椎上有一个神经球，其作用主要是协助大脑工作。神经球比脑子要大好几倍，与脑子相距十几米远。马门溪龙的后腿和尾巴的运动，就是按神经球发出的指令行事，而大脑只负责吃东西和接受信息。因此，神经球实际上成了马门溪龙的"后脑"。这样，两脑各有各的任务，彼此分工合作。然而，两脑之间的距离无疑会影响信息传递的速度，因此马门溪龙一点也不聪明。

两个脑子的剑龙
剑龙和马门溪龙一样，在尾部脊椎上也有一个像脑子一样的神经球，指挥身体后部的运动。

你知道吗

- 伤齿龙，一种蜥臀目恐龙，是最聪明的恐龙之一，据说它的智商和鸵鸟差不多。
- 北美的剑龙和属于巨龙类的梁龙是最笨的恐龙。它们的头骨都很小，直径小于 30 厘米，脑子大约只有 50 克，和它庞大的身躯对比就像一粒花生米与人体的对比。

之最 曾经生活在地球上的脖子最长的动物：马门溪龙。身长 22 米，脖子长 9～11 米。因发现于我国四川马门溪而得名。

- 主题索引
  恐龙是怎样走路的？恐龙怎样照顾幼崽？
- 科学关键词
  孵化 植食类恐龙 化石战争

慈母龙群生活想象图
1978年，科学家推测一种恐龙竟会在小恐龙出生后照顾并喂养它，于是便将之取名为慈母龙。

恐龙是怎样走路的？

Weishenme

恐龙是爬行动物，一般的爬行动物都靠爬行前进。那么恐龙是怎样走路的呢？

根据恐龙足迹化石，人们发现不同时期、不同种类的恐龙在不同环境下有不同的走路方式。早期的恐龙像蜥蜴一样用后腿奔跑。它们有长长的尾巴，能够与前半身保持平衡。后来，恐龙开始用两脚或四脚走路。用四脚走路的恐龙，主要是许多大型的植食类恐龙，它们庞大的身躯需要四肢的支撑才能移动；两脚行走的恐龙大部分是肉食类恐龙，它们要用前肢摄取猎物。还有一些恐龙可以自行决定用两脚还是四脚走路。例如，当它们吃低矮的植物时，它们会四脚着地慢慢移动脚步；要是发现有危险，它们便立刻两脚直立，迅速跑开，以避开攻击者。

恐龙怎样照顾幼崽？

Weishenme

我们已经知道，绝大部分的恐龙是卵生的。雌恐龙在柔软的巢里产卵，然后像鸟一样孵化，直到小恐龙安全出世。跟幼鸟一样，恐龙幼崽也很容易成为被猎杀的对象。不过，只有为数不多的恐龙父母照顾幼崽，直至它们长大，大多数小恐龙必须自己照顾自己。

1978年，科学家在美国蒙大拿州挖掘到一个完整的恐龙结巢地点。这些巢由一种被称为"慈母龙"的鸭嘴龙建造。人们从中发掘出许多蛋壳以及鸭嘴龙幼崽的骨骼化石。这表明，某种程度上小鸭嘴龙受到了父母的照顾：恐龙母亲或者父亲，白天或是将食物带进巢中喂食幼崽，或是带领幼崽到巢外取食，夜里一起回到巢中。等到小鸭嘴龙完全发育成熟，就加入恐龙群体中。

埃德蒙顿甲龙
甲龙生活在7000万～6500万年前的白垩纪晚期，是一类全身披着"铠甲"的植食类恐龙，一般有五六米长，后肢比前肢长，身体笨重，只能缓慢爬行。

你知道吗

▪ 四脚行走的角龙是跑得最快的植食类恐龙，可以32～48千米的时速冲刺。

▪ 19世纪60年代至19世纪90年代，美国两位恐龙研究专家科普（宾夕法尼亚大学教授）和马什互相争夺恐龙化石发现权、拥有权和研究权，共疯狂地命名了130种恐龙，史称"化石战争"。

动物之最 跑得最快的恐龙：奔鸟龙，奔跑时双臂紧贴胸部两侧，最高时速超过70千米。

主题索引
恐龙是恒温动物吗？恐龙会游泳吗？

科学关键词
热血动物 冷血动物 水性

神秘的史前生物

■ 恐龙是恒温动物吗？

Weishenme

恐龙头骨化石
恐龙死后，身体中的软组织因腐烂而消失，骨骼及牙齿等硬体组织沉没在泥沙中，处于密封环境下，经过几千万年的沉积作用，形成化石。

恐龙属于爬行动物，爬行动物的最大特征之一是属于冷血动物，体温随环境的变化而变化。因此，大部分科学家认为恐龙属于冷血动物。

20世纪70年代，有些科学家质疑这种说法，提出恐龙应该是恒温动物，并用种种研究成果来证明他们的观点。他们认为，恐龙是直立行走的爬行动物，它们不停活动：觅食、逃避敌害、繁殖后代、协调群体等。在活动中，它们大都行动敏捷，速度较快，具有较强的活动能力，其站立行走和快速运动自然要消耗比爬行和缓慢运动更多的能量。消耗的能量，需要由快速的新陈代谢释放出的大量能量来补充，而快速的新陈代谢必然伴随着高而恒定的体温。

同时，恐龙骨骼的骨组织是由层层按同心圆排列的骨小板所组成的，与现代哺乳动物的骨组织非常相似，所以应该有丰富的血管组织为它们提供营养。并且，恐龙躯体和前肢、后腿的温差不超过4摄氏度，与大型恒温哺乳动物的情况相同。因此，恐龙应该属于恒温动物。

不过，要最终确定恐龙是冷血动物还是热血动物，还需要更多的证据。

■ 恐龙会游泳吗？

Weishenme

恐龙大多生活在温暖湿润地带，周围有很多的河流和湖泊。不过，恐龙是陆生爬行动物，不喜欢待在水里，也不像河马那样半水生生活。那么，它们会游泳吗？

科学家曾在湖水中发现了雷龙游泳时的足迹化石，这证明很多恐龙是会游泳的，不过水性不同。蜥脚类恐龙在逃避肉食龙的追捕时，会进入河湖之中。它们有很长的脖子，十多米深的水对它们来说不成问题。它们游泳时后脚踢水，前脚向前迈进，在湖底留下脚印。鸭嘴龙前足各趾之间有蹼，尾巴扁平，可算是天生的游泳家。它们的尾巴在水中左右摆动，游得很快。

很多人认为肉食类恐龙可能是"旱鸭子"，现在看来这种看法是不对的。科学家在湖底发现了肉食类恐龙的足迹化石。据分析，它们在游泳时为了加快速度和改变方向，不时用后脚猛蹬湖底，于是留下了足迹。

鸭嘴龙复原图
鸭嘴龙主要以柔软植物、藻类或软体动物为食。前足各趾之间有蹼，适合游泳。

•••【百科辞典】•••

热血动物：
体温高且恒定的动物，与冷血动物相对。

水性：
游水的技能。

凶残的异特龙
以体形而言，异特龙虽然比暴龙略小一点，但是具有比暴龙更粗大、更适于猎杀草食恐龙的强壮前肢。

动物之最 当今游得最快的动物：旗鱼，时速可达110千米，加之锋利的剑式长吻，使之在海洋中所向披靡。 15

▶ 主题索引
霸王龙是龙中霸王吗？窃蛋龙真的会偷蛋吗？

▶ 科学关键词
霸王龙 窃蛋龙

■ 霸王龙是龙中霸王吗？

Weishenme

霸王龙生活在距今7000万~6500万年前的白垩纪晚期，是肉食类恐龙中最晚的一支。它的拉丁文学名是"蜥蜴之王"，意为当时陆地上称王称霸的一种恐龙。它可能是有记录以来生活在地球上的最大型食肉类恐龙之一，身长达17米，站立起来有6米高。据估计，它的体重至少有10吨，相当于两头大象的重量。

奇怪的是，霸王龙的前肢短小无力，而后腿却粗壮而有力，每只脚有三个脚趾。每个前肢趾骨和脚趾上都带有爪子。它的尾巴又细又硬，脑袋则很大，头骨可达1.5米长，因此很聪明。它的下颌很粗壮，有60颗短剑般的牙齿，每颗约20厘米长。一颗牙掉了，会有新牙长出来。它的嘴可以张得很大，用"血盆大口"来形容恰如其分。

霸王龙用两脚走路，奔跑时速度很快，时速可达40千米以上。它以植食类的爬行动物为食，如三角龙、鸭嘴龙等。进食时，它们会先用力咬穿肉和骨头，然后撕裂和咀嚼大片肉块。可想而知，它们该是多么凶猛的猎食者，无愧为恐龙中的霸王。

■ 窃蛋龙真的会偷蛋吗？

Weishenme

窃蛋龙生活在8800万~7000万年前的白垩纪晚期，是一种大小如鸵鸟的恐龙，体长1.5~2.5

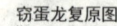

米，体重25~35千克，属于兽脚类恐龙。

窃蛋龙发现于1923年，当时美国的一支探险队在蒙古国考察时，偶然发现了大量的恐龙化石。这些化石大多是原角龙的遗骸，同时还发现了一窝恐龙蛋化石，人们认为这些是原角龙的蛋化石。而在这窝恐龙蛋化石的上边趴着一个奇特的兽脚类恐龙化石，好像正在偷原角龙的蛋，因而人们把这个兽脚类恐龙命名为"窃蛋龙"。1993年，人们在一枚以前认为是原角龙化石的化石里发现了一个窃蛋龙的幼崽化石，这证明，窃蛋龙不是在偷蛋，而是在孵蛋。但根据国际命名法，它的名字是无法改变的，因此"窃蛋龙"这个坏名字只好一直延续下来了。

窃蛋龙的头像鸟头，上下颌没有牙齿，但有一个边缘锋利的喙，可以切割食物。它的上肢很长很细，每只前爪上有三个长长的手指，每只脚有三个脚趾。

窃蛋龙用两脚走路，科学家推测它行动十分敏捷，可以像袋鼠一样用坚韧的尾巴保持身体的平衡。古生物学家还曾在窃蛋龙化石的肚子里发现了小的蜥蜴骨骼化石，说明它以捕食体形小的蜥蜴为生。

窃蛋龙复原图
尽管窃蛋龙并不偷蛋吃，但根据国际动物命名法规，它的名字是无法改变的，所以只好委屈它蒙受这不白之冤了。

你知道吗

☐ 许多科学家在描绘窃蛋龙复原图时，在窃蛋龙身上画了许多毛，以表示它孵蛋的特点。

☐ 在一具鸭嘴龙化石的尾椎骨上，人们发现了霸王龙的齿印。显然，这只鸭嘴龙幸运地从霸王龙口下逃生，并又活了一段时间。

霸王龙复原图
霸王龙的"血盆大口"曾是许多白垩纪植食性恐龙的噩梦。

◆ 16 动物之最 最可怕的恐龙：恐爪龙，长着非常锋利的牙齿和有力的下颌。

- 主题索引
  恐龙为什么会灭绝？恐龙有哪些活着的近亲？
- 科学关键词
  灭绝 陨石 活化石

神秘的史前生物

■ 恐龙为什么会灭绝？

Weishenme

从两亿多年前的中生代三叠纪到6500万年前恐龙灭绝为止，恐龙一直是地球上的霸主。然而，庞大的恐龙家族为什么会突然灭绝呢？

长期以来，最权威的观点认为，恐龙的灭绝和6500万年前的一颗大陨石有关。据研究，当时曾有一颗直径达14.4千米的巨大陨石与地球相撞，激起数百米高的尘埃，遮天蔽日，长达数月甚至数年之久，使地球长期处于黑暗和寒冷当中，恐龙因此灭绝了。1991年，人们在墨西哥的尤卡坦半岛发现了一个陨石坑，进一步证实了这种观点。

不过，越来越多的科学家对此提出质疑，并提供了很多其他的解释，如气候变迁说、物种斗争说、大陆漂移说等。气候变迁说认为，6500万年前地球气候陡然变化，气温大幅下降，造成大气含氧量下降，使恐龙灭绝，但并未阐明气候变化的原因。因此，要解释恐龙灭绝的原因，还需要更多充足的证据。

恐龙灭绝想象图
恐龙在地球上生活了1.5亿年之久，独霸天空、海洋和陆地，后来，它们突然灭绝了。人们对其灭绝原因有种种猜测，但更多人倾向于巨大的陨石撞击地球导致气候突变，造成恐龙灭绝这一说法。

■ 恐龙有哪些活着的近亲？

Weishenme

6500万年前的大劫难，使地球上绝大部分生物灭绝了，只有极少数生物逃过劫难，后来逐渐演化，成为现在地球上的成员。这些"幸运儿"都是谁呢？

研究发现，它们是龟鳖类、鳄类、有鳞类（蜥蜴类和蛇类）以及喙头蜥类动物。它们之所以能够活下来，可能是因为它们对环境有较强的适应能力。

肿头龙复原图
肿头龙的头盖骨异常坚厚，并扩大成为一个突出的圆顶，它就是因此而得名，是最后灭绝的恐龙之一。

在今天地球上的爬行动物中，有鳞类的家族非常繁盛，它们生活的范围十分广泛，其中蜥蜴大约出现在侏罗纪后期，比恐龙晚得多；白垩纪初，有的蜥蜴为了适应特定的生活环境，逐渐失去了四肢而演变为蛇；龟鳖类出现在三叠纪中晚期，已经有两亿多岁了，这得益于它们一身坚固的外壳；在现在的爬行动物中，只有鳄类与恐龙的亲缘关系最近，它大约与恐龙同时出现。喙头蜥是蜥蜴的近亲，出现在三叠纪早期，是现存爬行动物中资格最老的一类。现存的喙头蜥数量很少，被称为"活化石"，它们生活在新西兰南部荒僻的半岛上，和鳄类同属地球上濒临灭绝的动物。

最大的恐龙筑巢地：西班牙境内有一块面积达9平方千米的古海岸，仅在其中一块近1万立方米的砂岩中就有30万个恐龙蛋化石。

> 主题索引
> 恐龙能够复活吗？鸟类由恐龙进化而来？

> 科学关键词
> DNA 卵细胞 受精

■ 恐龙能够复活吗？

Weishenme

让已灭绝的恐龙复活，是许多人的愿望。那么，科学家真能使恐龙复活吗？

20世纪80年代，有科学家设想，通过修补DNA，使史前动物再生。科学家计划先把恐龙的DNA移植到雌鳄的受精卵细胞内，使之在雌鳄体内发育，直至卵细胞的周围长出坚硬的卵壳。雌鳄产下这种卵，通过孵化，就能使恐龙复活。

从理论上说，采用现代科技手段可以无性繁殖出恐龙或其他已绝迹的动物。但是，最大的难题是怎样找到恐龙的DNA。科学家曾希望在琥珀化石中找到恐龙的DNA，因为琥珀中常含有昆虫。假如琥珀中保存有吸过恐龙血的蚊子、苍蝇等昆虫，它们的身体内应该有恐龙的血细胞，从中就可以分离出恐龙的DNA。

据说，已经有科学家通过类似的技术取得了恐龙的DNA。然而目前还没有科学家完成将恐龙DNA移植到雌鳄卵细胞内并成功复制出恐龙的报告。

■ 鸟类由恐龙进化而来？

Weishenme

鳄鱼
鳄鱼是恐龙的近亲，科学家想把恐龙的DNA移植到雌鳄的受精卵细胞内，然后复制出恐龙。目前，这个计划并未成功。

自20世纪起，人们就在争论鸟类是否起源于恐龙。目前，大多数科学

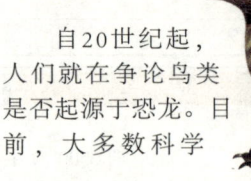

尾羽龙模型
尾羽龙有长长的脚爪，尾部脊椎骨很短，覆有羽毛。据推测，它是一种与鸟类关系密切的恐龙。

家认为，鸟类确实起源于恐龙，而且起源于某种兽脚类恐龙。他们提出种种证据来证明这一点，如原始的鸟类保留着许多兽脚类恐龙的特征：长有牙齿和长长的骨质尾巴，后足保留着与恐龙类似的大爪子等。

最近，有科学家通过对胚胎学的研究，挑战了这一观点。他们发现，在进化过程中，兽脚类恐龙和鸟类的两个脚趾都因退化而消失了。对兽脚类恐龙化石进行研究发现，它们退化消失的是第四趾和第五趾。同时，对鸟类胚胎的观测却表明，在分类上相距较远的鸡、鸵鸟和鸸鹋这三种鸟类中，退化消失的是第一趾和第五趾，而中间的三个脚趾则都保留下来了。因此，鸟类不可能是由兽脚类恐龙进化而来的，因为兽脚类恐龙不可能在第四趾退化后再重新长出，而且同时再使第一趾退化消失掉。对于鸟类是否由恐龙进化而来的问题，现在还没有形成统一的观点。

你知道吗

- 尾羽龙是一种奔跑型动物，它并不会飞行。
- 赫胥黎首先提出鸟类起源于恐龙的假说。后来大量带毛恐龙的出现，有力地支持了这一观点。
- DNA包含了生物遗传的奥秘。

动物之最 最小的恐龙：秀颌龙，它的成体身长只有89厘米，体重仅2.27千克，就像一只家养的小鸡。

> 主题索引
> 始祖鸟是什么鸟？中华龙鸟是龙还是鸟？

> 科学关键词
> 始祖鸟 中华龙鸟 皮肤衍生物

神秘的史前生物

■ 始祖鸟是什么鸟？

Weishenme

1861年，德国出土了一块年代最为久远的鸟类化石，不仅骨骼得以保存，而且还有羽毛的痕迹，它被命名为"始祖鸟"。

研究发现，始祖鸟生活在1.5亿年前的侏罗纪晚期，大小如乌鸦，被认为是鸟的祖先。它们的化石上有清晰的羽毛印痕，有了初级飞羽、次级飞羽、尾羽以及复羽的分化。它们的前肢已进化成飞行的翅膀，后足有4个趾，三前一后；锁骨愈合成叉骨，耻骨向后伸长。这些特征都与现代鸟类相似。

奇怪的是，它们还有很多与爬行动物极为类似的特征。它们的嘴里长有牙齿，有一条由21节尾椎组成的长尾巴，翅膀尖上长着3个指爪，前肢三块掌骨彼此分离没有愈合成腕掌骨，骨骼内部还没有气窝等。因此，人们推测，它们正处于由爬行动物向鸟类过渡的阶段，大概只能在低空滑翔，捕捉昆虫和爬行动物。它们是怎样从陆栖转变为飞行的呢？有科学家认为长期的奔跑使它们的前肢进化为翅膀；另有科学家认为它们长期在树上攀缘，所以逐渐学会了滑翔。

始祖鸟复原图
始祖鸟是最早的鸟类之一。它的骨骼结构与虚骨龙相似，有人以此作为鸟类由恐龙进化而来的证据。

■ 中华龙鸟是龙还是鸟？

Weishenme

1996年，中国辽宁出土了一块原始鸟类化石，科学家定名为"中华龙鸟"。后来证实，它是一种小型食肉恐龙，生活在侏罗纪晚期，属于兽脚类美颌龙科，后更名为"鸟龙"。

化石发现地
震惊世界的"中华龙鸟"化石于1996年在中国辽西热河生物群中被发现。

中华龙鸟的体态很小，形似恐龙，骨架有一米大小。它的前肢粗短，爪钩锐利，利于捕食；后腿长而粗壮，适宜奔跑；它的嘴上长着粗壮锐利的牙齿，牙齿内侧有锯齿状构造；头部方骨还未愈合，有4个颈椎和13个脊椎，尾椎特别长，共有50多节尾椎骨。最引人注目的是，它全身覆盖着像羽毛一样的皮肤衍生物，这些衍生物长约0.8厘米。

经研究，中华龙鸟介于恐龙和鸟之间，是最早的原始鸟类。这一发现不仅对研究鸟类的起源，而且对研究恐龙的生理特征和演化过程也有重要的意义。因此，中华龙鸟化石成为恐龙化石研究史上最重要的发现之一。

对中华龙鸟身上皮肤衍生物的作用，科学家意见不一。有的认为它能帮助保持体温，有的认为它能区别雌雄，还有科学家推测它是羽毛进化的"先驱"

你知道吗

☐ 人们认为鸟类由恐龙进化而来，因此鸟类被戏称为"美化了的爬行动物"。

☐ 翼龙类最早具备飞行的"翅膀"，不过翅膀上没有真正的羽毛。翼龙的胸骨很宽，像鸟一样具有龙骨突，但不能做长距离飞行，还不是空中的征服者。

动物之最　最早会飞的鸟：孔子鸟，最早具有角质喙，已具有初步的飞行能力。

- 主题索引
  剑齿虎为何长着长牙？剑齿虎为什么会灭绝？
- 科学关键词
  犬齿 猫科动物 反刍

■ 剑齿虎为何长着长牙？

Weishenme

在距今3300万年前的渐新世时期，古剑齿虎出现了，一直生活到100万年前的更新世。作为"剑齿猫科动物"，剑齿虎是有史以来所有猫科动物中最强大的。

剑齿虎得名于其巨大的上犬齿。其体形与现代虎不相上下，但它的上犬齿却比现代虎的犬齿大得多，如同两柄倒插的短剑一般，长达15厘米，而它的下犬齿却相对退化了，转变为巨大的护叶。科学家认为，它的剑齿可能是专门用来对象类等大型的厚皮植食类动物的。猎食时，剑齿能戳入猎物身体的深处，并且可以尽量地扩大伤口，使之大量出血而亡。与此相适应，剑齿虎的头骨和头部的某些肌肉也相应地发生变化，以便口可以张得更大，使下颌与头骨能形成90度以上的角，充分有效地发挥剑齿的作用。

剑齿虎的体重是现代狮子的2倍，后腿和尾巴非常短小，看起来像一只体格健壮的灰熊。它们奔跑的时速约60千米。

美洲剑齿虎头骨化石
美洲剑齿虎出现于上新世晚期，是剑齿虎进入美洲之后演化出的新物种，长有非常夸张而尖锐的"匕首牙"。

剑齿虎狩猎图
第三纪是剑齿动物的鼎盛时期。到了第四纪的更新世，各种新生的猫科和犬科动物都已经出现。在这些新生力量的冲击下，剑齿动物无论在种类还是数量上都已大不如前。

冰期结束后，气候逐渐变暖，植物生长很茂盛，小型植食类动物，如北美羚羊、野牛等开始大量繁殖。而那些耐寒的大型植食类动物不能适应气候的变化，在迁移中又找不到足够的食物，因饥饿灭绝了，剑齿虎也失去了食源。结果，剑齿虎只能去捕食小型植食类动物。然而，这些动物在适应环境的过程中已逐渐进化。例如野牛，它们通过反刍能从植物中吸收更多的营养成分，奔跑起来又快又敏捷，此前，它们一向独来独往，这时却开始结群生活。而此时的剑齿虎在干燥空旷的大地上却不容易找到隐蔽的地方，因而突袭很难取得成功。

另外，剑齿虎巨大的上犬齿也限制了它们对环境和猎物的适应性，它们竞争不过那些比较灵活的、全面发展的一般肉食类动物，因此便走向了灭绝。

■ 剑齿虎为什么会灭绝？

Weishenme

100万年前，强大的剑齿虎突然灭绝了，是什么原因造成的呢？科学家普遍认为，剑齿虎生活在第四纪冰川时期，气候寒冷，大型植食类动物，如长毛象和乳齿象，靠长毛和厚皮来抵御严冬，它们行动迟缓、笨拙，容易被剑齿虎捕杀。

···【百科辞典】···

犬齿：
哺乳类动物的一种牙齿。位于门齿和臼齿之间，为圆锥状的尖齿。

反刍：
某些动物将食物稍微咀嚼后，就吞下去，过一段时间再把食物返回到嘴里细细咀嚼。

动物之最　个头最大的剑齿虎：美洲剑齿虎，体重达300千克，起源于北美洲。

古代巨猪个头有多大？

恐颌猪复原图
恐颌猪也叫恐猪，属于后期的巨猪，是当时草原上的庞然大物。

古生物中的巨猪并不是泛指"巨大的猪"，而是特指一类动物。它们出现于始新世中期，在渐新世时繁荣一时，后灭绝于中新世。其体形有野牛那么大，因此被称为"巨猪"，主要生活在现在的北美和欧亚地区。

巨猪的种类很多，其中有名的非洲巨猪生活在3400万~2300万年前，活跃于现在的美国南达科他州地区，是一种已经灭绝的现代猪的祖先，身高一米多。另外，巨猪的头骨占身体的比例非常大，如恐颌猪肩高约两米，脑袋长一米多。

巨猪的头部很多地方长有"骨瘤"似的骨质突起，据推测，这些突起可能起炫耀的作用。非洲巨猪的颈部还长着强壮的肌肉，能够帮助它用鼻子掘地、挖起树根和茎块等。

巨猪的四肢比现代猪的四肢长，而且比较粗壮，前肢长于后肢。侧趾退化为二趾，但仍可以看出第二趾和第五趾的痕迹。巨猪的牙齿都很大，上、下白齿均为方形，各有4个锥形齿尖。过去学界一般认为巨猪属于植食为主的杂食动物，不过许多新的观点认为，巨猪是主动猎食的肉食动物，因为它们有足以压碎其他动物骨头的巨大牙齿。

始祖马长什么样子？

始祖马最早出现于5000万年前的始新世早期，生活在北美洲及欧洲温暖而潮湿的草丛和灌木林中，所以也叫"始新马"。

始祖马被公认为是马类的最早祖先。不过与现代马相比，始祖马非常矮小，身高仅三十厘米，只有现代的狐狸那么大。它的脊椎灵活，脊背能弯曲，尾巴稍短，这使它能穿行在草丛和灌木丛中。其四肢细长，靠脚趾行走，前足有四趾，后足有三趾。不过，它颊齿的齿冠低，所以主要吃植物幼嫩的枝叶，虽然也吃草，但不能像现代马那样大口咀嚼。

经过漫长的岁月，始祖马进化为中马。中马又叫渐新马，身高四十厘米左右，前足不同于始祖马，变为三趾。趾与趾之间很宽，能全部着地，中趾开始发达起来。这种马又进化为原马，原马又进化为上新马。上新马身高约一米，前、后肢只有中趾显露，第二趾和第四趾只剩下枝状的痕迹。最后，它进化为真马。经过驯化，真马逐渐形成了现代马。

现代马
始祖马进化到现代马的过程中，呈现出脚趾数减少、颊齿增多、面部拉长、体形变大等明显趋势。

猛犸象是现代亚洲象的亲戚吗？

Weishenme

猛犸象生活在300万~1万年前的北半球，当时正值第四纪大冰川时期，因而猛犸象是一种非常耐寒的动物。生物学家经常能在西伯利亚冻土层中发现猛犸象化石。对于生活在那里的鞑靼族人来说，"猛犸"在鞑靼语中意为"地下居住者"。

猛犸象体形与现代亚洲象差不多，体重4～5吨，一般身高5米，但后腿短，整个体态向后倾。它的头骨比较短，顶脊非常高，上下颌和齿槽深。象牙长约1.5米，向上扬起并向后弯曲。臼齿齿板排列紧密，数目很多，第三臼齿最多有30片齿板。猛玛象通常以草和灌木叶子为食。

同亚洲象相比，猛犸象显得十分凶猛，它们会突然攻击任何在它看来有威胁的动物，一瞬间便可置对手于死地。尽管如此，通过对猛犸象和现代象的DNA比较，科学家认为，猛犸象实际上是约480万年前，从亚洲象中分离出去的一个分支。与非洲象相比，猛犸象与亚洲象亲缘关系更近，它们拥有共同的祖先。

猛犸象的象牙
猛犸象拥有一对长而粗壮的象牙，向上扬起并向后弯曲。

猛犸象都是长毛象吗？

Weishenme

最初的猛犸象是从没有毛的亚洲象进化而来的。随着环境的变化，猛犸象的身上开始长出长毛。因此，猛犸象又被称为"长毛象"。

真猛犸象是一种全身长满长毛的猛犸象，是最著名的长毛象，主要生活在北方的寒冷地区。其肩部及背部的毛长达50厘米，尾巴上也长着长毛。除长毛外，真猛犸象还有其他御寒办法。它的耳朵较小，鼻子较短，皮很厚，毛皮下脂肪厚达9厘米。在它高而圆的头顶上，长着一个大"驼峰"，里面贮存着脂肪，这使真猛犸象不仅能抵御寒冷的气候，还能适应食物较少的季节。然而，猛犸象不一定全都分布于寒冷地区，如哥伦布猛犸象就是例外。

哥伦布猛犸象是长毛猛犸象的近亲，生活在美洲草原上。它没有长毛猛犸象那么多的长毛，象牙比长毛猛犸象更长更弯，长达4.5米，除用以抵御捕食者外，还可能用于象群间的"社交活动"。哥伦布猛犸象可能是地球上曾经生活过的最大的一种象，肩高可达4米，体重可达10吨，比今天的非洲象要大得多。

猛犸象复原图

22 动物之最 最完整的猛犸象遗体：小迪玛，1977年发现于东西伯利亚，是一具雄性幼年猛犸象化石。

Part 2
动物世界探秘

动物是人类最亲密的朋友，与人类的生活息息相关。它们与人类一样，有着进食、排泄、繁衍后代的本能。但动物的生活习性并不相同，而是各有特色。在动物世界里，还有许多奥秘等待我们去发现。

> 主题索引
> 蚯蚓吃什么？蚯蚓怎样适应环境？

> 科学关键词
> 腐殖质 口前叶 刚毛

■ 蚯蚓吃什么？

Weishenme

蚯蚓

蚯蚓体内含有大量的蛋白质和脂肪，营养价值很高，是优良的蛋白质饲料和上等食品。

对于蚯蚓，大家都很熟悉，可你知道蚯蚓吃什么吗？由于蚯蚓是生活在泥土中的动物，所以很多人会说蚯蚓吃土。的确，蚯蚓每天都要吞食大量的泥土，不过它的消化能力有限，只能吸收泥土中的腐烂有机物和很小的生物，然后再将泥土以小土粒状粪便的形式排泄出来。因此，它真正的食物是土里的腐殖质。有时，蚯蚓也吃落在地上的植物的残叶。

蚯蚓身体的前端有肉质突起的口前叶。口前叶膨胀时，蚯蚓就能摄取食物；口前叶缩细变尖，蚯蚓就又能挤压泥土、挖掘洞穴了。因此，蚯蚓进食时能促进土壤成分的分解，使其中的营养成分渗入土中。同时，它们在土里掘洞，使土壤疏松，空气和水分可以更多地渗入土中。另外，它的排泄物中含有丰富的氮、磷、钾等养分，可以使贫瘠的土壤变得肥沃。如果没有蚯蚓，泥土很快就会变得坚硬，毫无生机。因此，蚯蚓是一种对人类很有益的动物。例如，人们常利用蚯蚓来处理有机废物，1亿条蚯蚓一天就可吞食多达40吨的有机废物。

■ 蚯蚓怎样适应环境？

Weishenme

由于长期生活在土壤中，蚯蚓的身体结构与生活习性等都有独特之处，这使它们能够适应泥土环境，从而生存下来。

蚯蚓没有脚，帮助蚯蚓爬行的是它身体表面

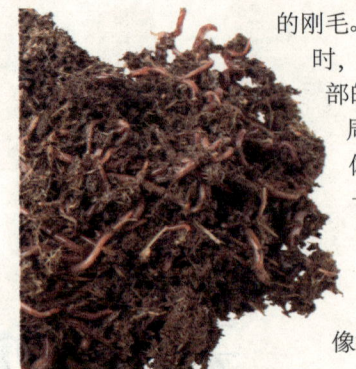

蚯蚓的生活环境
蚯蚓是变温动物，体温随外界环境温度的变化而变化。

的刚毛。当蚯蚓行进时，先把身体后部的刚毛插进四周的土里，身体前部的体节一节一节地向前缩短。蚯蚓就靠身体的一伸一缩，像波浪似的从头部向尾部伸展，从而缓缓地向前爬行。

蚯蚓的身体是由许多的体节组成的，在每个体节与体节之间的背部中央有一个小孔，叫背孔。这个小孔和身体里边相通，所以它的体腔液可以从这个小孔里射出来，蚯蚓利用这种液体湿润身体，可以增加土穴中的滑润度，减少身体与粗糙沙土颗粒的摩擦，并防止体表干燥。此外，蚯蚓体表湿润还与其呼吸密切相关，因为它没有专门的呼吸器官，主要通过湿润的表皮与外界进行氧气与二氧化碳的交换。

蚯蚓的感觉器官不发达，只在皮肤上有能感受触觉的小突起，在口腔内有能辨别食物的感觉细胞，在身体前端和背面分布有感光细胞。蚯蚓没有眼睛，而这种感光细胞仅能用来辨别光线的强弱，由此可见，蚯蚓不依靠视觉寻觅食物。

•••【百科辞典】•••

腐殖质：
　　动植物残体在土壤中经微生物分解而形成的有机物质。

刚毛：
　　人或动物体上生长的硬毛。

动物之最 第一种全部基因获得排序的多细胞动物：一种体长仅1毫米的蚯蚓，它共有1.8万个基因。

■ 蚯蚓为什么能再生？

Weishenme

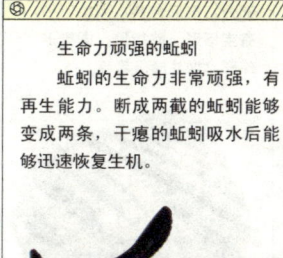

生命力顽强的蚯蚓

蚯蚓的生命力非常顽强，有再生能力。断成两截的蚯蚓能够变成两条，干瘪的蚯蚓吸水后能够迅速恢复生机。

蚯蚓是一种低等的环节动物。它的整个身体呈圆柱状，像是由两根两头尖的"管子"套在一起组成的。身体外表是一环一环连起来的体壁，其中有由中胚层细胞组成的肌肉系统；体内是一条消化道，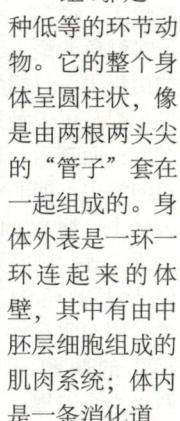从头到尾贯穿在一层层的隔膜中间。在内外两根"管子"间，充满了体腔液。

当蚯蚓被切成两段时，一般情况下，它都能实现再生，由一条蚯蚓变成两条完整的蚯蚓。这是为什么呢？首先，它断面上的肌肉组织会立即收缩，一部分肌肉迅速自行溶解，形成新的细胞团。同时，白血球聚集在切面上，形成栓塞，使伤口很快闭合。其次，位于体腔中隔膜里的原生细胞会迅速转移到切面上来，与自行溶解的肌肉细胞组合在一起，在切面上形成结节状的再生芽。与此同时，它体内的消化道、神经系统、血管等组织的细胞通过大量的有丝分裂，迅速地向再生芽里生长。这样，随着细胞的不断增生，缺少头的一段的切面上会长出一个新的头来，缺少尾巴那一段的切面上会长出一条新的尾巴来。要注意的是，不同体段的蚯蚓再生能力及恢复时间各有不同。

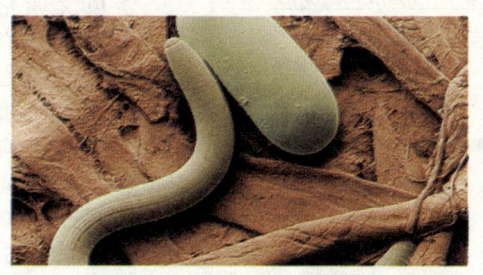

蛔虫

蛔虫是人体肠道内最大的寄生线虫，成体略带粉红色或微黄色，体表有横纹。雄虫尾部常蜷曲。

■ 蛔虫怎样进入寄主体内？

Weishenme

蛔虫是动物体内最常见的一种肠道寄生虫。它会使动物患病，对动物本身有很大的危害。那么，蛔虫是怎样进入动物体内的呢？

一般情况下，被蛔虫感染的动物排出的粪便内含有受精蛔虫卵，在温度、湿度合适的情况下，这些虫卵发育成具有感染能力的成熟虫卵。当动物食用或饮用被这些虫卵污染的食物或水后，虫卵就会在动物的肠道内孵出幼虫，然后发育成成虫，成虫再产卵，如此循环往复，蛔虫便在各种动物体内寄居下来。以人为例，当人食用了附有蛔虫卵的蔬菜、水果，或食用了被带有蛔虫卵的苍蝇和尘土污染的食物后，蛔虫卵便进入人体。进入人体的蛔虫卵大部分被胃酸杀死，留下的一部分并不直接在肠道内生长发育，而是由虫卵变成幼虫后，通过人的血液循环，经过心、肺等重要器官再回到肠道发育成成虫。

成年雌蛔虫体内有大量虫卵，每条有2000万个以上，通过人体粪便每天约排出20万个。排出的虫卵随后广泛分布于厕所、垃圾坑和土壤中，通过尘土、苍蝇、蟑螂、鸡、狗等媒介，散布在蔬菜、食物、水及生活环境中。

你知道吗

- 蛔虫是人体肠道内生命力最强的生物，70%的人体内都有蛔虫。
- 中医学对蛔虫病早有认识，将蛔虫又称为蛟蛕、蚘、长虫。
- 蚯蚓体内也有一种寄生虫——猪肺丝虫。

动物之最　最短的蚯蚓：目前所知世界上最短的蚯蚓只有0.5毫米长，属颤蚓目仙女虫科毛腹虫属。

▶ 主题索引
为什么绦虫能固定在动物的肠壁上？蜗牛有眼睛吗？

▶ 科学关键词
宿主 附着器 触角

■ 为什么绦虫能固定在动物的肠壁上？

Weishenme

绦虫
绦虫虫体背腹扁平，左右对称，长如带状。绦虫大多分节，无口和消化道，缺少体腔。大多数绦虫是雌雄同体。

绦虫又叫带虫，成虫寄生于脊椎动物体内，幼虫主要寄生于无脊椎动物体内，但也有以脊椎动物为中间宿主的。除单节绦虫外，所有的绦虫身体均分节，由头节、幼节、成节和孕节组成一条带状链体。绦虫广泛寄生于人、家畜及其他动物体内，引发各种绦虫病和绦虫蚴病。

绦虫的头节实际上是吸附器官，又称附着器，其结构有吸盘型、吸槽型和吸叶型等，依靠头节上的附着器，绦虫能牢牢地吸附在宿主肠壁上。一般头节的顶端具有吻突，吻突上有小钩。有的吸盘或吸叶表面也有小钩，起加强固着的作用。如多寄生于人体的圆叶目绦虫，其头节多呈球形，吸附器官常为4个圆形的吸盘，分列于头节四周。头节顶部有能伸缩的圆形突起，称为顶突。顶突周围常有1圈或2圈棘状或矛状的小钩。还有一种假叶目绦虫头节呈梭形，其吸附器官是头节背、腹侧向内凹入而形成的两条沟槽。

绦虫全身都有带尖棘的体表微毛。这些微毛既有固着作用，免使虫体从消化道排出，又能擦伤宿主肠壁的上皮细胞，便于其大面积地吸收营养。

■ 蜗牛有眼睛吗？

Weishenme

蜗牛一般昼伏夜出。那么，蜗牛有眼睛吗？实际上，蜗牛不仅有眼睛，它的眼睛还很有用处呢！

蜗牛的眼睛位于身体前端的头部，具体位置有两处——触角基部与触角上。通常，有一对触角的蜗牛，如山蜗牛、豆蜗牛等，眼睛位于触角基部；而有两对触角的蜗牛，如非洲大蜗牛、斯文豪氏大蜗牛等，眼睛则位于大触角的顶端。用肉眼观察，蜗牛的眼睛只是两个小小的黑点。实际上，蜗牛的眼睛与人类相似，也是由角膜、晶体、视网膜与视神经组成，但构造却十分简单，所以蜗牛只能通过感觉光线的变化来判断四周的物体，而不能像人眼一样真正看见物体的样子。因此，蜗牛的视力不太好。但对蜗牛来说，眼睛并不太重要，因为它通常晚上活动，不常用眼睛。不过，如果用手指碰触蜗牛的眼睛，它会马上把眼睛缩回壳里。就算把眼睛缩回壳里，蜗牛也能通过壳壁对光线的反射来观察外面的情况。受此启发，科学家发明了最早的胃窥镜，用于治疗胃病。

蜗牛
蜗牛的躯体包括壳、头、颈、外壳膜、足、内脏、囊等部分，形形色色，大小不一，有宝塔形、陀螺形、圆锥形、球形、烟斗形，等等。

•••【百科辞典】•••

宿主：
寄生物所寄生的对象，也叫寄主。

触角：
昆虫、软体动物或甲壳类动物的感觉器官之一，生在头上，一般呈丝状。也叫触须。

动物之最　最大的蜗牛：产在非洲东部，壳高15.4厘米，直径达8厘米。

主题索引
为什么蜗牛爬过会留下亮晶晶的痕迹？天然珍珠是怎么来的？

科学关键词
黏液 外套膜 插核技术

动物世界探秘

■ 为什么蜗牛爬过会留下亮晶晶的痕迹？

Weishenme

爬行的蜗牛
据科学家测定，蜗牛爬行的最快速度大约是每小时12.2米。因为它们是靠腹部的突出颗粒蠕动爬行，所以速度很慢。

蜗牛是陆生的腹足类软体动物，喜欢待在阴凉潮湿的地方。令人惊奇的是，在蜗牛爬过的地方，会留下一条白道。这是为什么呢？

蜗牛的脚很独特，叫肌肉足。爬行时，它用足紧贴在其他物体上，肌肉足扁平的肌肉横褶作波状蠕动，使它缓慢地向前爬行。同时，蜗牛足上还长有一种叫做足腺的腺体。足腺能分泌出一种黏液来帮助它爬行。这种黏液一遇到空气就迅速干燥，且闪闪发亮。因此，在蜗牛爬过的地方，就会留下亮晶晶的痕迹，也就是我们看见的白道了。这种黏液除了能帮助蜗牛爬行外，还能保护蜗牛的身体。当蜗牛冬眠或夏眠时，这种黏液会在壳口形成一个薄膜，把蜗牛的身体严密地封闭在壳内。等到外界环境适宜时，蜗牛再破膜出来活动。还有，当外壳口部意外破损时，黏液会在未破损的部分将蜗牛的身体封闭起来，待破损部分自行脱落后，蜗牛会形成一个较小但却完整的壳体。可见，这种足腺黏液的作用有多大！

■ 天然珍珠是怎么来的？

Weishenme

珍珠和蚌
珍珠和蚌壳内层的物质成分相同。珍珠是沙粒等异物掉到珍珠蚌壳内后，蚌壳外套膜的分泌物将其层层包裹后形成的。

珍珠是非常华贵的装饰品，也是很名贵的中药材，尤其是天然珍珠，十分珍贵。那么，天然珍珠是如何形成的呢？

在江、河、湖、沼里，生活着一种叫蚌的贝类。蚌的壳内有2片包住蚌的软膜，称为外套膜。当蚌进食时，它的贝壳会张开。一些外来物，如沙粒、小虫或虫卵等会偶然掉进贝壳里，与部分外套膜表皮细胞一起陷入蚌的结缔组织。外套膜的表皮细胞受到刺激，会快速分裂增殖分泌珍珠质，一层复一层地逐渐包围掉进来的异物，最后形成有核的珍珠。人工养殖珍珠就是根据此原理，运用插核技术将圆形珠植入蚌内，使之形成珍珠的。有时，一部分蚌壳外套膜表皮细胞组织会因病变或受伤等原因脱离原来的部位，进入结缔组织中，从而形成无核的珍珠。

色彩和光泽是珍珠品质重要的标志，二者与蚌所在水域的化学成分和水中浮游生物有关。

你知道吗

- 珍珠弹性的大小取决于它所在的蚌壳角蛋白含量的多少。
- 珍珠的硬度是3.5 4.5，高于铜（3），与铁的硬度（4）相似。
- 蜗牛是世界上牙齿最多的动物。虽然它的嘴大小和针尖差不多，但是却有25600颗牙齿。蜗牛的小触角中间往下一点儿的地方有一个小洞，这就是它的嘴巴，里面有一条锯齿状的舌头，科学家们称之为"齿舌"。

最大的珍珠："真主之珠"，也叫"老子之珠"，重达6.35千克，半径13.97厘米，1934年发现于菲律宾一巨贝中。

> 主题索引
> 乌贼为什么能喷墨汁？乌贼和章鱼有何区别？

> 科学关键词
> 墨囊 吸盘 软体动物

■ 乌贼为什么能喷墨汁？

Weishenme

乌贼
乌贼有10条腿，和8条腿的章鱼有很大的区别。

乌贼又称墨鱼，生活在温暖的海洋中，主要以甲壳类为食，也捕食鱼类及其他软体动物。

乌贼躯干部包着外套膜，外套膜和内脏团之间形成的腔为外套腔。外套腔内有一个梨形小囊，叫墨囊，位于内脏团后端。实际上，墨囊是一处发达的直肠盲囊。囊内腺体可分泌墨汁，墨汁可经导管由肛门排出。

墨汁是乌贼保护自己的武器。一旦遇上凶猛的敌害，乌贼会立刻从墨囊里喷出一股墨汁，把周围的海水染成一片黑色，使敌害暂时看不见它，而它就可以趁机逃走了。另外，乌贼喷出的这种墨汁还含有毒素，可以用来麻痹敌害，使敌害无法再去追赶它。乌贼的名字就来源于此。当然，乌贼喷墨汁是动物对外界刺激所产生的一种自我保护反应。不到万不得已，乌贼是不会轻易施放它的"黑色烟雾弹"的。

■ 乌贼和章鱼有何区别？

Weishenme

乌贼和章鱼都是海里非常狡猾的动物。虽然它们都被称为鱼，但它们并不属于鱼类。实际上，乌贼和章鱼都是软体动物，是牡蛎和贻贝的近亲。那么，乌贼和章鱼有什么区别呢？

乌贼和章鱼都有腿，不过乌贼有10条腿，而章鱼有8条像飘带一样的长腿，因此，章鱼又被称为"八带鱼"；章鱼的每条腿上都有300多个吸盘，小动物一旦被吸住，根本无法逃命；而乌贼腿上却没有吸盘。

当遇到危险时，乌贼和章鱼都能喷出"墨汁"。不过，章鱼不仅能连续6次往外喷射墨汁，而且半小时后就又会积蓄很多墨汁。

除此之外，章鱼比乌贼有更多的脱身技能和自卫本领。它能够把身体变成饼状，钻出极细的缝隙逃生。

不过，如果说到游泳的话，乌贼是海中的游泳高手，借助肚皮上漏斗管喷水的反作用力，它能够跃出水面，在空中飞行50米左右，因此被称为"海洋中的火箭"。乌贼游泳最高时速可达150千米，可作长距离洄游。章鱼则大多以爬行为主，较少游泳。另外，乌贼有石灰质的内壳，而章鱼没有，因此章鱼的身体没有固定的形状。

章鱼
章鱼有8条腿，每条腿上都有吸盘。其神经系统是无脊椎动物中最复杂、最高级的。

动物之最 最大的乌贼：大王乌贼，体长20米左右，重2~3吨，是世界上最大的无脊椎动物。

主题索引
为什么章鱼能成为海中"一霸"？海星的"嘴"在哪里？

科学关键词
触腕 吸盘 消化酶

动物世界探秘

■ 为什么章鱼能成为海中"一霸"？
Weishenme

在海洋中，章鱼是一种力大无比、好斗而聪明的动物，称得上是海洋里的"一霸"，不少海洋动物都怕它。章鱼为什么这么厉害呢？这与它的几件特殊的"法宝"是分不开的。

首先，章鱼的8条腿是8条感觉灵敏的触腕。每条触腕上都有很多吸盘，每个吸盘的吸附力为100克，总的吸附力能够达到240千克。当章鱼休息时，总要留一两条触腕值班放哨。要是外界有什么动静，它会立刻跳起来，同时喷出墨汁以隐藏自己，并随时准备进攻或撤退。

其次，章鱼有十分惊人的变色能力，一次可以变出6种颜色。它也可以随时变换自己的皮肤颜色，以便与周围环境协调一致。

再次，章鱼有很强的再生能力。要是实在无路可逃，它会自动断掉一些触腕，只留下一

太平洋章鱼
太平洋章鱼是世界上最大的章鱼，是深海中的王者。其性情暴躁，不仅敢攻击鲨鱼和鲸鱼，有时还攻击小船。

两条触腕，它用那些断掉的触腕来吸引敌人，而自己则急速逃走。而且它伤口处的血管会极力收缩，不会流血，不久创伤处还会长出新的触腕。

另外，章鱼的套膜腔里可以装一些海水，供它几天的生活所需。

这样看来，章鱼真是本领超强的动物。

■ 海星的"嘴"在哪里？
Weishenme

海星是海里最常见的棘皮动物，外形似五角星，也称星鱼或轮星鱼。全世界的海洋中都有海星，它们生活在潮间带和近岸的平静海域。海星看上去不像是动物，而且从其外观和缓慢的动作来看，更难想象它竟是一种肉食类动物。海星主要捕食一些行动较迟缓的贝类、螃蟹和海葵等。

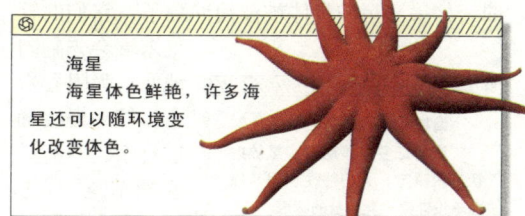

海星
海星体色鲜艳，许多海星还可以随环境变化改变体色。

海星的嘴在其身体下侧中部，可与爬过的物体表面直接接触。海星的食量很大，一只海星幼体一天内吃下的食物相当于它体重的一半还多。由于海星活动缓慢，因此捕食时常采取迂回的策略，慢慢接近猎物，用腕上的管足捉住猎物，并用整个身体包住它，将胃袋从口中吐出，把"嘴"塞进猎物紧闭的硬壳上的微孔里，利用消化酶让猎物在其体外溶解并被其吸收。例如海星捕食蚌时，先用全身包住蚌贝，用嘴将麻醉液从壳缝吐进壳内，使得蚌壳张开，然后从嘴里吐出胃囊，伸进壳内，慢慢将贝肉消化掉。

你知道吗

- 成年海星的天敌寥寥无几，最大的捕食者是它的同类。
- 海星具有一种特殊的能力——再生。海星的腕、体盘受损或自切后，都能够自然再生。海星的任何一个部位都可以重新生成一个新的海星。

动物之最　最大的章鱼：太平洋章鱼，雄章鱼平均直径3米，重25～30千克。

主题索引
海星的管足有什么用？ 为什么龙虾的小脚能变成大螯？

科学关键词
棘皮动物 管足 大螯

■ 海星的管足有什么用？

Weishenme

海星的体形大小不一，体色也不尽相同。它与海参、海胆同属棘皮动物，通常有5个腕。海星的腕具有非常强的力量，可以拉开双壳类动物紧闭的贝壳。在这些腕的下侧，并排长有4列密密麻麻的管足，这些管足排列紧密，各管足末端都有吸盘。管足既能帮助海星捕获猎物，还能使海星在海里运动或附着在其他物体上。

海星在海底移动时不用臂，而是用长在每支臂下的管足。管足蠕动而产生运动，从而移动身体。尽管海星通常行动缓慢，在海底每分钟仅能爬行10厘米，最快20厘米，但某些种类的海星行走起来也快得令人惊讶，如砂海星每分钟可以移动76厘米。

海星臂下的管足非常柔软，可以随意弯曲。如果海星的身体被波浪冲翻了，它们的管足末端会先翻向地面，吸附着岩石，然后慢慢翻过身来。当海星吸附在岩石上时，它会将管足内的液体排到专门的囊中，使管足内部形成真空，因此吸附得非常牢固，即使狂风巨浪也奈何不了它。

海星
海星是多足体动物，呈放射状，很稳定。人们往往利用其原理来设计椅、凳、台的脚形。

■ 为什么龙虾的小脚能变成大螯？

Weishenme

龙虾是一种常见的海生动物，种类很多，全世界共有400多种。通过观察，我们会注意到龙虾有一对特别大的螯，是打开蚌、贻贝等贝类硬壳而获得食物的武器，被称为螯钳。

龙虾的螯钳并非生下来就有的，而是在出生6~8周后才出现的，而且是由龙虾的小脚转变而来的。1908年，生物学家威克特·爱姆尔经过实验证实，年轻龙虾的大螯被砍掉后，另一对小脚就会变成大螯。他还证实，放在玻璃缸中长大的龙虾没有大螯。

螯龙虾
全世界有3种螯龙虾，即分布于北美大西洋岸的美洲螯龙虾、产于欧洲大西洋岸的欧洲螯龙虾、产于南非的南非螯龙虾。大螯是它打开蚌、贻贝等贝类硬壳，获得佳肴的武器。

后来的科学家重复威克特·爱姆尔早年的实验，把一些龙虾放养在光滑的塑料盘中，而把另一些龙虾放在有泥、牡蛎壳或塑料碎屑的盘里。结果，后者中长出大螯的龙虾数量远远超过前者。在另一个试验中，他们让龙虾的脚每天夹画笔三次，结果也长成了大螯钳。这说明，龙虾的小脚必须经过千万次的反复练习，才能变成威武的大螯钳。

【百科辞典】

棘皮动物：
无脊椎动物的一门，体不分节，无头部，体表有瘤粒或棘刺，全部是海生，运动缓慢或不运动。

管足：
在棘皮动物水管系统中从辐管分出的管状运动器官。

动物之最　最大的海星：臂长1.38米，但它身体的盘体直径仅2.59厘米，干重仅69.74克。

主题索引
为什么虾煮熟后会变红？螃蟹鳃和鱼鳃一样吗？

科学关键词
虾青素 色素 鳃

动物世界探秘

■ 为什么虾煮熟后会变红？
Weishenme

煮熟的龙虾
本来青色的龙虾被煮熟后变成了红色，这是由于虾青素与蛋白质分离，显露出了本来的颜色。

在市场上买到的鲜虾都是青绿色的，但是煮熟后却变成红色，这是为什么呢？

原来，这种煮熟了的虾外壳中有一种颜色鲜红的色素，叫虾青素。除了虾以外，螃蟹等许多甲壳类动物也用虾青素或其他色素来装扮自己，如有些小壳动物主要含有虫青素，有些蟹类体内含有蝶红素。这些色素都和胡萝卜素有类似的结构，是"虾兵蟹将"们所含色素的主要成分。

活着的甲壳类动物的体色，由于种类、环境的差异而有所不同。但是它们不论活着时是什么体色，只要被煮熟，都会变成红色。在活着的生物体内，虾青素和蛋白质结合在一起，所以看不到颜色。受热时，蛋白质发生变性，虾青素从中分离出来，就显露出红色。这时，如果把虾、蟹的红色外壳浸到一种叫丙酮的化学药品中，这种色素会把丙酮染成美丽的橘红色，壳体也会褪色变浅。

■ 螃蟹鳃和鱼鳃一样吗？
Weishenme

螃蟹
螃蟹的10只足就长在身体两侧。第一对螯足，既是掘洞的工具，又是防御和进攻的武器。

螃蟹是生活在水里的甲壳类动物，用鳃呼吸。不过，螃蟹的鳃和鱼鳃不同。螃蟹的鳃生在身体上部的两侧，表面由坚硬的甲壳覆盖着；而鱼鳃长在头部两侧的鳃盖里。螃蟹的鳃由很多像海绵一样松软的鳃片组成；而鱼鳃由许多鳃丝排列组成。螃蟹的鳃片里能够储存很多水分，螃蟹即便离开了水，仍然能和在水里一样不停地呼吸，吸进大量空气，由口器两边吐出来。因此，一旦离开水，鱼会很快死去，而螃蟹尽管也生活在水里，却可以时常爬到陆地上寻找食物，能在陆地上待一段时间。

不过，如果螃蟹在陆地的时间过长，螃蟹鳃里的水分就会逐渐减少，呼吸也会困难起来。为缓解这一状况，螃蟹就要拼命地鼓起鳃吸气、呼气。若它吸进的空气过多，鳃和空气接触的面积增大，鳃里含有的水分和空气就会被一起吐出，形成无数气泡，所以螃蟹的嘴边常有一堆白色泡沫。我们买螃蟹时要挑选甲壳坚硬、吐白沫多的活蟹，这样的螃蟹才新鲜，吃起来才放心。

你知道吗
■ 地球上最小的螃蟹是豆蟹，直径不到0.5厘米。
■ 螃蟹为什么要横着走路呢？有一种地磁场说认为：螃蟹的内耳最初有定向小磁体，能够依靠地磁场来判断方向。地磁场倒转后，小磁体无法再定向，它便横着走路。

动物之最 陆地上跑得最快的螃蟹：角眼沙蟹，每秒3.8米，但只能持续6秒，跑时只用3对步足。

主题索引	科学关键词
寄居蟹"寄居"在哪里？珊瑚是动物吗？	共生 出芽生殖 珊瑚

■ 寄居蟹"寄居"在哪里？

Weishenme

从昏暗的深海到平静的岸边，到处都有寄居蟹的存在。还有陆生寄居蟹，它们栖息在南美潮湿的密林中。那么，寄居蟹究竟"寄居"在哪里呢？

寄居在螺壳里的寄居蟹
寄居蟹有一个庞大的家族，科学界已知有400多种，其寄居形式不尽相同。

寄居蟹能够栖息在任何腹足类动物的贝壳里，这也正是它名字的由来。如果没有空贝壳，寄居蟹就会发起进攻，把贝壳的"主人"一块块地从"房子"里撕扯出来，然后自己钻进去，并用一只螯堵住贝壳的入口，从此"寄居"下来。可是，海洋中有些凶猛的动物并不害怕寄居蟹的大螯。比如章鱼就能凭借有力的触腕破门而入，把寄居蟹从贝壳中拉出来。为保护自己，寄居蟹会找来一个能相互帮助的伙伴——海葵一起生活。海葵是海底的"毒花"，它的毒性很大，一点儿海葵毒汁就可以毒死一只美洲虎。因此，海洋里的动物都对海葵避而远之。寄居蟹栖居在空螺壳里，而海葵附着在螺壳上；海葵利用寄居蟹作为运动工具，并以寄居蟹吃剩的残屑为食，而寄居蟹可受到海葵的保护。于是，它们之间形成一种奇妙而牢固的共生关系。

■ 珊瑚是动物吗？

Weishenme

形态各异、美丽多姿的珊瑚谁都不陌生。但由于珊瑚的形状像树枝，因此，很多人误认为珊瑚是植物。其实，珊瑚是一种由珊瑚虫遗骨组成的集合体。珊瑚虫仅1厘米大小，外表

珊瑚
珊瑚生长得非常缓慢。图中枝干状的为活体珊瑚骨骼，上面的星星点点为珊瑚虫。美丽的珊瑚把海底世界打扮得宛如花园。

看起来大同小异，但它们彼此联结的方式各不相同，于是便形成了不同形状的珊瑚。珊瑚虫是出芽生殖，芽体并不分开，每个珊瑚虫都有骨骼，骨骼的成分主要是角质或石灰质。我们通常见到的珊瑚就是由这些珊瑚虫的骨骼堆积而成的。一代又一代的珊瑚累积在一起，便形成了巨大的珊瑚礁或珊瑚岛。珊瑚礁既能保护海岸，又能保护生物的多样性，是海洋的基本生态系统。

珊瑚属于只有内外两个胚层的腔肠动物。它只有一个口，食物从此进去，不消化的残渣也由此排出。口的周围生了很多触手，触手可以捕捉食物，也可以通过振动使水流进入口及腔肠中，以水中的小生物为食。一般情况下，珊瑚喜欢生活在水流快、温度高又比较清净的浅海地区。

•••【百科辞典】•••

共生：
　　两种不同生物共同生活在一起，互利共存。

出芽生殖：
　　生物体在一定部位长出与母体相似的芽体，芽体逐渐长大后，脱离母体长成新个体。

◆ 32　动物之最　**最大的海生螃蟹**：日本珍珠蟹，它的腿伸展开可达4米，总重量超过20千克。

水母为什么会"蜇"人?

Weishenme

水母是一种漂亮的水生动物,属于腔肠动物的一种。它的身体很柔软,外形有点像一把透明的伞,从伞状体边缘长出一些须状的触手,像仙女的美丽飘带一样。不过,外观美丽的水母其实十分凶猛。那些伞状体下面的长长的触手上布满了刺细胞,像毒丝一样,能够在碰到猎物时迅速射出毒液,将猎物麻痹或杀死。紧接着,触手就将猎物缠住拉近,用伞状体下面的息肉吸住,由这些息肉中分泌出消化酶,将猎物体内的蛋白质分解,以便消化吸收。

当我们夏天在海中游泳时,有时会突然感到后背或四肢一阵刺痛,就像被皮鞭抽了一下,那多半是被水母"蜇"到了。人类被一般的水母蜇到只会感到灸痛并出现红肿,只要涂上药,几天就能痊愈。但有的水母却能置人于死地。美国《世界野生生物》杂志曾列举了地球上最毒的10种动物,其中箱水母名列榜首。这种生活在澳大利亚沿海的水母虽然只有足球那么大,但触须上有几十亿个毒囊和毒针,足够杀死20个人。

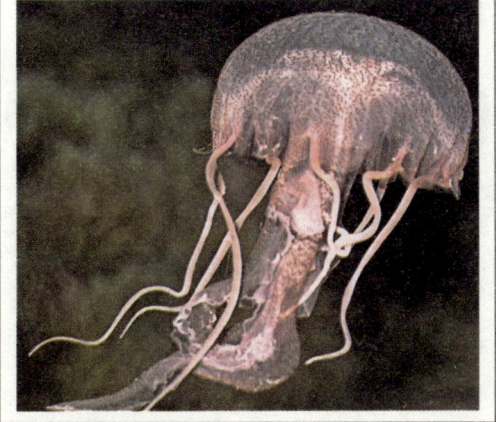

水母

水母的伞状体内有一种特别的腺,可以释放出一氧化碳,使伞状体膨胀。而当水母遇到敌害或大风暴的时候,它就会自动将气放掉,沉入海底。危险解除或海面平静后,它只需几分钟就可以生产出气体让自己重新膨胀并漂浮起来。

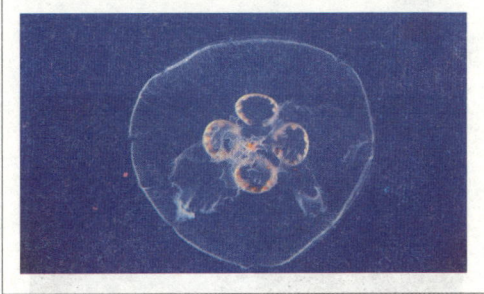

海月水母

海月水母属于钵水母纲,直径10~30厘米,因夏秋两季浮于水面,状如明月,故称"海月水母"。这种水母很常见,有时会成群出现。伞状体中央部位的四个白色圆圈为其重要特征。

水母为什么能发光?

Weishenme

当水母在夜晚的海面上出没的时候,人们常常能看到那些半透明的伞状体闪耀着淡绿或蓝紫色的光芒,有的还带有彩虹般的光晕。尤其是栉水母在海里游动时,身体显现着球形的蓝光,几条长长触手形成细长的光带,随着波浪的起伏而摆动,光影千姿百态,十分优美。

水母的构造十分简单,没有肌肉和骨骼,身体的98%都是水。它是怎样发光的呢?原来,水母发光靠的是一种奇妙的蛋白质,名叫埃奎明(aequorin)。这种蛋白质和钙离子混合时,会发出蓝色的荧光。水母体内的埃奎明越多,发的光就越强,而每只水母均含有50微克的埃奎明。

【百科辞典】

腔肠动物:
　　低等多细胞动物,生活在水中,身体仅由内、外两层细胞组成,因其由内胚层围成的空腔具有消化和循环的功能而得名。

埃奎明:
　　一种蛋白质,和钙离子混合时会发出蓝色荧光。

动物之最 **最大的水母:** 1865年美国马萨诸塞州发现的一只霞水母,伞状体直径2.4米,触手长36米。

> 主题索引
> 水母为何能预知风暴？海绵到底是什么东西？

> 科学关键词
> 次声波 听石 无脊椎动物

■ 水母为何能预知风暴？

Weishenme

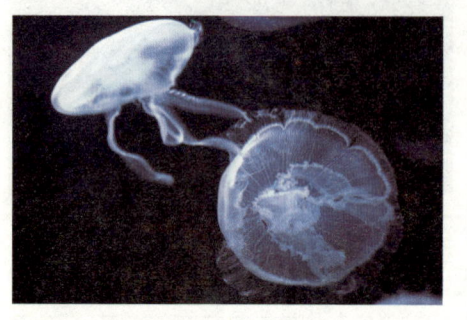

水母
海洋中重要的大型浮游生物，属于刺丝胞动物。水母寿命很短，平均只有几个月的生命。

热带水域海底的海绵
海绵的形态多种多样，大致可归为土墩形和烟囱形两大类。生活在浪大流急环境中的海绵，多呈流线型的土墩状；而生活在风平浪静环境中的海绵，形体则像竖立的烟囱。

海面上风平浪静，水母顶着各色的"伞"在海面上懒洋洋地漂动。不知什么原因，水母一下子都匆匆忙忙从岸边游走，奔向大海，这是为什么呢？有经验的渔民会马上告诉你："风暴要来了！"水母是怎样知道风暴要来了的呢？

原来在风暴来临之前，空气和海洋因剧烈摩擦而产生了次声波，它在水中传播的速度比风暴的运动速度快得多。这种次声波虽然无法被人类感知，但是水母却能敏锐地感觉到。在水母的触手中有一个细柄，细柄上长有小球，这就是水母的耳朵。在水母的内耳中，有一块小小的石头，叫"听石"。次声波振动了这块听石，听石再把振动传给水母耳壁内的神经感受器，水母听到了次声波传来的风暴警告，就匆匆寻找安全的地方去了。

■ 海绵到底是什么东西？

Weishenme

提到海绵，人们可能会马上想到床垫、布娃娃里装的海绵。其实，这些海绵都是人们用塑料制成的。那么，为什么管它们叫海绵呢？

真正的海绵又是什么呢？

原来，海里确实生活着一种叫"海绵"的动物，它属于最原始的无脊椎动物，身体构造非常简单，没有心脏、脑、头、嘴等器官，也不会游动，只能附着在浅海的岩石上。海绵上面有个较大的开口，里面有个空腔，周围的体壁上还有成千上万的小孔，所以又叫"多孔动物"。海水从小孔流入体内，水中的小生物、氧气等生存必需的东西就会被带进来，随后，没有用的水或残渣则由顶端的开口处排出。

古代的希腊人、罗马人和中国人很早就开始采集海绵，用于工艺、医学和日常生活方面。后来人们仿照海绵动物造出了人造海绵，"海绵"这个名字也一直沿用下来。

你知道吗

■ 海绵的再生能力惊人，即使被撕成碎块，每块也能各自长成新的海绵个体。

■ 水母也有天敌：有一种海龟，它能在水母群中自由穿梭，用嘴扯断水母的触手，使其只能上下翻滚，最后失去抵抗能力，成为自己的一顿"美餐"。

◆ 34 动物之最 地球上最早的动物：海绵，它们在地球上出现的时间比恐龙还早，可追溯到6.5亿年前。现已发现距今约5亿年的海绵化

■ 海葵的触手有什么用?

Weishenme

我们常见的菊花一般在秋季开放,而在海洋中,却有一年四季常开不凋的"海菊花",它就是海葵。海葵种类繁多,一般呈圆筒状,体色艳丽,基部附着在岩石上或海底。海葵上端是圆形的盘,周围有几只到上千只菊瓣似的触手。海葵是一种腔肠动物,这些漂亮的触手是它运动、捕捉食物和保护自己的"秘密武器"。

海葵触手的数目因海葵种类的不同而各异,不过,这些触手上都长满了倒刺,这种倒刺能够刺穿猎物的肉体。倒刺上长有细小的刺细胞,它是一种特殊的有毒器官,会分泌毒液。小鱼嬉戏于"海葵花丛"中时,一旦为海葵触手上的刺细胞刺中,便会被麻痹,然后被触手团团包围,成为海葵的美食。因此,这些触手实际上是一个可怕的陷阱。如果人类不小心碰到它们,就可能产生刺痛或瘙痒的感觉;如果把它们采回去煮熟吃下,则会引起呕吐、发烧等中毒现象,所以,海葵既碰不得也吃不得。另外,海葵并不是永远待在一个地方的,有的海葵能靠触手做翻转运动。

■ 为什么小丑鱼能在海葵触手中自由穿梭?

Weishenme

小丑鱼和海葵
小丑鱼在海葵触手中来去自如,二者互惠互利。这种生活方式在自然界中大量存在。

海葵
环绕在海葵消化系统周围的每一只触手都能判断它所接触到的食物能不能吃。猎物一旦被某只触手接触到,就会立刻被众多触手紧紧包围缠绕。

除与寄居蟹共处一室外,海葵还和一种叫"小丑鱼"的"房客"共同生活。小丑鱼一遇到危险,就会立即躲进海葵的触手中;而每当海葵遇到天敌蝶鱼的攻击时,小丑鱼就会挺身而出,与蝶鱼展开搏斗。平时,小丑鱼会捡食海葵吃剩的残渣,同时也为海葵除去泥土、杂物和寄生虫。

小丑鱼为什么能和海葵和谐共处呢?原来,小丑鱼的体表有一层黏液,既可以中和海葵刺细胞的毒素,又可以抑制刺细胞的弹出。这些黏液原本是海葵的身体分泌的,可以防止众多触手相互触碰造成误伤。而小丑鱼在幼鱼时期就会小心翼翼地接近海葵,从触手上吸收黏液。等到它们全身都涂满了这种物质时,就相当于拿到了自由出入海葵触手的"通行证"。

你知道吗

- 海葵时常为地盘和食物与同类争斗,甚至出现一方把另一方体表上的疣突扫平或触手拔光的情况。
- 海葵遇到危险时会收缩身体,并排空触手内的水,再慢慢地把触手收回到紧缩的体腔内,整个过程历时两个半小时。

动物之最 世界上寿命最长的海洋动物:海葵,据测定,它们的寿命已达1500~2100岁,大大超过海龟和珊瑚的寿命。

▶ 主题索引
蜈蚣到底有多少只脚? 为什么蜘蛛不会被蜘蛛网粘住?

▶ 科学关键词
百足虫 黏性

■ 蜈蚣到底有多少只脚?

Weishenme

蜈蚣有很多只脚,大家常把蜈蚣叫做百足虫。那么,蜈蚣到底有多少只脚呢?

蜈蚣是节肢动物门动物,属于多足纲,20世纪以来,世界各地共发现蜈蚣3000余种。其中,常见的药用蜈蚣成体体长为11~14厘米,体宽0.5~1.1厘米。背腹稍扁,前后部宽度几乎相等,整个身体共由22个体节构成,每节上有一对足。头后的对足叫颚足,呈钩状,很锐利,内通毒腺;最末一对叫尾足,特别大,伸向后方,上面有小棘。因此,一般来说,药用蜈蚣只有22对足,即21对步足和1对颚足,共44只脚,称它为百足虫只是形容它的脚很多而已。不过,不同种类的蜈蚣的足的数量是不同的,有的蜈蚣有100多对步足。有趣的是,以前发现的蜈蚣无论足的对数是多少,一般都是奇数对而没有偶数对的。但后来一个叫凯特尔的英国"蜈蚣迷"不仅证实了蜈蚣足的数量不等,还发现了偶数对步足的蜈蚣。

■ 为什么蜘蛛不会被蜘蛛网粘住?

Weishenme

蜘蛛吐出的丝具有很大的黏性,可以粘住飞过的昆虫,使它们成为蜘蛛的大餐。可是,为什么蜘蛛自己不会被粘住呢?

蜘蛛腹部尾端一般有6~8个纺丝器,与每个纺丝器对应的是蜘蛛身上功能各异的腺体,每个腺体能产生不同的丝线原料。根据需要,蜘蛛吐出不同的丝线原料,从而织出有黏性的和没有黏性的两种丝线。蜘蛛织网时会选择在没有黏性的纵丝上织,避免自己被粘住,碰上有黏性的横丝时,蜘蛛能分泌出一种油性物质,并将它涂抹到自己的身上、尤其是脚上,这样,它就不会被粘住了。另外,通常蛛网与地面都不是垂直的,蜘蛛只用带有毛刺的脚接触蛛网。这样一来,它整个身体就挂在了蛛网上,进一步减小了被粘住的可能性。

网上的蜘蛛
蛛网各不相同,不过一般都由放射状的蜘蛛丝(纵丝)和椭圆形的蜘蛛丝(横丝)组成。前者主要构建蛛网的骨架,强度很大,无黏性;后者上面有水珠似的凸起,被称为"黏珠",其黏性经常使误闯入网的昆虫难以脱身。

【百科辞典】

节肢动物:
无脊椎动物中最大的一类,身体由许多体节构成。

黏性:
像胶水或胶带一样,能把一个物体附着在另一个物体上的特性。

腺体:
生物体内能分泌某些化学物质的组织。

最大的蜈蚣: 产于拉丁美洲牙买加的一种热带蜈蚣,身体扁平,呈长条状,有180对足,最长的足可达26厘米。

主题索引
为何有的蜘蛛不结网？最毒的蜘蛛是哪一种？

科学关键词
结网 鳌肢 红斑蛛

动物世界探秘

■ 为何有的蜘蛛不结网？

Weishenme

跳蜘蛛
跳蜘蛛以猎捕苍蝇为生，故又名"蝇虎"。它是一种视力非常好的蜘蛛，会吐丝，但不结网，尾部有一条拉丝。碰到危险时，跳蜘蛛会利用这条拉丝滑入草丛，避开敌人。

对于蜘蛛结网捕虫，大家都很熟悉。不过，为什么有些蜘蛛不结网呢？原来，除了我们熟知的结网蜘蛛外，还有两类生活方式特殊的蜘蛛：游猎蜘蛛和洞穴蜘蛛。游猎蜘蛛到处游猎捕食，不结网、不挖洞、不造巢；洞穴蜘蛛喜欢躲在沙堆或洞里，在洞口结网，这种网本身没有黏性，纯粹是用来感应猎物的大小的。

有趣的是，会结网的蜘蛛大多视力不佳，不能迅速地狩猎捕食，故以结网来捕捉飞行中的小昆虫。

而游猎蜘蛛一般栖息在林间地上，具有4对分节明显的步足，且全身布满细毛，它们的视力非常好，捕食本领也十分高超。如狼蛛目光敏锐，动作迅速，是小昆虫的杀手。当发现猎物后，狼蛛就静静地爬到猎物旁边，趁其不备，骤然跃起，以迅雷不及掩耳之势将小昆虫用鳌肢咬住，随即排出毒液将它们毒死，然后吃掉。

红斑蛛
红斑蛛也叫黑寡妇蜘蛛，常躲在茂密的草丛中，使人防不胜防。它生性凶猛，富有攻击性，毒性极强。

■ 最毒的蜘蛛是哪一种？

Weishenme

蜘蛛是昆虫的天敌，但有些毒蜘蛛也会伤害人类与牲畜。实际上，蜘蛛都有毒，只是毒性强弱不同而已。

世界上最毒的蜘蛛叫"红斑蛛"，也称"黑寡妇蜘蛛"。它们广泛分布于温带和热带地区。这种蜘蛛全身披毛，刚毛发达，生性凶猛，不结网，是一种游猎蜘蛛。它们口腔内有坚硬的鳌肢，即上颚，内有毒腺。

雌雄红斑蛛的大小和体色都有差异。在蜘蛛的世界中，一般雌性的体形都远大于雄性，而红斑蛛的雌蛛竟比雄蛛大了100倍，红斑蛛是雄蛛和雌蛛体形相差最悬殊的蜘蛛。在体色上，成年雌性红斑蛛腹部通常呈亮黑色，而雄性红斑蛛则呈黑褐色。当红斑蛛被惊动时，为了自卫，它会立即扑上去蜇伤来犯者，此时蜘蛛体内分泌一种神经性毒蛋白液体，从鳌肢经皮肤伤口进入被蜇者体内。受害者被蜇时有剧烈疼痛感，之后运动神经中枢会发生麻痹，严重的甚至会死亡。

你知道吗

- 红斑蛛的毒液毒性比响尾蛇的还强15倍。
- 红斑蛛毒性的大小因性别、发育阶段和季节的不同而有差异，其中，繁殖季节的雌蛛毒性最大。
- 作为宠物饲养的蜘蛛大多是洞穴蜘蛛。

最大的蜘蛛：食鸟蜘蛛，身体长度超过100毫米，脚伸展开来足有250毫米，在树林中结网，以自投罗网的鸟类为食。

> 主题索引
> 昆虫为什么有翅膀？沫蝉是"跳高冠军"吗？

> 科学关键词
> 昆虫 翅膀 同翅目昆虫

■ 昆虫为什么有翅膀？

Weishenme

蜻蜓
"飞行能手"蜻蜓的翅质薄而轻，每秒可振动30～50次，飞行速度可达0.23千米/小时，冲刺飞行速度可高达40米/秒。

昆虫是我们都很熟悉的动物，色彩缤纷的蝴蝶、采花酿蜜的蜜蜂等都是昆虫，它们都有灵活的翅膀。昆虫是地球上最早出现的"飞行家"。有化石证据表明，早在3亿年前，有翅昆虫便出现了。那么，昆虫的翅膀是怎么来的呢？

3亿年前，大地上到处都生长着热带蕨类植物。那时，蕨类植物长得非常高大，有些甚至高达40米。这些高大的植物正是昆虫获得翅膀的环境条件，因为昆虫只有先爬上高处，适应了那里的生活以后，才有产生翅膀的需要和可能。对于生活在这些高大植物上的昆虫来说，它们要先借助于胸背侧突在植物间滑翔。自然选择的结果使它们胸背侧突一代一代地逐渐扩展，昆虫的滑翔距离也就越来越远。最后，胸背侧突终于进化成了能够自由飞翔的翅膀。翅膀的产生是昆虫进化史上最为重要的事件，它促进了昆虫神经系统的发展，也意味着昆虫行为的复杂化，使昆虫有了更加广阔的生活空间。从此，昆虫逐渐成为了地球上成员数量非常庞大的家族。

■ 沫蝉是"跳高冠军"吗？

Weishenme

我们一般认为跳蚤是"跳高冠军"，因为它的腿肌弹力特别强，能以自身体重135倍的力量进行跳跃，而人类起跳时的力量最多仅能达到自身体重的2～3倍。那么，跳蚤真的是"跳高冠军"吗？恐怕沫蝉会对此提出抗议了。

沫蝉是一种以植物汁液为食的同翅目昆虫。它们会刺穿植物的茎，吸食汁液，因此是一种害虫。沫蝉"就餐"时，把自己隐藏在起泡的口水般的白色泡沫里，以躲避阳光和它们的天敌，所以沫蝉又叫"吹沫虫"或"吹泡虫"。这种昆虫很少飞行，通常在植物之间跳跃前进。科学家发现，沫蝉靠释放储存在强健的后腿中的大量能量，实现跳跃的目的。当不需要跳跃的时候，它们会用较小的前腿移动，并拖着后腿保持平衡。沫蝉跳跃的力量能达到自身体重的414倍。这样的力量可以将这种约6毫米长的昆虫送到约68.6厘米的高度。

红纹沫蝉
红纹沫蝉以善跳跃闻名。雌沫蝉通常将卵产在植物的茎上，并用其分泌的泡沫状物质保护这些卵。

•••【百科辞典】•••

昆虫：
节肢动物的一纲，身体分头、胸、腹三部分。头部有触角、眼等，胸部有3对足，2对或1对翅膀，也有没翅膀的。

同翅目昆虫：
昆虫纲的一目，包括蝉、沫蝉、飞虱和蚧壳虫等。

◆ 38 动物之最 翅膀扇动最快的昆虫：一种摇蚊，每分钟翅膀扇动次数高达62亿次，肌肉收缩周期快至1/2218秒。

主题索引	科学关键词	
蜻蜓为什么要"点水"？蜻蜓是"飞行之王"吗？	水虿 涡流	动物世界探秘

■ 蜻蜓为什么要"点水"？

Weishenme

蜻蜓产卵

有一部分蜻蜓靠"点水"产卵，大多数则将腹部直接插入浅水中，把卵产在水底。

蜻蜓的交配

蜻蜓飞行技术很高，甚至在飞行时也可以进行交配。交配后，雌蜻蜓将卵产在水中。

蜻蜓在水面上飞行时，会经常用尾部轻触水面，这就是我们所说的"蜻蜓点水"现象。那么，蜻蜓为什么要"点水"呢？

原来，蜻蜓虽然是生活在陆地上的昆虫，而且整日翱翔在空中，但它们的受精卵却要在水中才能孵化，幼虫也必须在水里才能存活。为了繁衍后代，蜻蜓必须选择在有水的地方产卵，于是蜻蜓用"点水"的方法，把受精卵直接产入水中或水草上。卵到了水中就会附着在水草上，不久便孵出幼虫，称为水虿。水虿常伸出勾状下唇捕捉水中的小动物来吃，长大后它们爬上突出水面的树枝或石头，羽化成可以飞翔的蜻蜓成虫。

有趣的是，雌蜻蜓"点水"时，雄蜻蜓唯恐"妻子"失足落水，便飞在雌蜻蜓的前上方，用它的尾尖钩住雌蜻蜓的头部，拖着它在水面产卵。因此，有人称雄蜻蜓为"助产士"。

■ 蜻蜓是"飞行之王"吗？

Weishenme

夏秋时节，雨前雨后，我们常会看到很多蜻蜓在空中一起飞来飞去，犹如战斗机群在编队飞行。

蜻蜓的腹部细长，两对翅膀又薄又透明，纤细的头颈更显得轻盈灵巧，非常适合飞行。蜻蜓的飞行速度令人吃惊，其翅膀每秒振动达20～40次，使它飞行的时速可达150千米。在飞行中，它的两对宽大的翅膀保持平行伸展，前翅拍打翻腾空气，在空气中产生快速旋转的小旋涡，而后翅则从这种涡流的自旋中获得能量，形成了较大的升力。同时，蜻蜓还能在空中作特技飞行，姿态优雅，动作干脆利落。它们时而盘旋，时而垂直，时而忽然停住，接着又急速飞行。

另外，蜻蜓的远程飞行能力更是惊人。它们在海上长途飞行时，如果半路上没有地方着陆休息，就必须忍受疲劳和饥渴一直向前飞行，否则就毫无生路。因此，有些蜻蜓居然能飞行1000千米。蜻蜓的飞行速度及耐力，为它赢得了"飞行之王"的美誉。

你知道吗

- 刚羽化的蜻蜓成虫会立刻离开水域，飞进附近的树林里，它们以林中的小昆虫为食，不需要水源也能生活很长时间。
- 蜻蜓除能大量捕食蚊子、苍蝇外，有的还能捕食蝶、蛾、蜂等害虫，是一种益虫。

动物之最　**最大的蜻蜓**：生长在中美洲，其体长12厘米，翅展距离达19.1厘米。

主题索引
为什么白蚁是"伟大的建筑师"？为什么军蚁被称为"微型杀手"？

科学关键词
激素 工蚁 蚁后

■ 为什么白蚁是"伟大的建筑师"？

Weishenme

白蚁

根据化石判断，白蚁可能由古直翅目昆虫发展而来，最早出现于2.5亿年前的二叠纪。白蚁体软而小，通常长而圆，有白色、淡黄色、赤褐色和黑褐色等体色。

白蚁属社会性群体生活昆虫，身体柔软，只适宜在黑暗与潮湿的环境下生活，一旦暴露在阳光下或环境温度过高、过热，就很容易脱水死去，所以白蚁一般都筑蚁巢。

白蚁的巢体高度从几十厘米到数米不等，由土、木屑、白蚁排泄物和其分泌的唾液黏合而成。每一群体的蚁巢可由一个主巢和数个至十余个副巢组成，相互间有蚁路相通，这使蚁巢内部四通八达，形成一个有机整体。蚁巢可供几百万只白蚁栖息，其中还分产卵室与育幼室等，既坚固又实用。为了保持蚁巢的高湿度，白蚁们挖掘隧道，取地下水来润湿巢穴；为了维持蚁巢的常温，它们架起高耸的通风管，利用空气对流来克服这个难题。因此，蚁巢内部的温度是相对稳定的，通常维持在20摄氏度~25摄氏度之间，这是最适宜白蚁生长的温度条件。

设计巧妙的蚁巢显示了白蚁高超的建筑本领。因此，它们被人们称为"伟大的建筑师"。

■ 为什么军蚁被称为"微型杀手"？

Weishenme

非洲军蚁素以凶狠闻名，被人们称为"微型杀手"。一只18厘米长的老鼠掉入蚁群后，身上立刻会布满军蚁，几秒钟内便会全身抽搐，5个小时后便只剩下骨架了。

军蚁集体捕食的景象最为壮观。它们出发时通常排成密集的纵队，也有些军蚁采取广阔的横队队形前进，像汹涌的潮水一般。一离开蚁巢，它们就分成一个个小蚁群，包抄并围攻猎取对象。所有的软体昆虫和活动迟缓的昆虫，甚至被拴着的牛羊，都会成为它们的口中物。主力部队前进时，前卫线上和两翼是长着巨颚的兵蚁，中间是工蚁。兵蚁一发现食物，整个军蚁群就会蜂拥而上，将猎物撕咬成碎片，片刻即将猎物吃得一干二净。这种有组织的捕食是通过激素传递信息来完成的。

白蚁巢穴

非洲与澳洲常见的高大白蚁巢由十几吨的泥土砌成，通常有五六米高，最高可达九米，呈圆锥形塔状，是当地特有的景观。

•••【百科辞典】•••

工蚁：

又称"职蚁"，是没有生殖能力的雌性蚂蚁，一般为群体中最小的个体，但数量最多。工蚁的主要职责是建造和扩大巢穴、采集食物、喂养幼蚁及蚁后等。

蚁后：

有生殖能力的雌性蚂蚁，或称"母蚁"，在群体中体形最大，特别是腹部大，生殖器官发达。主要职责是产卵、繁殖后代和统管群体。

产卵最多的昆虫：白蚁蚁后，它一生可产卵5亿粒。

- 主题索引
  蚂蚁是如何"放牧"的？蚂蚁为什么不会迷路？
- 科学关键词
  蚜虫 蜜露 蚁巢

动物世界探秘

■ 蚂蚁是如何"放牧"的？

Weishenme

人类是放牧人，会放养牛、羊等动物，获得奶、肉等食品。令人惊奇的是，小小的蚂蚁也是"放牧人"，它们通过放牧蚜虫等来获得"牛奶"。

蚜虫是靠植物的汁液生活的动物。它们的粪便亮晶晶的，含有丰富的糖，我们称之为"蜜露"。蚂蚁非常喜欢蜜露，常用触角拍打蚜虫的背部，促使蚜虫分泌蜜露。人们把蚂蚁的这一动作叫做"挤奶"，而把蚜虫比喻为蚂蚁的"奶牛"。

有趣的是，蚂蚁不仅会"挤奶"，还会放牧蚜虫。秋天时，蚂蚁会把成群的蚜虫豢养在蚁穴中。春天时，蚂蚁开始"放牧"蚜虫。每次"放牧"前，工蚁会先爬到树枝上把甲虫、草蛉之类的昆虫赶走，再搬运蚜虫到植物上。搬运时，蚂蚁用颚牢牢地叼住它们，而蚜虫则会顺从地收缩起小腿，以免挂在树枝上。负责放牧的蚂蚁会认真地守卫在那里，保护蚜虫免受瓢虫、壁虱等天敌的侵害，提防其他蚂蚁把蚜虫抢走。因此，蚂蚁和蚜虫之间便形成了一种共生关系：蚜虫为蚂蚁提供食物，蚂蚁给蚜虫创造良好的取食环境。

蚂蚁的交流

蚂蚁的嗅觉非常灵敏，只要有一丝线索，它们就能找到回蚁巢的路。蚂蚁之间的信息交流是靠头上触须的互相接触完成的。

■ 蚂蚁为什么不会迷路？

Weishenme

蚂蚁过的是群体生活，它们在地下筑穴，到地面上觅食，再将食物搬回蚁巢。那么，蚂蚁会不会因此迷路呢？

实际上，蚂蚁一般是不会迷路的，因为它有认路的本领。蚂蚁的视觉非常灵敏，不但可以利用陆地上的景致，甚至可以利用天空中的景致（如太阳的位置等）来认路，辨认回巢方向。除依靠眼睛外，蚂蚁还能根据气味来认路。实验证明，有些蚂蚁会在它们爬过的地面上留下一种气味，在归途中只要沿着这种气味前进，就不会迷路。有些蚂蚁很熟悉往返道路上的天然气味，因此也不会迷路。

另外，年长蚂蚁的认路本领比年轻的更强。例如，年长蚂蚁经验丰富，比年轻蚂蚁更熟悉太阳位置的改变，因此总能顺利"回家"。

蚂蚁和蚜虫

蚂蚁经常跟在蚜虫后面吞食蜜露。有时，蚂蚁会在带有蚜虫的植物茎秆上抹上泥土，在茎的上方修建"小土屋"，并守在土屋入口处，以保护蚜虫。

动物之最 数量最多的昆虫：蚂蚁，全世界约有1.6万种蚂蚁，其个体总数远远超过其他所有陆生动物。

主题索引
蚂蚁为什么是"大力士"？蜜蜂为什么要跳舞？

科学关键词
效率 工蜂 蜜腺

■ 蚂蚁为什么是"大力士"？

Weishenme

搬运食物的蚂蚁
蚂蚁的力气很大，可以搬动比自己体重重数十倍的东西。

蚂蚁是动物中相对力量最大的"大力士"，它能举起超过自身体重50倍的食物；在运送食物过程中，它能拉动超过体重300倍的食物，并从很远的地方运回蚁巢。为什么蚂蚁会这么有力气呢？

科学工作者发现，蚂蚁腿部的肌肉是一部高效率的"发动机"，它由几十亿台微妙的"小发动机"组成。蚂蚁的"肌肉发动机"使用的是一种特殊的"燃料"，称为三磷酸腺苷，这是一种结构非常复杂的含磷化合物，缩写为ATP。在许多场合下，只要肌肉在活动时产生一点儿酸性物质就能引起ATP的剧烈变化，使肌肉蛋白的长形分子在刹那间收缩起来，产生巨大的能量。

这种特殊的"燃料"能把潜藏的能量直接释放出来，转变为机械能，由于不存在机械摩擦，所以几乎没有能量的损失，因此蚂蚁的"肌肉发动机"的效率可高达80%以上，比飞机发动机的效率还要高好几倍。这就是"蚂蚁大力士"的奥秘。

■ 蜜蜂为什么要跳舞？

Weishenme

春暖花开时，勤劳的蜜蜂便开始四处采蜜。有时，我们会注意到，工蜂将食物送回蜂巢后，会有更多的蜜蜂飞往同一个花丛去采蜜。蜜蜂是怎么告诉同伴蜜源信息的呢？

原来，蜜蜂是利用舞蹈向同伴传递蜜源信息的。在蜂巢中，工蜂是专门负责"侦察"蜜

勤劳的小蜜蜂
勤劳的蜜蜂在花丛中飞来飞去，忙于采集花蜜和花粉。它们不仅养育自己的后代，而且为人类献上甘甜的蜂蜜。

源的"侦察兵"，找到蜜源后，它们会采一些花粉飞回蜂巢，并跳起舞来。如果找到的蜜源离蜂巢不太远，它们会跳圆形舞，表示蜜源在50米以内；如果跳"8"字舞，则表示蜜源距离较远，距蜂巢50~100米以外。此外，它们还利用在一定时间内跳"8"字舞的圈数和摆尾的次数来表示蜜源距蜂巢的距离，如在15秒钟内跳"8"字舞的圈数越少、摆尾的次数越多，则表示蜜源离蜂巢越远。工蜂跳舞时，身体的方位可以表示蜜源方向。如果它们头朝上，说明蜜源在向着太阳的方向；要是头朝下，就说明蜜源在背着太阳的方向。蜂巢中的其他蜜蜂得到这些信息，就会很快飞向蜜源，从植物的蜜腺中采集食物。

【百科辞典】

工蜂：
雌蜂，不过生殖器官发育不完全，在蜂群中数量最多。工蜂的主要职责是采集花蜜、花粉，哺饲蜂王、幼虫，分泌王浆、蜡质，建造蜂房，侦察蜜源，清洁蜂房，守卫御敌等。

蜜腺：
某些植物的花上分泌糖汁的腺。

◆ 动物之最 最勤劳的昆虫：蜜蜂，一生都在采蜜。一只蜜蜂要采集2000朵花的蜜腺，才能生产出一茶匙的蜂蜜。

为什么蜜蜂蜇人后自己就会死掉？

大家都知道蜜蜂会蜇人，因此，很多人害怕蜜蜂。其实，不到万不得已，蜜蜂是不会蜇人的，因为它蜇人后自己就会死掉，这是为什么呢？

原来，蜜蜂腹部末端的毒针是由一根背刺针和两根腹刺针组成的，针后面连接着毒腺和内脏器官，腹刺针尖端有几个呈倒齿状的小倒钩。当蜜蜂的毒针刺入人体的皮肤后，会排出毒液。蜜蜂要拔出刺针飞走时，由于小倒钩牢固地钩住了人体皮肤，所以毒针连同一部分内脏也一起被拉了出来，失去部分内脏的蜜蜂就死去了。但是，当蜜蜂蜇到身上有硬质表皮覆盖的昆虫时，它的刺针却可以从形成的破口中拔出，而自己也不会死掉。

蜂王和工蜂都长有毒针，但雄蜂却没有长。蜂王只有当内部打架时才使用毒针，所以，蜂王并不蜇人；而工蜂只有在受到外来威胁或为保护蜂巢时才会用毒针攻击敌人。因此，如果人们不去招惹蜜蜂，它们是不会主动蜇人的。

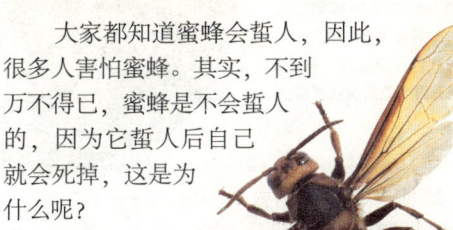

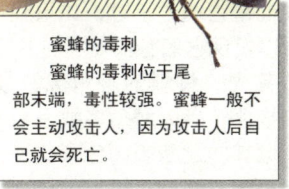

蜜蜂的毒刺
蜜蜂的毒刺位于尾部末端，毒性较强。蜜蜂一般不会主动攻击人，因为攻击人后自己就会死亡。

为什么说蜂巢堪称鬼斧神工？

蜂巢
蜂巢是蜜蜂所建的巢穴，由众多正六边形的蜂蜡巢室组成。蜂巢里除了蜜蜂之外，还有它们的幼虫，并储存着蜂蜜和花粉。

蜂巢是蜂群生活和繁殖后代的处所，由巢脾构成。各巢脾在蜂巢内相互平行悬挂，并与地面垂直，巢脾间距为7～10毫米，称为"蜂路"。每张巢脾由数千个六角形的巢房联结在一起组成，是工蜂用自身分泌的蜂蜡修筑的。大大小小的六角形的巢房分别为培育雄蜂和工蜂而建造，底面为3个菱形面。培育蜂王用的巢房称为王台，形状似下垂的花生，多在巢脾下部和边角上。在雄蜂房和工蜂房之间及巢脾与巢框的连接处，有不规则的过渡型巢房，用于贮存蜂蜜和加固巢脾。蜂巢形成9～14度左右的倾斜，以防蜂蜜流出。

蜂巢中的六角形结构非常坚固，因此被仿制后应用于飞机的羽翼以及人造卫星的机壁上。从整体上看，蜜蜂在建造蜂巢时，总是力争使用最少的材料制作尽可能宽敞的空间，蜂巢堪称自然界的鬼斧神工。

你知道吗

- 晴天的上午9～11点，由于外界的蜜粉源比较丰富，因此蜂群一般不会在这一期间蜇人。
- 蜂巢温度过低时，蜜蜂会在蜂巢中聚集成团，用胸膛抵着蜂巢壁，给蜂巢加温。

最大的蜜蜂：黑大蜜蜂，活跃于喜马拉雅山周围的雪山下，因此又被称为"喜马拉雅蜂"、"雪山蜜蜂"等。其蜂巢通常为单一巢脾。

> 主题索引
> 为什么蝴蝶的翅膀绚丽多彩？ 蝴蝶与蛾有什么不同？

> 科学关键词
> 拟态 鳞翅目昆虫 变态

■ 为什么蝴蝶的翅膀绚丽多彩？

Weishenme

梦幻月光蝶

古往今来，人们一般把蝴蝶作为美好事物的代表。南美洲的哥伦比亚把梦幻月光蝶作为国蝶。

木叶蝶

木叶蝶也叫枯叶蝶，因翅膀花纹像枯叶而得名。其翅膀背面闪耀着青蓝色金属光泽，前翅带有鲜明的橙黄色斜带。

由于翅色绚丽多彩，蝴蝶广受人们的喜爱，被看做观赏昆虫。为什么蝴蝶的翅膀会呈现出五彩缤纷的颜色呢？

在蝴蝶的翅膀上，生长着很多粉状鳞片，每个鳞片通过小柄插在翅膀上，这些鳞片就像屋顶上的瓦一样整齐、均匀地排列着。通常，一只蝴蝶的翅膀上覆盖有不同形状的鳞片，鳞片表面都有凹凸不平的细微纹理，这些纹理经来自不同角度的光线的反射、折射，就产生了各种颜色；再加上这些鳞片本身含有各种色素，能显现出各种不同的颜色，所以蝴蝶的翅膀就显得五彩缤纷了。蝴蝶翅膀不同的颜色和花纹可以达到威吓、警戒或隐蔽的效果。如木叶蝶前后翅相连而叠时，酷似一片枯树叶，令敌人难辨真伪。

■ 蝴蝶与蛾有什么不同？

Weishenme

在日常生活中，人们经常会误把蝴蝶当蛾、把蛾当蝴蝶。那么，我们应该怎样区分它们呢？

蝴蝶与蛾都属昆虫鳞翅目，都要经历卵、幼虫、蛹、成虫4个发育阶段。成虫期的蝴蝶和蛾都有一对触角、一对翅膀，在翅膀上都有闪闪发光、粉末状的鳞粉，难怪人们会混淆它们。不过，如果我们仔细观察，还是可以发现它们有很多不同的地方。

首先，蝴蝶的触角像锣鼓的棒槌，也有的似榻棒；蛾的触角多数呈羽毛状或丝状。其次，蝴蝶的翅膀表面色彩美丽，翅面阔大，身体（腹部）瘦长；蛾类的翅面没有蝴蝶那么艳丽多彩，翅膀大多较小，腹部较粗短。再次，蝴蝶有两对翅膀，而一部分蛾只有一对翅膀。蝴蝶停下来时，有一对翅膀便竖立在背上；蛾停留下来时，它的翅膀是向身体两旁展开摊平的。最后，蝴蝶在白天活动，翩翩起舞于花草丛中，而蛾类则常在夜间活动，时常在有光的区域活动。知道了这些区别，我们便能很容易区分蝴蝶和蛾了。

••• 【百科辞典】 •••

拟态：

某些动物的形态、斑纹、颜色等跟另外一种动物、植物或周围自然界的物体相似，借以保护自身免受侵害的现象。

变态：

某些动物在个体发育过程中形态发生变化的现象。

◆ 44　动物之最　**最大的蝴蝶：**大鸟翼蝶，翅膀张开有30厘米宽，产于太平洋西南部。

■ 家蚕为什么会吐丝？

Weishenme

人们都知道家蚕会吐丝结茧，可对家蚕为什么会吐丝，却不一定很清楚。原来，家蚕的幼虫体内有一套结构完整、构造复杂的造丝系统，叫做**丝腺体**，丝腺体连接着头部下面叫做挤压器的吐丝泡，由这两个基本部件组成一台"天然纺织机"。家蚕吐丝时，头上的肌肉不停地伸缩，挤压器便将丝腺体中的丝液抽压出来，丝液与空气接触后，便形成细长的丝。

家蚕吐丝结茧时，它的头总是时而抬高，时而垂下，并不停地左右摆动着。如果用放大镜仔细观察便可发现，家蚕作茧的丝是一个个排列得很整齐的"8"字形丝围，每个丝围约有0.72厘米长，每20多个丝围叫做一个丝列。当茧的一头织好后，家蚕会来个180度的大转弯，开始织茧的另一头，因此，它的茧都是两头稍粗，中间稍细，很像一颗花生。家蚕要结好一枚茧，需要转换250～500次位置，编织约6万个"8"字形丝围。

家蚕吐完丝后就变成蛹，然后羽化成为蚕蛾，破茧而出。

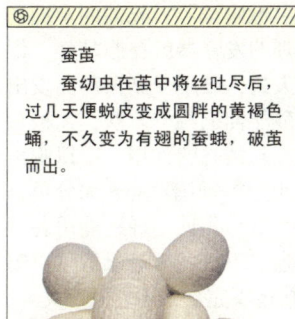

蚕茧

蚕蚕幼虫在茧中将丝吐尽后，过几天便蜕皮变成圆胖的黄褐色蛹，不久变为有翅的蚕蛾，破茧而出。

萤火虫

萤火虫幼虫和成虫的尾部都有发光器，幼虫没有翅膀，而成虫有翅膀。幼虫和成虫均以蜗牛或小昆虫为食，喜栖于潮湿温暖、草木繁盛的地方。

■ 萤火虫为什么能发光？

Weishenme

夏天的夜晚，我们常会看到许多亮晶晶的"小星星"在低空中飞来飞去，它们就是萤火虫。为什么萤火虫能发光呢？

原来，萤火虫的腹部有一个发光器。萤火虫是一种小昆虫，体长只有约10毫米，它的发光器则更小。发光器是一个主要由发光细胞层和反光细胞层构成的扁平的光盘结构。发光细胞里面含有荧光素和荧光酶两种物质。荧光酶是发光的催化剂，在它的作用下，荧光素在细胞里的水的参与下，和氧气相互作用，发出荧光，也就是我们看到的萤火虫的光。萤火虫发的光几乎不产生热量，因此人们称之为"冷光"。萤火虫发光有两个目的，一是雌雄之间相互吸引追逐，二是为了吓唬敌人。

你知道吗

■ 由于蚕一生只吃桑叶却吐出珍贵的**丝**，因此，人们常用李商隐的诗句"春蚕到死丝方尽"来赞扬那些像蚕一样有奉献精神的人。

■ 萤火虫的发光时间约自晚上7点~11点半，并非整夜都发光。

动物之最 最大的家蚕基因库：2002年建立于重庆，现已绘制完成了家蚕基因组框架图，这是世界上第一张鳞翅目昆虫基因组框架图。

> 主题索引
> 为什么说蝉的生活方式非常独特？ 蝉为什么叫声响亮？

> 科学关键词
> 不完全变态昆虫 蜕皮 发音器

■ 为什么说蝉的生活方式非常独特？

Weishenme

正在羽化的蝉
蝉的蜕皮被称为"羽化"。如果一只蝉在双翼展开的羽化过程中受到干扰，它也许会终生残废，无法飞行。

蝉是夏秋季节常见的昆虫，俗称"知了"。它属于同翅目蝉科，身长约五六厘米，是一种不完全变态昆虫。

蝉的生活方式非常奇特。夏天，蝉多把卵产于树木嫩枝的皮下组织内，产卵后一周内即死去。卵经过一个月左右的时间方开始孵化，之后掉落到地面，自行掘洞钻入土中栖身。在土中，蝉蛹以刺吸式口器吸食树根汁液为生，其间还要完成4次蜕皮。这段时间很漫长，少则两三年，多则十几年。最终，老熟幼虫先用它钩状的前爪挖洞，爬出洞穴，再用前爪攀缘着，慢慢爬上树干，然后，它背上出现一条黑色的裂缝，由此开始它的最后一次蜕皮过程。蜕皮结束后，蝉的幼虫变成成虫。不久，成虫爬出蝉壳，经阳光的照射，翅膀逐渐施展、干燥。整个羽化过程需1～3小时。羽化后，成虫飞向丛林树冠，以其刺吸式口器刺入树木枝干吸食汁液。成虫性成熟后，雄虫开始鸣叫，吸引雌虫与其交配。交配后雄虫死亡，雌虫产完卵后也随之死亡。

■ 蝉为什么叫声响亮？

Weishenme

蝉是夏秋时的"歌唱家"，它的叫声抑扬顿挫，非常响亮。蝉的发音器就在腹基部，像蒙上了一层鼓膜的大鼓，鼓膜受到振动而发出声音，由于鸣肌每秒能伸缩约一万次，盖板和鼓膜之间是空的，能起共鸣的作用，所以鸣声特别响亮。一般中小型蝉蝉鸣达80～90分贝，大型蝉蝉鸣高达100～130分贝。蝉还能用各种不同的声调激昂高歌。不过，只有雄蝉可以鸣叫，雌蝉的发音器构造不完全，不能发声。

由于蝉不是用口发声的，所以它能一边吸食树汁，一边用发音器唱歌，进食和唱歌互不妨碍。另外，蝉的鸣叫还能预报天气，如果它很早就在树端高声歌唱起来，就是在告诉人们"今天天气很热"。

鸣蝉
雄蝉唱歌是为了引诱雌蝉前来交配。其肚皮上的两个小圆片叫音盖，音盖内侧有一层透明的薄膜，这是主要的发声器官。

···【百科辞典】···

不完全变态昆虫：
　　发育过程经历卵、幼虫、成虫三个发育期的昆虫，与完全变态昆虫相比，少了一个貌似静止的蛹期。

蜕皮：
　　许多节肢动物（主要是昆虫）和爬行动物在生长期间旧的表皮脱落，由新长出的表皮来代替的现象。通常每蜕皮一次就长大一些。

动物之最　**生命周期最长的昆虫：**美国17年蝉，需要在地下待17年才能长成成虫。

- 主题索引
  鱼类用什么器官呼吸? 鱼鳔是做什么用的?
- 科学关键词
  鱼鳃 鱼鳔 硬骨鱼类

动物世界探秘

■ 鱼类用什么器官呼吸?

Weishenme

在水中游泳时,我们要不断抬头换气,而鱼在水中就能呼吸,这是为什么呢?原来,鱼与人不同,鱼靠鱼鳃呼吸。

在鱼的头部两侧,分别有两块很大的鳃盖,鳃盖里面的空腔叫鳃腔。掀起鳃盖,可以看见在鱼的咽喉两侧各有4个鳃,每个鳃又分成两排鳃片,每排鳃片由许多鳃丝排列组成,每根鳃丝的两侧又生出许多细小的鳃小片。鱼在水中时,每个鳃片、鳃丝、鳃小片都完全张开,使鳃和水的接触面积扩大,增加摄取水中所溶解的氧的机会。在鳃小片中有微血管,这里的表皮很薄,当血液流过这里时就完成了气体交换:将带来的二氧化碳透过鳃小片的薄壁,送到水中;同时,吸取水中的氧,氧随血液循环输送到身体各部分。

口部和鳃盖的交替开闭可以使水不断地由口进入口腔,经咽到达鳃腔,与鳃丝接触,然后由鳃孔排到外面,鱼的呼吸作用就是在这个过程中完成的。水中的氧在这一过程中被鱼鳃内的血管吸收,鱼就不会缺氧。因此,鱼能一直生活在水中。

■ 鱼鳔是做什么用的?

Weishenme

海洋中上层的硬骨鱼类大多数都有囊状的鳔。鱼鳔的体积约占身体的5%,形状有卵圆形、圆锥形、心脏形、马蹄形等。那么,鱼鳔是做什么用的呢?

轻轻按鱼鳔,我们感到鱼鳔里有空气。实际上,鱼鳔里面的确含有氧、氮和二氧化碳几

鲨鱼

鲨鱼没有鱼鳔,所以必须不停地游动,才能保持身体在水中的平衡。

金鱼

大多数鱼类的上浮或下沉都是由鱼鳔内充气的多少决定的。人们根据这一原理,制成了潜水艇。

种气体,其中氧气的含量最多。因此,在缺氧的环境中,鱼可以用鱼鳔辅助呼吸。

不过,鱼鳔的主要用处是调节鱼体的比重,使鱼在水中沉浮或静止不动。鱼鳔上有一个专门分泌气体的组织,叫气腺。气腺的作用类似水泵,可以把血液中的气体抽到鱼鳔里来;而当鱼鳔中的气体过多时,便运送一部分气体进入血液。因此,鱼通过鱼鳔,可以不用运动就缓慢上升或下降;而软骨鱼类、一些在水底生活的鱼和擅长快游的硬骨鱼没有鱼鳔,它们如果不运动的话就会沉到水底。当鱼想上浮到水面时,由于水压减小,鱼会吸收一部分气体,使鱼鳔膨胀起来,鱼体比重减轻,开始上浮。反之同理。另外,鱼鳔也可作为发声共鸣的器官。

•••【百科辞典】•••

鱼鳔:
　　某些鱼类体内可以胀缩的囊状物。

硬骨鱼类:
　　生活在水中的最繁盛的脊椎动物。骨骼多为硬骨,一般披鳞、有鳔。

动物之最　最短命的脊椎动物:小虾虎鱼,生活在澳大利亚,平均寿命为8周。

> 主题索引
> 鱼的视力好不好？为什么鱼大多有鳞片？

> 科学关键词
> 晶状体 鱼鳞

■ 鱼的视力好不好？

Weishenme

金鱼的眼睛
鱼的眼睛没有眼睑，神经系统也是比较低级的。它们的眼睛内没有像人眼那样复杂的折光系统，虽然鱼能看到东西，但它们是高度近视的。

鱼虽然属于低等脊椎动物，但它们眼睛的结构却与人眼相似。所不同的是，人眼的晶状体是扁圆形，可以看到远处的东西；而鱼眼的晶状体却是圆球形，只能看见较近的物像。因此，所有的鱼都是近视眼，它们很少能看到12米以外的物体，这与它们晶状体的弯曲度不能改变有关。

为什么如此近视的鱼在水中的反应却很灵敏呢？原来，鱼在水中虽然看得不远，但却能够通过光线的折射，在水中看到陆地上的物体。由于折射作用，鱼能看到陆地上的物体的距离比实际的距离要近得多，位置也比较高，所以它们能敏锐地感知到陆地上的物体。因此，有经验的钓鱼者通常都是蹲在岸边，使人体与水平面保持最小的角度，这样鱼就看不到人了。一般来说，鱼类的视野比人类的视野要广阔得多，所以不用转身就能看见前后和上面的物体，例如淡水鲑在垂直面上的视野为150度，水平面上的视野为160～170度，而人眼则为134～154度。正是由于这个原因，照相机上使用的超广角镜头也被称为鱼眼镜头。

热带鱼
大多数热带鱼都拥有光彩夺目的鱼鳞，这是它们在特定环境中生存的保护色。

■ 为什么鱼大多有鳞片？

Weishenme

大多数的鱼身体表面都覆盖着鳞片，鱼鳞实际上是鱼类体表的皮肤衍生物，一般占鱼体重的2%～3%。鱼鳞从外表看是透明的，形状像花瓣，边缘呈微小的卷曲，带有白色光泽。为什么鱼会有鳞呢？

实际上，鱼鳞是一种多功能的组织，它能保护鱼的身体。首先，鱼的身体很柔软，鱼鳞为鱼体提供了一道保护的屏障。鱼的身体内外的盐度不同，如果没有鱼鳞，水会不断地渗入淡水鱼的体内，而海水鱼身体内的水分会跑出来，鱼就活不下去了。同时，鱼鳞还可以帮助鱼抵抗疾病，使鱼免遭水中微生物的侵害。除此之外，对大多数鱼来说，鱼鳞相当于外露的骨骼，有助于鱼维持体形，还能使鱼减少与水的摩擦力，游得更快。有时，鱼鳞还有伪装作用，鱼腹部的鳞银光闪闪，能反射和折射光线，如果水下有凶猛的鱼游过，当它往上看时，不太容易把鱼体和水的闪光分辨开来。

由于不同种类的鱼的皮肤结构不同，因此鱼鳞也各不相同。有的鱼浑身都有鳞；有的鱼只在身体某一部分皮肤的表层上有鳞，如裸鲤；有的鱼鳞像利针一样，如河豚；有的鱼看起来没有鳞，表面很光滑，其实它们也有鳞，只是非常小，要用放大镜才能看到；还有的鱼鳞长在皮下，如鳗鱼。

你知道吗

- 鱼眼没有眼睑，所以鱼睡觉时乃至死去后也都睁着眼睛，它们不会眨眼。
- 生活在南美洲的四眼鱼，眼睛生在头顶上，看上去好像有四只眼，其实它只有两个眼球。

动物之最　视力最好的鱼：鲷，但其视力从距离、宽度上都无法与人类相比。

主题索引	科学关键词	动物世界探秘
鱼身上为什么有黏液？鲑鱼为什么要洄游？	黏液腺 渗透压 洄游	

■ 鱼身上为什么有黏液？

我们抓泥鳅、鲇鱼时，往往只抓了一手黏液，而它们却溜走了。它们身上为什么会有黏液呢？

实际上，在泥鳅、鲇鱼等鱼的身上，都有一种黏液腺，黏液腺里的细胞能分泌大量的黏液，黏液布满鱼的全身，形成了一个黏液层。首先来说，黏液的作用类似鱼鳞，它虽然不能阻挡硬物的撞击，但可防止细菌、霉菌和其他微小生物的侵袭，阻挡水中有害物质从皮肤进入体内，黏液还可以对浑浊的水起到澄清作用。其次，有了它的存在，鱼的皮肤就可以不透水。这对维持鱼体内，尤其是一些洄游类的鱼体内渗透压的恒定有好处，因为黏液可以帮助它们适应水中盐度的变化。再次，由于黏液很滑，能减少鱼与水的摩擦力，帮助鱼更快更省力地游。如对泥鳅来说，黏液不仅能使它在泥中行动自如，还能让它在遇到危险时迅速逃生。另外，在生殖季节，有的雄鱼用黏液粘住一些植物形成鱼巢；有的雄鱼将吹出的气泡黏附在黏液上形成泡沫块，使雌鱼易于产卵，并使卵子容易受精。

鲇鱼

鲇鱼是底栖性、以动物性饵料为食的鱼类，通身无鳞，表面布满黏液。鲇鱼有扁平的头和大口，口的周围有数条长须，利用此须能辨别出味道，这是它的显著特征。

■ 鲑鱼为什么要洄游？

捕捉鲑鱼
每年8月～9月中旬，在北美阿拉斯加湾，北美棕熊都会聚集在这里等待前来产卵的鲑鱼。它们在鲑鱼跃入漩涡时将其摁到水底，再用牙紧咬住后叼到岸边。

鲑鱼是世界上最珍贵的鱼种之一。这类鱼在淡水中出生，到海洋中生活，之后又回到出生的地方产卵，产卵后就死亡。鲑鱼为什么要洄游呢？

有科学家认为，鲑鱼远陆洄游是由于觅食的需要，而近陆洄游是出于生殖的需要。如生长在加拿大附近的鲑鱼，因为北温带的河流中没有足够的食物和容纳空间，它们便结群到遥远的北部海洋去觅食。进入生殖季节后，长大的鲑鱼又会成群从大海返回出生的河流里产卵。它们在溪流中逆水而上，遇到有落差的地方，会像鲤鱼跳龙门一样往上飞跃。可是，为什么鲑鱼能准确记得自己的"故乡"呢？有一种理论认为，鲑鱼有内在的磁场地图和精确识别白日长短的天赋；另外，鲑鱼还能嗅出它们幼时生活过的河水的味道。对于鲑鱼洄游的现象，至今还没有确切的解释。

【百科辞典】

洄游：
海洋中的一些动物（主要是鱼类）沿着一定路线有规律地往返迁移。鱼类向陆地移动和溯河而上的叫"近陆洄游"；离开陆地和顺流而下的叫"远陆洄游"。

动物之最 **最小的鲑鱼：**七彩鲑鱼，体重一般不足2千克，也是最美丽的鲑鱼。

> 主题索引
> 鲨鱼为什么不停地游动？鱼也要喝水吗？

> 科学关键词
> 软骨鱼 体液 渗透压

■ 鲨鱼为什么不停地游动？

Weishenme

大白鲨
鱼类的体温通常和周围水温一样，但大白鲨的体温却比周围水温高得多，最多时高出15摄氏度。它是最凶猛的海洋鱼类，是潜水者最大的威胁。

我们见到的鲨鱼无时无刻不在游动，甚至连睡觉时也在游，这是为什么呢？

鲨鱼属于软骨鱼，体内没有鱼鳔，然而它们的密度又比水稍大，因此它们要不停地游动，不然就会沉入海底，再也无力浮起。由于一直不停地游动，鲨鱼需要的热量就很多，而它们就像一个填不饱的无底洞，一直在进食。

鲨鱼的呼吸
鲨鱼的呼吸与其他的鱼不同。它们一般没有鳃盖，而在头的后面有5～7个鳃裂，鳃就在这里面。由于鲨鱼不停地游动，鳃裂不断接触大量含有新鲜氧气的海水，从而完成呼吸。另外，鲨鱼身上有许多毛细血管，可以辅助呼吸。

那些闯入鲨鱼领地的动物，像海豚、海狮、海龟、鱼类等，都成了它们充饥的美食，甚至一些海洋垃圾也被它们糊里糊涂地吞进胃中。鲨鱼凶猛无比，因此被人们称为"海洋里的霸主"。另外，鲨鱼的游动速度很快，这也是它能横行海洋的原因之一，不过这种高速仅限于短程冲刺。多数鲨鱼游动时不能倒退，因此它们很容易陷入像刺网这样的障碍中，而且一旦陷入就难以逃脱。

■ 鱼也要喝水吗？

Weishenme

我们每天都要喝水以补充身体中的水分，生活在水中的鱼也要喝水吗？

很多人看到鱼嘴一开一合，动个不停，就说鱼在喝水。实际上，鱼嘴一张一合是为了让水加速流过它的鳃，以便吸收水中的氧而放出体内的二氧化碳，却并不一定是在喝水。科学家经研究发现，生活在淡水中的鱼终生都不喝水；而生活在海里的咸水鱼则要经常喝水。为什么会这样呢？

原来，在淡水中，鱼的体液比周围淡水渗透压高，淡水可以从鱼体外直接渗入鱼体内。故淡水鱼不但不必喝水，还要设法排除渗入体内的过多的水分，否则就会被水胀死。而生活在海里的咸水鱼体内的体液渗透压比周围溶有各种盐类的海水低，其体内的水就会不断地渗出体外，故要经常喝水以补充体内失去的水分。但海里也有少数的鱼，如鲨鱼就不必喝水，因为它们在血液中用尿素维持体液的渗透压高于海水渗透压。

你知道吗

■ 鲨鱼，在古代叫做鲛、鲛鲨、沙鱼，是海洋中的庞然大物，号称"海中狼"。

■ 护士鲨个性温驯，对人类没有生命威胁。它利用气孔，迫使水通过鳃，提供稳定的富氧水，使它们可以在静止不动时呼吸。

◆ 50 动物之最 **最大的鲨**：鲸鲨，也是最大的鱼，通常体长在10米左右。

■ 肺鱼为什么能离开水？

Weishenme

肺鱼是一种和腔棘鱼类相近的淡水鱼。肺鱼的最早代表是泥盆纪中期的双鳍鱼。肺鱼曾经在4亿～3亿年前的晚泥盆纪至石炭纪期间十分繁盛，现在只有少数肺鱼生活在非洲、澳洲和南美洲的赤道地区，可以说已成为一种活化石。

美洲肺鱼
肺鱼为人们了解过去鱼类向原始的两栖类动物过渡提供了参照，但要说肺鱼就是两栖类的祖先则证据不足。

弹涂鱼
弹涂鱼是一种特殊的鱼类，在陆地上生活的时间要比在水中长。它有一双大而突出的圆眼睛，这使它对周围的情况了如指掌。

正如它的名字一样，肺鱼有很发达的肺部，部分种类即使离开水也能生存。具体而言，澳洲肺鱼是现存肺鱼中最原始的，它们生活在昆士兰州的一些河流中，在旱季河的流水量减少时就生活在一个个孤立的小水坑中，利用它们那分布着许多血管的单个的肺进行呼吸。不过，这种鱼还不能离开水面生活。而非洲的肺鱼和南美洲的肺鱼则在它们栖息的河流完全干涸后还能够生存数月。当旱季来临时，这些肺鱼就钻进泥里并把自己包裹起来，只留下一到数个小孔与外界通气。与澳洲肺鱼不同的是，这两种肺鱼都有一对肺。

■ 弹涂鱼为什么能上树？

Weishenme

弹涂鱼属于虾虎鱼类，是一种底栖鱼，生活在浅海中和河口附近。它的身体长而侧扁，呈暗褐色，有黑色小斑点，背鳍为黑紫色，边缘略显白边。弹涂鱼的腹鳍已经演化成了吸盘，它靠吸盘将身体附着在礁石上。

令人惊讶的是，弹涂鱼是少数能够长时间脱离水也能存活的鱼类之一。原来，弹涂鱼不仅有鳃，而且还有多个辅助呼吸的器官。它的皮肤内有很多血管，可以直接与外界进行气体交换。离开水后，其鳃前的喉部仍然保持相当分量的海水，可以供呼吸使用。最有意思的是，弹涂鱼的尾鳍也有呼吸功能，所以在海边看到的弹涂鱼经常是将身体的大部分露出水面，而把尾鳍留在水中。另外，它还有一对特别发达的胸鳍。胸鳍很长，根部的肌肉相当发达，有点像人的两只胳膊，十分有助于陆上活动，有时，弹涂鱼走路比人步行还快。涨潮时，弹涂鱼常利用胸鳍抓住树干，攀缘到矮树上。

你知道吗

- 肺鱼有4亿多年的历史，是鱼类的"老祖宗"。旱季时它不吃不喝，依靠自己体内储备的脂肪来维持生命。
- 美洲肺鱼生活在南美洲静水中，体长可达1.25米。

■ 海马是鱼吗？

Weishenme

海马的头部酷似马头，因此得名，不过有趣的是，它却是一种奇特而珍贵的近陆浅海小型鱼类。海马恐怕是最不像鱼的鱼了，它集马、蜻蜓、虾、象四种动物的特征于一身：有马形的头、蜻蜓的眼睛、虾一样的身子，还有一个像象鼻一样的尾巴。

海马用鳃呼吸，头部弯曲，与躯干部成一个锐角或直

海马
海马的背鳍上有一根根活动的棘条，这些棘条能在一秒钟内来回活动70次。依靠从背鳍一端传到另一端的波浪，海马能自由自在地做前后或上下的移动。

角，顶部有突出的冠，冠端有小棘。它的头两侧各有22个鼻孔，嘴呈尖尖的管形，口很小，不能张合，因此只能吸食水中的小动物。它的眼睛很特别，可以分别向上下、左右或前后转动。这使它甚至不用转动身体，就能用伶俐的眼睛察看四周。有时，它还能一只眼向前看，另一只眼向后看，除蜻蜓和变色龙之外，这是其他动物所不能做到的。它的胸腹部凸出，躯干由10～12节骨环组成。它的尾部细长，呈四棱形，尾端细尖，能蜷曲。另外，海马的全身完全由膜骨片包裹，有一无刺的背鳍，无腹鳍和尾鳍。

■ 雄海马为什么能生宝宝？

Weishenme

有育儿囊的雄海马
雌海马将卵产在雄海马的育儿囊中，雄海马同时排出精子进行受精。受精卵在雄海马的育儿囊中孵化成小海马。其育儿囊里每次可容纳2000只小海马。

海马除了外形有趣之外，它的繁殖习性也很奇特。自然界动物的繁衍一般都由雌性完成，不过，奇怪的是，海马的"怀孕"和"分娩"却是由雄海马来完成的。雄海马尾部腹侧有一个育儿囊，它是一个由皮肤褶成的腹袋，袋壁中充满血管，能够为小海马提供营养。每年谷雨过后，海马进入繁殖期，雄海马的育儿囊开始胀大。交尾时，雌雄海马将尾缠在一起，时而直立游动，时而水平游动，时而旋转。此刻，雌海马将凸出的输卵管插入雄海马的育儿囊中，将一粒粒的卵子排入，直至盛满为止。与此同时，雄海马也排出精子使卵子在育儿囊中受精。之后，雄海马便独自担负起生儿育女的任务。怀孕过程中，雄海马的腹袋又变成了温室。数周后，小海马们便会孵化出来。分娩时，雄海马的育儿囊的口会微微张开并逐渐扩大，随后，一只只小海马便从开口处生出来。

为什么海马"爸爸"会生宝宝呢？有科学家认为，雄海马的育儿囊有一种基因，可指导虾红素蛋白的合成，而由此构成的育儿囊经发育形成蜂巢状的子宫，发挥雌性动物怀孕时子宫的生理机能。

•••【百科辞典】•••

基因：
生物体遗传的基本单位，存在于细胞的染色体上，呈线状排列。

子宫：
哺乳动物的生殖器官，形状像囊。

主题索引
飞鱼为什么会飞? 双髻鲨的头为什么长得那么奇怪?

科学关键词
飞鱼 双髻鲨 交合突

动物世界探秘

■ 飞鱼为什么会飞?

Weishenme

在海上航行的人们会经常看到这样的情景:一群飞鱼正在海中嬉游,突然,一条鲨鱼向它们扑来,它们却迎着鲨鱼游去,并迅速振动尾鳍,跃出水面,张开像翅膀一样的胸鳍在水面上飞行,同时,腹鳍也随即张开,协助胸鳍进行飞行,使鲨鱼扑了一个空。

飞鱼为什么会飞呢?原来,飞鱼长有一对发达的胸鳍,长度约为身长的2/3,宽度约为身长的1/3,腹鳍也比较发达,尾鳍下叶比上叶长,这种鳍使飞鱼具备了飞行的条件。当由胸鳍产生的上升力和尾鳍的前进力作用在一起时,飞鱼就能离开水面飞行了。不过,它们的飞行其实只能算滑翔,因为飞行距离不太远,大约为300米。飞鱼一般的滑翔高度为6~10米,滑翔时间为40多秒,时速可达60千米。

这种鲨的头前部向两侧突出,如同古代女子头上梳的双发髻,因此而得名。为什么双髻鲨会长有这么奇怪的头型呢?生物学家对此看法不一。有些生物学家认为,这种头型在觅食的时候具有感觉探测的优势,而其他生物学家则相信这有助于它在水中保持浮游状态。

双髻鲨头部的两个突起上面各有一只眼睛和一个鼻孔。其中,两只眼睛在突出部分的顶端,相距1米,这使双髻鲨的视野更有立体感,容易分辨远近,因此能非常准确地确定猎物的方向和速度。双髻鲨的嘴巴长在头的下方,牙齿尖利,虽然双髻鲨是食人鲨,但主要以鱼类、甲壳类和软体动物为食。只要人们不拿着鱼叉向它们挑衅,它们一般是不会主动攻击人类的。双髻鲨的性别很容易区分,雄鱼肛门附近比雌鱼多出一对向外伸出的管状器官,被称为"交合突"。

飞鱼
飞鱼以飞翔来避开海中敌人的自卫方式有时也很危险,因为这常使它成为海鸟的美餐。

双髻鲨
双髻鲨不仅头部长得奇怪,生殖器官构造也很独特。其交合突内侧有一条沟槽,雄鱼通过这个沟槽把精液导入雌鱼的体内。

■ 双髻鲨的头为什么长得那么奇怪?

Weishenme

双髻鲨属于鼠鲨目,生活在热带海洋中。

你知道吗

■ 位于加勒比海东端的珊瑚岛国巴巴多斯以盛产飞鱼而闻名,被人们称为"飞鱼岛国"。

■ 飞鱼具有趋旋光性,白天时目光很敏锐,晚上则常盲目飞翔。

动物之最 飞得最远的鱼:飞鱼,风力适当时可在离水面4~5米的空中连续飞行200~400米。

▶ 主题索引　为什么电鳗会放电？射水鱼为什么能射水？

▶ 科学关键词　电压 电流 折射

■ 为什么电鳗会放电？

Weishenme

电鳗生活在南美洲，体形似蛇，长可达2米多，体重可达20多千克，体表光滑无鳞。与普通鳗鱼相比，电鳗有一个独特的本领——放电，它也因此而得名。电鳗是鱼类中放电能力最强的淡水鱼类，可输出电压300～800伏，因此有"水中高压线"之称。为什么电鳗会放电呢？

原来，电鳗身上长有两对发电器，形状为长梭形，位于其尾部脊髓两侧。它放电时的平均电压为350多伏，不过产生的电流却极其微弱，一般不到1安培。虽然它发出的是直流电，但放电频率每秒可达300个脉冲。放电的损伤力取决于电鳗的大小和机体的状况。当电鳗长不足1米时，电压随着电鳗的成长而增加。当电鳗身长大于1米后，只有电流的强度增大。

电鳗以其他鱼类为食。捕食时，它先悄悄地游近鱼群，然后连续放出电流，受到电击的鱼马上晕厥过去，身体僵直。于是，电鳗乘机吞食它们。然而，被电鳗电晕的鱼往往超过它们食用所需要的量。因此，电鳗放电也不一定是为了捕食，也可能是一种生理需要。

电鳗

电鳗放电却电不着自己，不过它放电后要经过一段时间的恢复，才能再次放电。

■ 射水鱼为什么能射水？

Weishenme

射水鱼

射水鱼的体形近似卵形，身体侧扁，头长而尖，眼大，体色淡黄，体侧有6条黑色垂直条纹。它射出的水柱不仅能把苍蝇、蜜蜂之类的小昆虫击落，甚至能把人的眼睛打伤。

射水鱼是一种欣赏价值很高的鱼类，被称为自然界的"神射手"。因其能向上喷射水柱，捕食海岸边和掠过水面的陆生昆虫而得名。为什么射水鱼能够射出水柱呢？

原来，在射水鱼口腔顶部有一道很细的凹槽，当射水鱼用舌头抵住凹槽时，口腔内便形成一条像玩具水枪的枪管一样的管道。一旦发现猎物，射水鱼便偷偷游近目标，先行瞄准，然后突然合上鳃盖，一道强劲的水柱就会沿着管道射出去，将昆虫打落水中。它能把水射到3米多高，距离30厘米内的猎物很难逃命。要是连续的几道水柱仍不能击落猎物，它还能跃出水面近30厘米将猎物抓获。但是，由于光的折射，从水下往上看，一切事物的位置都会发生偏移。那么，射水鱼是怎样准确地确定目标的呢？很简单，射水鱼头上有一对水泡眼，体侧有6条黑色垂直条纹，其中一条通过眼部，这使它不仅能看到水面的东西，也能察觉到空中的物体。当准确对准猎物正下方后，它便射出水柱。

···【百科辞典】···

电流：
单位时间内通过导电物体横截面的电量，单位是安培。

折射：
光线、电波、声波等穿过不同介质时传播方向发生变化的现象。

◆ 54　动物之最　**放电电压最高的鱼：** 放电鱼，产于孟加拉国沼泽，长4米，能放出1000多伏的瞬间电压。

■ 深海鱼为什么能承受巨大的水压?

Weishenme

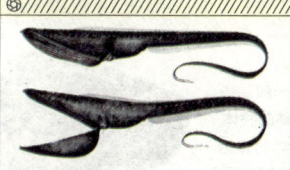

宽咽鱼
宽咽鱼主要栖息于大西洋、印度洋及太平洋深海底,这种鱼鳃孔小,但口非常大,胸鳍不明显。

我们都知道,海水越深,水压就越大。深度每增加10米,压力就要增加1个大气压。也就是说,生活在水下7000多米的小鱼,要承受700千克的压力。这个压力可以把钢制的坦克压扁,而令人不可思议的是,在此种压力下,深海鱼竟能照样游动自如。为什么这些深海鱼能承受这么巨大的压力呢?

原来,为适应环境,深海鱼类的生理机能已经发生了很大变化,这些变化反映在深海鱼的肌肉和骨骼上。由于深海环境的巨大水压作用,鱼的骨骼变得非常薄,而且容易弯曲;肌肉组织变得特别柔韧,纤维组织变得出奇的细密;更有趣的是,鱼皮组织变成一层非常薄的层膜,它能使鱼体内的生理组织充满水分,以保持体内外压力的平衡。这就是深海鱼为什么能够承受巨大的水压,而并不会被压扁的原因。

■ 什么是两栖动物?

Weishenme

提起两栖动物,很多人会误认为两栖动物就是"水陆两栖的动物",这种看法是不准确的。比如,有不少鳄类和龟类就是"水陆两栖"的,但它们属于爬行动物;也有一些真正的两栖动物或者终生生活在陆地上,或者终生生活在水中,并不"两栖"。那么,究竟什么样的动物才是两栖动物呢?

两栖动物是一种具有四肢的脊椎动物,它们皮肤的腺体发达,而没有其他四足动物的鳞片、羽毛和毛发等特征。实际上,它们的英文

箭毒蛙
两栖动物一般昼伏夜出,并以冬眠的方式度过寒冷季节。但也有一些种类习惯在白天活动,如箭毒蛙。

名"amphibian",意为"有两种生活的动物",这说明了此类动物的特点。大多数两栖动物的幼体生活在水中,像鱼一样有尾巴,并用鳃呼吸;而它们的成体则在陆地上生活,用肺呼吸,尾部消失。这个发育过程叫"变态",变态发育是这类动物的一个重要特点。现生两栖动物的皮肤薄而裸露,没有鳞、毛或羽覆盖,皮肤腺体发达。成体大多用肺呼吸,但有的水生种类终生用鳃呼吸。它们的卵没有硬质的卵壳,多数产在水里或潮湿的环境中。

•••【百科辞典】•••

四足动物:
　　具有4个附肢的脊椎动物。所有两栖类、爬行类、鸟类和哺乳类都是四足动物,其中包括附肢退化的一些种类(如蛇)。鱼类不是四足动物。

冬眠:
　　某些动物对不利生活条件的一种适应,它们冬季僵卧在洞里,血液循环和呼吸非常缓慢,神经活动几乎完全停止。

最古老的两栖动物:迷齿亚纲,它们是早期两栖动物的主干,生存于泥盆纪到白垩纪期间,其中包括爬行动物的祖先。

■ 青蛙为什么生活在潮湿的地方？

青蛙是我们都熟悉的两栖动物，它们的幼体生活在水里，而成体则水陆两栖。不过，青蛙一般栖息在阴暗潮湿的地方，如树林底层、山涧溪流等。这是为什么呢？

原来，青蛙长大后，不像幼体那样用鳃呼吸，而是改用肺及皮肤呼吸，在陆地上捉害虫吃。但青蛙的肺并不发达，仅仅是一对薄壁的空心囊，构造很简单，气体的交换量也很少，依靠它得到的氧气不能满足青蛙生存的需要，所以青蛙还必须借助皮肤的辅助呼吸来补足氧气。青蛙的皮肤经常分泌黏液，如果皮肤能保持湿润状态，就能使外界空气中的氧和皮肤微血管血液中的二氧化碳进行交换，补充肺呼吸量的不足。青蛙透过皮肤呼吸所得的氧大约占吸氧总量的40%。因此，青蛙不能长期待在陆地上，而要生活在潮湿的地方或水边，以使它的皮肤保持湿润。

青蛙
青蛙是两栖动物的典型代表，有冬眠的习惯。冬眠期间的青蛙几乎完全靠皮肤进行呼吸。

■ 为什么青蛙吃东西的时候要眨眼睛？

青蛙的眼睛
青蛙的眼睛不同于一般动物的眼睛，它们往往看运动的物体时很敏锐，看静止的物体时很迟钝。另外，青蛙的眼睛还可以识别不同的图像。它可以在飞动着的各种形状的小飞虫里，立即识别出它最喜欢吃的苍蝇。

青蛙不仅吃蚊子、苍蝇等小昆虫，还大量捕食飞蛾、稻飞虱等农业害虫。一只青蛙一年可以消灭5万多只害虫，真不愧是"捕虫能手"。夏天的晚上，人们时常可以看到这样的情景：一只青蛙蹲坐在池塘边上，一动不动、目不转睛地盯着迎面飞来的各种小虫子。忽然，它腾身跃起，伸出像鞭子一样的舌头，准确无误地把虫子卷进嘴巴里。更有意思的是，青蛙每次吞咽食物的时候都会眨眼睛，吞咽的食物越大，眨眼睛的次数也就越多，直到把这些食物全部吞下去为止。这又是为什么呢？

原来，青蛙吃东西时，会先用长长的舌头将飞虫粘住，再送进宽大的嘴里。青蛙没有牙齿，因此只能把食物整个吞下去。另外，它的眼眶底部没有骨头，眼球与口腔之间只隔着一层薄薄的膜。每次吞咽食物的时候，青蛙的眼肌会发生收缩，就产生这种眨眼的动作；同时，眼球向着口腔方向突出，形成一种压力，将食物推进食道。所以，青蛙吃东西时就常常眨眼睛了。

你知道吗

- 青蛙是水陆两栖动物，一般被视为精确的环境晴雨表或指示器。
- 最原始的青蛙在三叠纪早期开始进化。最早有跳跃动作的青蛙出现在侏罗纪。

■ 多指节蛙为什么又叫"悖论蛙"？

蝌蚪变青蛙
青蛙卵经过一段时间的孵化，就成了小蝌蚪，小蝌蚪以水中的藻类和浮游生物为食。约一个半月后，小蝌蚪尾巴的根部开始膨胀，随后后腿与前肢开始成形，尾巴同时缩短，最后就变成了青蛙。

每年春天，我们常常可以看到很多蝌蚪，它们一般只有1～2厘米长。但在南美洲的亚马孙河流域和特立尼达岛上却生活着一种巨大的蝌蚪，它的全长往往超过25厘米。这是哪种蛙的蝌蚪呢？这个问题在一段时间内迟迟没有得到确切答案，因为谁都没有见过这种巨型蝌蚪变成的蛙。于是科学家给它取了许多不同的名字。

后来，为了揭开神秘蝌蚪之谜，科学家把这种硕大的蝌蚪饲养在实验室里，观察它的生长、发育过程，最终真相大白。原来这种蝌蚪在变成蛙的过程中，不仅没有长大，反而变小了，从全长25厘米的蝌蚪，变成最多不超过7厘米的多指节蛙。难怪科学家无论如何也没有想到要把当地出产的这种蛙和那么大的蝌蚪联系起来。根据这一不合理现象，人们给这种蛙取了一个特别的名字："不合理蛙"，又叫"悖论蛙"。

■ 龟为什么能够长寿？

人们都喜欢把龟叫做动物界的"老寿星"，因为很多龟都能够存活100年以上。为什么龟能够这么长寿呢？

科学家们对龟长寿的原因看法不一。有科学家认为，龟的寿命与龟的个体大小有关，个体越大，寿命越长；个体越小，寿命越短。但

1971年在长江捕获的一只大头龟个体并不大，却至少已存活了132年，因为它的背甲上刻有"道光二十年"（即1840年）的字样。

也有科学家认为：素食龟要比肉食或杂食龟寿命长。比如，生活在太平洋和印度洋热带岛屿上的象龟是长寿龟，以青草、野果和仙人掌为食，可以存活300年以上。

研究发现，对于人和动物细胞来说，繁殖的代次和生存的年限都受到某种限制。人的胚胎细胞在培养液中分裂到50代时，就因难以往下延续而衰老死亡了，而乌龟的细胞却可以分裂到110代，这说明，龟细胞繁殖代数的多少，同龟的寿命长短有密切的关系。

除此之外，动物学家发现龟的心脏机能较强，离体取出后竟然能够自己跳动24小时之久，这与龟的寿命长短也有直接的联系。

龟的长寿与它的呼吸方式也有关系。龟没有肋间肌，所以呼吸时必须用口腔下方一上一下地运动，才能将空气吸入口腔，并压送至肺部。它在呼吸时，头、足一伸一缩，肺也就一张一吸，这种特殊的呼吸动作，也是龟得以长寿的原因之一。

【百科辞典】

蝌蚪：
蛙、蟾蜍、蝾螈、鲵等两栖类动物的幼体。

龟：
爬行动物的一种，一般四肢粗壮，有坚硬的龟壳，头、尾和四肢都有鳞，并能缩进壳内。

动物之最 陆地上最大的龟：象龟，又称山龟，最重的达375千克，背甲长约1.5米，以可以载人爬行而著名。

■ 为什么海龟记得自己的出生地？

Weishenme

海龟是海洋龟类的总称，已在地球上生活了近2.5亿年。它们具有洄游习性，对出生地的忠诚度极高，往往在饵料丰富的海域觅食生长，然后返回出生地僻静的沙滩上产卵繁殖。为什么几十年后海龟还能清楚地记得自己的出生地呢？

科学家对此提出了三种假说，其中，"返回出生地"假说最为人们所接受。这种假说认为幼龟和鲑鱼一样，在出生后，会在记忆中留下其出生地特有的"记号"：出生地的气味或水流中的物理、化学成分等特点。当它们长大成熟后，成龟会"开启"这道记忆之门，再依循这些信息洄游到其出生地去产卵。然而，这种假说并没有足够的证据支撑，因此海龟的洄游依然是一个谜，困扰着人类。

海龟游泳
海龟几乎一生都在海中度过，它自身的游动能力不强，需要借助海流的力量漂游。

■ 蜥蜴尾巴为何能再生？

Weishenme

许多蜥蜴在遇到危险时，常自断其尾，以不停跳动的断尾吸引敌人的注意力，自己却逃之夭夭，不久，蜥蜴又能生出新的尾巴。这是为什么呢？

科学家称蜥蜴自断其尾的现象为"自截"，是一种逃避敌害的保护性适应。自截可在尾巴的任何部位发生，但不能在两个尾椎骨之间的关节处进行。自截一般发生于同一椎体中部的特殊软骨横隔处，这种特殊横隔构造在尾椎骨骨化过程中形成，因尾部肌肉强烈收缩而断开。软骨横隔的细胞终生保持胚胎组织的特性，可以不断分化。所以尾巴断开后又可再生出一条新的尾巴。再生尾中没有分节的尾椎骨，而只是一根连续的骨棱，鳞片的排列及构造也与原尾巴不同。有时候，尾巴并未完全断掉，而软骨横隔自伤处不断分化再生，产生另一只甚至两只尾巴，形成分杈尾的现象。

为什么断尾还能不停跳动呢？原来，蜥蜴的尾巴是它贮存营养的仓库。这些营养以糖原的形式贮存在尾巴里。尾巴断后，糖原迅速释放出来，促使断后的尾巴依然跳动。

断了尾巴的蜥蜴
蜥蜴是变温动物，为了调节体温，它很喜欢晒太阳。其尾巴可以再生，有些蜥蜴在遇到敌人时甚至主动断掉尾巴来转移敌人的注意力。

最大的蜥蜴：科摩多龙，产于印度尼西亚科摩多岛，成年蜥蜴一般长3.5～5米，体重达100～150千克。

- 主题索引
  科摩多龙有毒吗? 变色龙为什么会变色?
- 科学关键词
  毒液 变色龙 色素细胞

动物世界探秘

■ 科摩多龙有毒吗?

Weishenme

科摩多龙是生活在印度尼西亚科摩多岛的一种巨蜥。这种庞然大物皮肤粗糙,生有许多隆起的疙瘩,无鳞片,黑褐色,口腔长满巨大而锋利的牙齿,是全球最危险的动物之一,与亚洲帝王眼镜蛇、非洲黑树蛇、南美红斑蛛并称为"动物界四大杀手"。

科摩多龙以它巨大而有力的长尾和尖爪来捕食科摩多岛上的野猪、鹿、猴子等。不过,更多时候,它不以体力和利齿向猎物发动正面进攻,而是悄悄接近猎物,找机会狠咬一口,

科摩多龙

科摩多龙曾和恐龙生活在同一时代。科摩多岛气候温和、丛林茂密,四周环海,海岸有成片的沙滩和林立的礁岩,是科摩多龙生活的"天堂"。

72小时内,猎物必倒地而亡,然后它便坐享其成。这是为什么呢?

原来,科摩多龙会分泌一种剧毒的毒液,凡是被它咬伤的动物或人都难逃厄运,因为到现在为止,还没有特效药可以解科摩多龙的毒液。科学家发现,刚刚出生的科摩多龙的唾液是无毒的,因此推测成年科摩多龙的毒液来自于它嘴里的一些细菌。这些细菌以科摩多龙嘴里的食物残渣为食,能产生强大的毒素。不过,最近的研究发现,科摩多龙本身产生的唾液也可能具有一定毒素。同时,由于科摩多龙血液中有这种细菌的抗体,因此它不会被自己毒到。

■ 变色龙为什么会变色?

Weishenme

变色龙的眼睛

变色龙的眼睛可以上下左右转动,左右眼还可各自单独转动,这种现象在动物中是罕见的。

变色龙又名"避役",主要分布在非洲大陆和马达加斯加,是一种"善变"的树栖爬行类动物。随环境、温度和心情的变化,它能够在20秒内改变自己的体色。为什么变色龙会变色呢?

与其他爬行类动物不同的是,变色龙的体色变换完全取决于皮肤表层内的色素细胞,在这些色素细胞中充满着不同颜色的色素。具体来说,变色龙皮肤有三层色素细胞,最深的一层由载黑色素细胞构成,其中细胞带有的黑色素可与上一层细胞相互交融;中间层由鸟嘌呤细胞构成,它主要调控暗蓝色素;最外层细胞则主要是黄色素和红色素。当外界环境变化时,变色龙的色素细胞会在其神经的刺激下使色素在各层之间交融变换,从而改变体色。

另外,人们通常认为,变色是变色龙逃避敌害的一种自卫手段。然而,科学家最近发现,变色龙变色不仅仅是为了伪装,还是在传递信息,以便与同伴沟通,就如同人类的语言一样。

【百科辞典】

抗体:
人或动物的血清中,由于病菌或病毒的侵入而产生的具有免疫能力的蛋白质。

伪装:
动物用来隐藏自己,或欺骗其他动物的一种手段。

动物之最 最小的变色龙:盔甲变色龙,产于马达加斯加,最大的身长仅4厘米。

> 主题索引
> 壁虎为什么能在墙上爬而不掉下来? 为什么鳄鱼会流眼泪?

> 科学关键词
> 刚毛 肾脏 盐腺

■ 壁虎为什么能在墙上爬而不掉下来?

Weishenme

生活中,我们有时会看到壁虎在墙壁或天花板上爬。为什么它们不会从墙上掉下来呢?

原来,壁虎每只脚的底部都长着数百万根极细的刚毛,每根刚毛的长度,约相当于两根人类头发的宽度。更为奇妙的是,在这些人眼都看不清的每根刚毛顶部,还有约400～1000根更细的分支。这种精细结构使得刚毛与物体表面分子间的距离非常近,从而产生分子引力。虽然每根刚毛产生的力量微不足道,但这么多刚毛的力量集合起来,便十分惊人了。据计算,一根刚毛产生的力量能够提起一只蚂蚁,这些刚毛虽然占地不到一个小硬币的面积,却能支撑100千克左右的重量。因此,壁虎在墙壁上行走时,它只需使用其中一只脚的刚毛,便能支撑起整个身体。要是遇到敌人,同时运用几只脚的刚毛,壁虎就爬得更稳更快了。

壁虎
壁虎在无论多么脏的物体表面都能行走,因为它的脚虽然不会自动分泌液体,但有着自动清洗的功能。

■ 为什么鳄鱼会流眼泪?

Weishenme

生活中,人们常用"鳄鱼流眼泪"来形容一个人很虚伪:害人之后,还假慈悲地流眼泪。不过,鳄鱼的确会流出大滴晶亮的"眼泪"。这是为什么呢?

其实鳄鱼是没有同情心的,也不会像人一样流眼泪,它流的不是真正的眼泪,而是盐分。鳄鱼肾脏的排泄功能很不完善,而它的体内又有多余的盐分,于是就要靠一种特殊的盐腺来排泄。鳄鱼的盐腺正好位于眼睛附近,它会把盐分逐渐浓缩起来,然后通过流泪的方式将盐分排出。

你知道吗

- 鳄鱼的眼睛突生在头上部,在水中时,它是一个远视眼,而在陆地上则是一个"千里眼"。
- 像蜥蜴一样,壁虎断尾后,很快也会生出一条新尾巴。
- 台湾有一种会高声鸣叫的壁虎。据说,它以前并不会叫,在郑成功收复台湾时,为了给郑军发出荷兰军来犯的警报才开始鸣叫。因此,郑成功便封这种壁虎为"铁甲将军"。

除鳄鱼外,海龟、海蛇、海蜥和一些海鸟身上,也都有类似的盐腺。盐腺使这些动物能将体内多余的盐分排掉。所以,盐腺是它们天然的"海水淡化器"。

凯门鳄
凯门鳄是美洲地区的一种鳄鱼,性情凶猛,攻击力很强。因嘴巴较短,也叫短吻鳄。

◆ 动物之最 **最小的鳄鱼:** 奥斯布伦·德瓦夫鳄鱼,产于西非刚果河上游,体长极少超过1.2米。

■ 扬子鳄为什么被称为"最后的活化石"？

扬子鳄身长约两米，像条大蜥蜴。嘴长，里面长着锋利的牙齿；背部暗褐色，有的呈深绿色，腹部灰色，皮肤上覆盖着大鳞片；它四肢粗壮，尾巴很长，长度甚至超过了头和身体长度的总和。扬子鳄是我国特有的动物，濒临灭绝，栖息在我国长江中下游和安徽、浙江等地，被称为中华鳄，因为外貌像龙，所以又称土龙、猪婆龙。很多人称它为"最后的活化石"，这是为什么呢？

考古学家认为，在2亿年前的恐龙时代，鳄类便已经存在了。6000万年前，由于地球环境的变化，恐龙等爬行动物都灭绝了，只有少数鳄类适应了新的环境而生存下来。而扬子鳄等鳄类就是那个时期现存的最后孑遗。在扬子鳄身上，至今还可以找到恐龙等爬行动物的许多特征。现在，人们研究恐龙时，除了依据恐龙化石所反映出来的信息以外，也常常以扬子鳄为依据去推断恐龙的生活习性。它为研究动物的演化和揭示大自然的奥妙提供了科学研究的材料，所以，扬子鳄被称为"最后的活化石"。

扬子鳄
扬子鳄与美洲的密西西比河鳄为目前世界上仅存的两种淡水鳄，数量极其稀少。它们很早之前就生活在地球上了，有重要的研究价值。

■ 为什么蛇能吞下比头部还大的食物？

蛇是令所有人恐惧的爬行动物。最让人惊讶的是，蛇的嘴能张得很大，可以吞下比自己的头还大的食物，这是为什么呢？

吞食青蛙的蝰蛇
蛇的口伸缩性很大，能吞下比自己的头大的东西。另外，蛇的肋骨可自由活动，因此从喉头下咽的食物通常会直接进入它的腹中。

原来，蛇头部与开合有关的骨骼和其他的动物不同。首先，蛇头部接连到下巴的几块骨头是可以活动的，因此它的下巴可以向下张得很大。其次，蛇左右下巴之间的骨头连接成可活动的榫头，左右以韧带相连，可以向两侧张大。因此，蛇的嘴不但上下可以张得很开，而且左右也能在一定程度内张得很大，这样就可以吞食比它的头部还大得多的东西了。同时，蛇还会分泌出大量的唾液，帮助它吞咽食物。

•••【百科辞典】•••

孑遗：
也称孑遗生物，指经过大变故后少数遗留下来的生物，一般会成为活化石。

榫头：
竹、木、石制器物或构件上利用凹凸方式相接处凸出的部分。

动物之最 最重的蛇：绿水蚺，一般约重130千克。同时也是目前所知的最长的爬虫动物，平均长5～6米。

■ 为什么蛇总爱吐舌头？

Weishenme

吐芯的蛇
蛇芯是重要的嗅觉器官，作用和人的鼻子一样。人们往往认为蛇吐芯是在"吓唬"人，其实，蛇通常是不会主动攻击人的，除非人们"打草惊蛇"。

几乎所有的蛇都有一条鲜红而又分叉的舌头，也称为"蛇芯"。有时，我们会注意到蛇吐舌头，那么蛇为什么吐舌头呢？是故意要吓唬人吗？

实际上，蛇很喜欢吐舌头，不过它吐舌头不是"故意"要吓唬人，而是在"闻"味道。蛇的视觉、听觉很差，它的味觉也已经退化，食物吃到嘴里也不知道是什么味道。不过，蛇的嗅觉却很发达，能分辨出很多种气味，但它的嗅觉器官并不是鼻子，而是那条又细又长、顶端分叉的舌头。当蛇把舌头伸出来时，得到一些物质微粒，缩回去以后，舌头就伸到了口腔前上方的一对小腔里，这个部位叫助鼻器。它与外界隔离，不能直接产生嗅觉，但是它靠舌头的帮助能实现嗅觉功能。助鼻器是由许多感觉细胞组成的，能够通过嗅觉中枢的综合和分析，鉴别出微粒中的化学物质。经过判断，蛇就可以准确地捕获猎物了。被蛇咬伤的动物逃走时，蛇可以利用它那伸缩的舌头和灵敏的助鼻器探寻和跟踪，直到再次发现捕捉的对象。

■ 为什么蛇要蜕皮？

Weishenme

我们知道，蛇一年要蜕几次皮，蜕下来的蛇皮叫蛇蜕，又叫龙衣。蛇为什么要蜕皮呢？

蛇细长的身体表面包裹着鳞片，但这些鳞片和鱼的鳞片不同。蛇的鳞片是由皮肤最外面的角质层演化开来的，所以叫角质鳞。它比较柔韧，而且不透水，也不能随着身体的长大而长大。蛇长大一些，就需要蜕一次皮。蛇蜕皮后新长的鳞片比原来的要大些。蛇鳞不仅有防止水分蒸发和机械损伤的作用，也是蛇爬行的主要工具。

蛇一般每隔两三个月就要蜕一次皮，一般冬眠后也会蜕一次皮，蜕皮的次数与动物生长的速度有关，例如生长快的蛇每两个月就要蜕皮一次。蛇蜕皮时，要选择粗糙的地面或缠住树枝扭动身体，通过摩擦脱去陈旧的"外套"，而换上"新装"。因此我们经常会在石洞口或树枝上看见蛇蜕。

蛇蜕
蛇蜕皮时，眼睛会暂时失明，蜕后复明。蛇蜕内含有骨胶原等成分，可以入药。

你知道吗

■ 蛇的内脏主要集中在从头算起七寸左右的地方，因此，打蛇要打七寸。

■ 许多节肢动物的外骨骼限制了其身体的生长，因而有蜕皮现象，蜕皮受激素的控制。

■ 有些爬行动物以碎屑或小颗粒的形式蜕皮，如蜥蜴的表皮就会成片脱落。

■ 不是所有的爬行动物都蜕皮，比如龟。

主题索引
蛇都是卵生的吗？蟒蛇怎样杀死猎物？

科学关键词
输卵管 胚胎 颊窝

动物世界探秘

■ 蛇都是卵生的吗？

Weishenme

很多蛇都是卵生生殖，一般一年一窝。蛇卵孵化后，小蛇在卵内发育成形时才破壳而出。但是，有些蛇却是卵胎生殖。因此，蛇的生殖方式有两种：卵生和卵胎生。

游蛇都是卵生的，但蟒、盲蛇和眼镜蛇，有些是卵生，有些则是卵胎生。不同种类的蛇，生殖方式不同；不同环境下生活的蛇，生殖方式也有差异。通常生活在寒冷地区和高山的蛇，大多是卵胎生，例如蚺蛇。而终生生活在印度洋和西太平洋的热带海域中的海蛇几乎都是卵胎生殖。这种生殖方式可使卵停留在母体输卵管里，使发育的胚胎能够维持所需要的温度，不受外界多变环境的影响。

通常情况下，只有少数卵生蛇，如蟒、印度蚺蛇等会照料自己的蛇卵，它们产卵后会在四周盘卷起来进行孵化，因为盘得很严实，别的动物几乎看不见有蛇卵。这样不仅可以保持卵的温度，还可以避免敌害来偷吃蛇卵。直到小蛇即将孵化出来前，母蛇才松开身子，让小蛇从卵里爬出来。

■ 蟒蛇怎样杀死猎物？

Weishenme

很多人都听过人被巨大的蟒蛇缠绕致死的传闻，但实际上，没有几个是真的，因为蟒蛇一般不伤害人类。要是它接近人，人只要跑开

【百科辞典】

输卵管：
女子和雌性动物生殖器官的一部分，在子宫两侧，作用是把卵巢产生的卵子输送到子宫去。

胚胎：
在母体内初期发育的动物体，由卵受精后发育而成。

就可以逃生了；但较小的动物，如蜥蜴、鸟类和老鼠，就不容易逃掉了。

蟒蛇是世界上最大的一种蛇类，长达5~7米，最大体重在50~60千克。不过，蟒蛇体大性惰，行动迟缓。大多情况下，蟒蛇习惯于一动不动地躺着等待猎物，缓缓地爬行以接近猎物。一旦猎物靠近，它便用突然袭击的方式将其咬住，然后开始伸展身体，一圈一圈地缠紧猎物。猎物每呼吸一次，就会被缠得更紧直至窒息死亡，然后蟒蛇就从猎物的头部开始吞食。

然而，蟒蛇不经常吞食猎物，它们吃一餐就能活几个星期，因而大部分时间都在养精蓄锐。和其他蛇类一样，蟒蛇的头部也有一种特殊的热敏器官，被称为"颊窝"，它能使蟒蛇觉察到附近温血动物散发出的热量。因此，即使在黑暗中，蟒蛇也能轻易地捕捉到猎物。

眼镜蛇
眼镜蛇一次产卵10~18枚，孵育期约50天，它们的卵很奇怪，在孵化以前，卵的体积和重量会自动逐渐增加。

蟒蛇
蟒蛇是一种较原始的蛇，在其肛门两侧各有一小型爪状痕迹，为后肢退化后的残余。

动物之最　最长的毒蛇：眼镜王蛇，生活于亚洲南部丛林中，长2~3米，最长的为5.71米。

> 主题索引
> 为什么响尾蛇的尾巴会发出响声？候鸟为什么要迁徙？
>
> 科学关键词
> 响尾蛇 迁徙 候鸟

■ 为什么响尾蛇的尾巴会发出响声？

Weishenme

响尾蛇
响尾蛇以每秒40～60次的频率摇动尾巴，响环就会发出"嘎啦、嘎啦"的响声，30米以外就能听到。

在美洲的某些地区，常会听到一种"嘎啦、嘎啦"的声音。没有经验的人会以为这是溪水发出来的流水声，可是四周却并没有小溪。原来，这是由响尾蛇的尾巴发出的响声。为什么响尾蛇的尾巴会响呢？

响尾蛇是一种毒蛇，生活在美洲大陆上。成年的响尾蛇尾巴有6～10块连锁环，尾端有一个硬化的角质轮，外壳由坚硬的皮肤构成。在这个角质轮内有两个由角质腔隔成的空泡，响尾蛇摆动尾巴的时候，空气在气泡内形成一股气流，空泡就发出一阵阵声响。响尾蛇也因此而得名。这就好像我们吹的哨子，外面是一层铜做的壳子，里面装上一层薄膜，形成两个空泡，用力吹它的时候，空泡受到空气振动，就发出声响。

响尾蛇尾巴发出来的声音，很像流水的声音。它们往往利用这种声音来诱捕那些口渴的小动物。当有人或大动物靠近时，它也摇动尾巴发出警告，企图把对方吓跑。因此，响尾蛇响尾，是一种捕食和自卫的手段。

■ 候鸟为什么要迁徙？

Weishenme

鸟类每年定期且大规模地迁徙，在很早以前就引起了人类的注意。人们把这些随季节变化而南北迁移的鸟类称为候鸟。为什么鸟要迁徙呢？

研究发现，引起鸟迁徙的原因很多，主要

北极燕鸥
北极燕鸥是世界上迁徙距离最远的鸟。每年6月在北极地区生儿育女，到了8月份就率领儿女向南极迁徙，这样每年往返于两极之间，飞行距离达四万多千米。

有以下三种原因：

以北半球为例，首先，冬季时的北方气温下降，日照时间变短，使鸟类的食物如昆虫、植物的果实和种子大量减少。恶劣的环境迫使一些鸟迁飞到南方过冬。春夏时，南方由于大量候鸟的聚集，食物相对减少，气温又升得较高，不适合它们的繁殖，所以这些鸟又迁回北方。

其次，据史料记载，历史上地球曾经多次出现冰川现象。冰川后的北方异常寒冷，生活在这里的鸟类被迫迁飞到南方温暖的地带；冰川融化后，它们因留恋故乡又飞回来。冰川的周期性使它们形成了季节性迁飞的习性。

再次，遗传学家认为，这些鸟的遗传基因控制着它们迁飞的欲望。在迁徙中，它们会严格按照遗传基因上记载的路线飞行，所以不会迷失方向。

你知道吗

- 很多鸟类一年四季都在同一个地方生活，被称为"留鸟"。
- 河口、湿地因为食物资源丰富，常成为候鸟补充能量的中途站。

飞过候鸟最多的山：鸟吊山，位于我国云南，每年8～9月间有成千上万的候鸟飞过这里，作短暂休息。

■ 鸟为什么会飞？

我们看到的鸟，一般都可以在天空中飞，因此我们又称它们为"飞鸟"。为什么鸟会飞呢？

首先，鸟的身体表面是轻而温暖的羽毛，羽毛不仅具有保温作

家鸽的骨骼
鸽子骨骼的重量约为体重的1/20，比全身羽毛的总重量还轻。骨骼内部中空，充满空气，可有效减轻体重。

用，而且使鸟类的外形呈流线型，在空气中运动时受到的阻力最小，有利于飞行。鸟的胸部肌肉非常发达，有足够的力量扇动翅膀飞行。飞行时，两只翅膀不断上下扇动，鼓动气流，就会产生巨大的下压抵抗力，使鸟体快速向前飞行。

其次，鸟的骨壁薄而轻，骨头是空心的，里面充有空气。它的头骨是一个完整的骨片，身体各部位的骨椎也相互愈合在一起，肋骨上有钩状突起，互相钩接，形成强固的胸廓。这种独特的骨骼结构，减轻了鸟的体重，增强了它们的飞行能力。

再次，鸟能进行"双重呼吸"。鸟的肺是实心的，呈海绵状，并有9个从肺壁凸出而形

【百科辞典】

双重呼吸：
吸气和呼气都能在肺部进行气体交换的呼吸方式。

尾脂腺：
也叫"尾腺"、"羽脂腺"，是着生在鸟类尾基部背面的皮肤腺。

成的薄膜气囊。飞行时，它主要靠胸肌的运动进行呼吸，气体经肺进入气囊后，再从气囊经肺排出，由于气囊的扩大和收缩，气体在肺部进行两次交换。这是鸟适应飞行生活的一种特殊的呼吸方式。

■ 为什么鸵鸟不会飞？

有时，我们会在动物园看到奔跑的鸵鸟，它也是鸟，却不能飞翔。这是为什么呢？

鸵鸟高达2～3米，从它的嘴尖到尾尖的长度有2米，体重有100多千克，是体形最大的鸟。它庞大的身躯使它很难飞起来。同时，同飞鸟相比，鸵鸟的飞行器官高度退化，使它根本无法飞翔。

鸵鸟
在漫长的进化过程中，为适应沙漠草原环境，鸵鸟的翼和尾都退化了，后肢却变得发达有力，适于奔跑。

飞鸟的飞行器官主要有由前肢变成的翅膀、羽毛等。羽毛中真正有飞行功能的是飞羽和尾羽，飞羽长在翅膀上，尾羽长在尾部。而鸵鸟则既无飞羽也无尾羽。为了使鸟类的飞行器官能保持正常功能，飞鸟都有一个尾脂腺，能分泌油质以保护羽毛不变形，但鸵鸟没有这种羽毛保养器。另外，根据羽毛着生在鸟体表的位置，飞鸟一般分羽区和裸区，即体表的有些区域分布羽毛，有些区域不生羽毛。这种羽毛的着生方式，有利于剧烈的飞行运动。鸵鸟的羽毛却全部平均分布体表，无羽区与裸区之分。不过，鸵鸟虽然不会飞，但跑得非常快，速度可达72千米/小时。鸵鸟的脚力也很大，它们可以用脚击伤人。

主题索引
哪种鸟飞行速度最快？海鸥为什么追着轮船飞？

科学关键词
军舰鸟 海鸥 北极燕鸥

■ 哪种鸟飞行速度最快？

Weishenme

由于种类不同，鸟的飞行速度也不一样，那么，哪种鸟飞得最快呢？

研究发现，军舰鸟是飞行速度最快的鸟。它是一种大型的热带海鸟，主要生活在太平洋、印度洋一带的热带地区，在我国的广东、福建、海南沿海及西沙群岛也有分布。军舰鸟全身羽毛呈黑色，夹杂有蓝色和绿色的光泽，它的喉囊、脚趾均为鲜红色。军舰鸟的胸肌发达，善于飞翔，一向有"飞行冠军"之称。当它展开2～5米长的两翅捕食时，飞行时速可达400千米左右。它不但能飞到1200米的高度，还能不作停顿地飞往离巢1600多千米的远方，最远可达4000千米左右。虽然军舰鸟善于飞行，但却惰于捕食，它经常从其他鸟儿口中把人家捕获的鱼儿抢到自己嘴里，故又名"强盗鸟"。

军舰鸟
军舰鸟一般栖息在海岸边的树林中，主要以鱼、软体动物和水母为食，有时也吃腐肉。军舰起航后，它总是"护卫"左右，因而得名。

■ 海鸥为什么追着轮船飞？

Weishenme

海鸥是最常见的海鸟，人们甚至一提起海鸟就会很自然地首先想到海鸥。在海上航行的轮船，经常有白色的海鸥相伴，从而给一望无际的大海增添了无限生机和诗意。那么，海鸥为什么喜欢追着轮船飞呢？

原来，轮船在海上航行时，由于受到空气

海鸥
海鸥除以鱼、虾、蟹、贝为食外，还爱捡食船上人们抛弃的残羹剩饭，故海鸥又有"海港清洁工"的绰号。

和海水的阻力，上空会产生一股上升的气流。海鸥尾随在轮船的后面或上空，可借助这股上升的气流毫不费力地托住身子以助飞翔。同时，轮船在大海中航行，常会惊动沿途海域的鱼虾，这些鱼虾被轮船激起的浪花打得晕头转向，漂浮在水面上，很快就会被视力极强的海鸥所发现，从而轻而易举地把它们吃掉。这种"守株待兔"的觅食方式，当然是海鸥的聪明之举。

你知道吗

■ 夏季，海鸥进入繁殖期，它们用枯草、树枝、羽毛、海草等筑起皿形巢。有的地方鸟巢的密度很大，两个巢之间相距仅1～2米远。各亲鸟都划定自己的"势力范围"，不准其他鸟入侵，所以"邻居"间难免要发生争吵。

■ 海鸥的归家本领很强，雌、雄鸟都能回到它们上一年筑的巢里。

■ 二战期间，为应对海战中德军的大批潜艇，英国人训练海鸥，使它们一看见水下有黑影运动，就立即在海面尾随盘旋，结果用这种方法顺利搜寻到了大批德军潜艇。

动物之最　飞行最远的鸟：北极燕鸥，又名白昼鸟。在北极繁殖，到南极越冬，总在两极的极昼中生活，是地球上唯一永远生活在光明中的生物

为什么企鹅不怕冷？

企鹅是一种生活在南极的水鸟，它们的双腿很短，身材矮胖，翅膀已经退化，不能飞翔，所以只能在冰面上一摇一晃地行走，姿态非常可爱。不过到了水里，它们就变成了游泳和潜水的高手。企鹅可以说已经成为了南极洲的象征，而南极是地球上最寒冷的地方，这里的最低温度曾达到零下88.3摄氏度。难道企鹅不怕冷吗？

原来，企鹅有自己独特的"羽绒服"。它的全身长满了又密又厚的光滑羽毛，其羽毛密度比同一体形的鸟类大3~4倍。它羽毛的尖端弯弯的，一层压一层，连水都透不进去，下面还生有密密的茸毛。企鹅只要竖起羽毛，聚足空气，便像穿了厚厚的"羽绒服"一样，可以保温防水。并且，在极地的冬夜，它的茸毛层所吸收到并反射出去的射线是肉眼看不见的红外线，这种射线的热量可以透过羽毛层和茸毛层储存起来，用以抗寒。同时，企鹅的皮下脂肪层特别厚，能够隔绝体外严寒，有很好的保温效果。令人惊奇的是，企鹅还具有在体内保持双重体温的能力，即一部分躯体保持接近热带气温的体温，而另一部分的温度却显得很低。

企鹅
企鹅不能飞行，但善于游泳，以小鱼及磷虾为食。1620年法国的伯利欧船长在非洲南端首度惊见会潜游捕食的企鹅时，称其为"有羽毛的鱼"。

为什么水鸟能够浮在水面上？

野鸭、鸳鸯等鸟儿平常总是生活在水

鹈鹕
鹈鹕是一种非常大的水鸟，身长可达1.8米，双翼展开可达3米，体重可达14千克，一般群体捕食。

里，只有休息的时候才会找一块陆地爬上去。这些水鸟为什么能浮在水面上呢？

实际上，如果我们仔细观察，就会发现水鸟的身体结构具有很多适合水中生活的特点。水鸟尾部有尾脂腺，它们经常用头或嘴把油脂涂抹到全身的羽毛上，使羽毛不被水沾湿。同时，水鸟靠近皮肤的一层羽毛叫"绒羽"，它们被外面的正羽覆盖着，水便无法渗入，因而绒羽能储藏大量空气，起到浮袋的作用。所以水鸟在水中时，身体会产生浮力，就不会沉下去了。比如天鹅，它长着一层厚厚的羽毛，这些羽毛像船的外壳一样，再加上羽毛外表有一层油脂，就不会被水沾湿。所以天鹅能浮在水面上不沉下去。

【百科辞典】

红外线：
太阳光线中众多不可见光线中的一种，易于被物体吸收，穿透云雾的能力比可见光强，能放出热量。

浮力：
浸在水中或空气中的物体，受到的水或空气将它向上托的力。

动物之最 游水最快的鸟：巴布亚企鹅，体长约76厘米，通常在近海较浅处觅食，游水速度可达27.4千米/小时。

主题索引
熟睡的鸟儿为何不会从树上跌落？为什么鹤会单腿站立？

科学关键词
鸫属 丹顶鹤 蓑羽鹤

■ 熟睡的鸟儿为何不会从树上跌落？

Weishenme

我们都习惯躺在床上睡觉，在某些特殊情况下也能坐着入睡，不过总睡得东倒西歪。鸟儿一般以双足紧扣树枝的方式"坐"在数米高的树上睡觉，却从不会跌落下来。这是为什么呢？

原来，鸟类和人类的肌肉作用方式不一样，而在进行"抓"这一动作时，更是完全相反。人类想抓住什么东西时，会用力使肌肉紧张起来。相反，鸟儿要是用力使肌肉紧张起来，就会松开它们所抓的物体。换句话说，当鸟儿飞到树枝上时，它爪子的肌肉呈紧张状态；当它在树枝上"坐"稳后，肌肉反而松弛下来，爪子便抓住了树枝。

另外，不同鸟的睡眠时间也不相同。鸫属的鸟，如白眉歌鸫，通常只睡1～3个小时。而穴洞孵卵类鸟，如啄木鸟则大约要睡6个小时，是睡得最长的鸟类。除此之外，与人类相比，鸟儿没有"深度睡眠"这一睡眠阶段，它们大多只是进入一种"安静的状态"而已，因为它们必须随时警惕可能出现的天敌，以便及时飞走逃生。

■ 为什么鹤会单腿站立？

Weishenme

鹤是一种美丽的动物，头顶通常裸露，嘴强直，如我们熟悉的丹顶鹤。令人好奇的是，它们有时会单腿站立，这是为什么呢？

鸟类学家发现，鹤通常只在休息或睡觉的时候才单腿站立，这么做是为了减少能量的消耗，通常它们会交替使用两只脚独立。如丹顶鹤洁白的羽毛能帮助它保持身体的温度，但它细长的腿以及脚上却不长毛，体内的热量很容易从腿脚散失。为减少热量散失，丹顶鹤休息时便经常单立，把一只脚藏在羽毛下面。除了鹤，还有其他许多腿长的鸟也会在休息时一只脚站立，例如黄脚绿鸠和鹭。这些鸟有时还向后弯曲脖颈，把脑袋藏在羽毛中，这也有利于防止热量散失。不过，当这些鸟感觉危险或准备远行时，它们会马上两只脚着地，然后展开翅膀飞向高空。

啄木鸟
全世界大约有180种啄木鸟，因其会从树木中啄出虫子、会在死掉的树干中啄洞筑巢而得名。白天"睡觉"时，它们通常睁一只眼、闭一只眼。

单腿休息的非洲皇冠鹤
皇冠鹤又叫"皇冠鸟"，因其头顶的金色羽毛类似皇冠而得名。它有着优雅的体态，行走起来还颇有皇家的威仪。

你知道吗

■ 丹顶鹤裸露的朱红色头顶好像一顶小红帽，因此得名。

■ 丹顶鹤择偶时，雄鹤会先发出求偶鸣叫，主动求爱，而雌鹤则翩翩起舞，随之呼应。然后，雌雄二鹤嘴和颈向上直伸，同时跳跃着扇动两翅，这就是所谓的"鹤舞"。一旦婚配成对，它们就偕老至终。

动物之最 **最小的鹤：**蓑羽鹤，体长76厘米左右。因举止娴雅、稳重端庄，又名"闺秀鹤"。

- 主题索引
  孔雀为什么要开屏？啄木鸟为什么不会得"脑震荡"？
- 科学关键词
  性激素 尾屏 脑震荡

动物世界探秘

孔雀开屏
雄孔雀羽毛翠绿，开屏时下背闪耀紫铜色光泽。尾上覆羽特别发达，平时收拢在身后，伸展开来长约一米。

■ 啄木鸟为什么不会得"脑震荡"？

Weishenme

啄木鸟是常见的留鸟，专门觅食树木中的天牛、吉丁虫、透翅蛾、蠹虫等害虫，每天能吃掉1500条左右。因此，人们称它为"森林医生"。

据测定，啄木鸟啄食时，头部摆动速度大约为

啄木鸟
达尔文在《物种起源》中一再感叹啄木鸟身体构造的巧妙："啄木鸟攀登树木并从树皮的裂缝里捉捕虫子，我们能够举出比这种适应性更加动人的例子吗？"

2092千米/小时，啄木的频率达15～16次/秒。因此，啄木时，啄木鸟头部所受冲击力等于所受重力的1000倍，相当于航天员乘火箭起飞所受压力的250倍。啄木鸟啄木时所承受的冲力这样大，那它为什么不会得"脑震荡"呢？

科学家发现，啄木鸟的头部结构很特殊：它的颅骨骨质疏松，充满气体，就像一块海绵；头的内部有一层坚韧的外脑膜，在外脑膜与脑髓之间有狭窄的空隙，这样的结构可以减弱震波的流体传动；而且它的脑组织十分紧密。这样，啄木鸟就具有了三层防震装置，再加上啄木鸟头部两侧有强有力的肌肉系统，它们也同样起着防震的作用。另外，它的眼睛和舌头也能缓冲撞击时带来的冲击。所以，啄木鸟在猛烈的敲击下，不会发生脑震荡。

■ 孔雀为什么要开屏？

Weishenme

在动物园游玩的人，大都会被孔雀开屏的情景所吸引。孔雀为什么会开屏呢？

正如我们所知道的，动物的生殖腺会分泌性激素，使它们有求偶行为，以繁衍后代。孔雀开屏正是一种求偶表现。每年的3～4月是孔雀的繁殖季节，有着漂亮羽毛的雄孔雀身体内的生殖腺分泌性激素，刺激大脑，它便展开那五彩缤纷、色泽艳丽的尾屏，还不停地做出各种各样优美的舞蹈动作，向雌孔雀炫耀自己的美丽，以此吸引雌孔雀。待到它求偶成功之后，便与雌孔雀一起产卵育雏。

另外，孔雀开屏也是它保护自己的一种方式。在孔雀的大尾屏上，我们可以看到五色金翠线纹，其中散布着许多近似圆形的"眼状斑"，这种斑纹从内至外是由紫、蓝、褐、黄、红等颜色组成的。一旦遇到敌人而又来不及逃避时，孔雀便突然开屏，然后抖动它"沙沙"作响，很多的眼状斑随之乱动起来，使敌人畏惧，不敢轻易向前。

•••【百科辞典】•••

性激素：
　　由生殖器官分泌的激素。

脑震荡：
　　头部遭受外力打击后，大脑受到损伤，会发生短暂的脑功能障碍，如头痛等。

动物之最　最擅长效鸣的鸟：湿地苇莺，能模仿60多种鸟鸣。

▶ 主题索引
火烈鸟为什么红艳似火？为什么蜂鸟能在半空中停留？

▶ 科学关键词
叶红素 螺旋藻 脑核

■ 火烈鸟为什么红艳似火？

Weishenme

我们都知道，很多动物靠伪装使体色与周围环境一致来逃避天敌。而火烈鸟的羽毛却红艳似火，引人注目，这使它们成为一种很容易被攻击的动物。为什么火烈鸟会如火焰般鲜红呢？

令人惊讶的是，火烈鸟的羽毛呈红色竟然与它所摄取的食物有很大的关系。火烈鸟自身不会制造色素，它体内的色素全由食物中获得，如大火烈鸟一般以贝类为食，其中含有大量色素，比如类胡萝卜素。此外，一只大火烈鸟每天还要吃掉大量的螺旋藻，而螺旋藻中除含有大量蛋白质外，还含有一种特殊的叶红素。当大火烈鸟吞食这些食物后，这些色素就存在于体内，特别是在羽毛中积存起来。这就是为什么大火烈鸟的

火烈鸟
火烈鸟的羽毛红艳似火。不过，如果与身体分离，羽毛就会变成白色，因为羽毛离体后就与体内色素分离了。

羽毛如火焰般鲜红的原因。于是，有人戏称大火烈鸟为"好色之徒"。

不过，当火烈鸟进行周期性换羽，而体内色素沉积程度还不够时，它们新长出的羽毛就是白色的。

■ 为什么蜂鸟能在半空中停留？

Weishenme

蜂鸟是世界上最小的鸟，大多生活于南美洲热带雨林中。体形最大的是南美洲西部的巨蜂鸟，体长也不过20厘米，约20克重。体形最小的则是生活在古巴的吸蜜蜂鸟，其体长

约5.5厘米，2克重。不过，千万别因它们身体小就小瞧它们。小小的蜂鸟有三种和直升机一样的飞行绝技：倒退飞行、垂直上升和下降、停留在空中原"地"不动。其中，蜂鸟能在空中停留的绝技最让科学家不解。

最近，有科学家认为，蜂鸟之所以能停留在空中，是因为它们的大脑中有一个特别的脑核。与其他28种鸟类的大脑相比，蜂鸟的大脑最多只有一粒米大小，但可用于监视世界中任何运动的特殊脑核大约是其他鸟的3～5倍大。这一脑核使得蜂鸟能够在半空中静止不动，即便它们的翅膀以75次/秒的速度快速扇动也没有关系。蜂鸟在空中停留的时间大约为其活动总时间的90%。

蜂鸟
蜂鸟的羽毛一般为蓝色或绿色，腹部颜色较淡，有的雄鸟具有羽冠或修长的尾羽。为适应翅膀的快速拍打，蜂鸟的新陈代谢速度在所有动物中是最快的。

你知道吗

■ 非洲的纳古鲁湖积聚着成千上万只大火烈鸟，被称为"大火烈鸟的天堂"。

■ 蜂鸟是唯一可以向后飞的鸟。

■ 19世纪时，欧美妇女常用蜂鸟的羽毛作为帽饰。

■ 犀鸟为什么叫"多情鸟"？

在非洲和亚洲南部的热带森林里，生活着一种很奇特的鸟——犀鸟。它们长着巨大而下弯的嘴，上嘴的基部生有大型头盔状的突起，看起来好像奇形怪状的犀牛角，这可能就是它们名字的由来。令人惊讶的是，它们被人们称为"多情鸟"，这是为什么呢？

春季，犀鸟进入繁殖期，雄犀鸟和雌犀鸟通过对情歌求偶，一旦结合，便相依为命，接着，它们会选择高大树干上的洞穴做巢。雌鸟开始产卵时，它们夫妻会精心布置"产房"。雄鸟衔回泥土，雌鸟从胃里吐出黏液，连同树枝、草叶等混成材料，然后雄鸟从外、雌鸟从内把洞口封起来，仅留下一个能让雌鸟伸出喙尖的小洞，这样雌鸟就可以免受天敌的伤害，安心孵卵了。此后，雄鸟会衔回食物给雌鸟和幼鸟。最令人感动的是，犀鸟对爱情十分忠贞，如果自己的配偶突然遇难死亡，剩下的一只鸟就会不吃不喝，并发出凄哀的鸣叫，不停地飞，直至活活饿死或累死。因此，人们叫它"多情鸟"。

犀鸟
犀鸟是一种奇特而珍贵的大型鸟类，体长在70～120厘米，嘴巴占身长的1/3～1/2，宽扁的脚趾非常适合在树上攀爬。

■ 为什么雌杜鹃从不自己哺育后代？

杜鹃是一种食虫益鸟，尤其喜欢吃毛虫。然而，雌杜鹃却是一种自私而狡诈的寄育性鸟：它不营巢，把自己的蛋"寄养"在其他鸟的巢里，让它们代为孵育。这是为什么呢？

有科学家认为，雌杜鹃之所以如此，是怕凶残而贪食的雄杜鹃把刚下的蛋吃掉。同时，雌杜鹃平均每年会下15枚蛋，不过中间间隔的时间很长，一般从3月、4～7月，即便它筑巢孵卵，也无法一一喂养出生的幼鸟。为与自己的生育周期保持一致，杜鹃就把自己的蛋产在柳莺等鸟的巢中。为迷惑巢主，它还会取走巢中的一枚蛋。"寄养"期间，雌杜鹃会不时来巢中探望，要是发现自己的蛋不见了，便勃然大怒，捣毁鸟巢。小杜鹃通常会比巢主的子女早出世。发自本能，它会把巢主的幼雏踢走，独占鸟巢。等长至要离巢时，便随附近的雌杜鹃一起飞走。

杜鹃鸟
杜鹃鸟栖息在植被稠密的地方，人们常常闻其声而不见其形。

•••【百科辞典】•••

寄养：
托付给别人抚养或饲养。

夏候鸟：
春夏季时飞到某处筑巢孵卵，秋季时幼鸟长大，又陆续飞往较暖地区越冬，至次年春季又飞回某处的候鸟。如杜鹃。

▶ 主题索引
为什么鹦鹉会说人话？老鹰为什么视力敏锐？

▶ 科学关键词
鸣管 鸣肌 中央凹

■ 为什么鹦鹉会说人话？

Weishenme

我们都知道"鹦鹉学舌"这个成语，可是鹦鹉是鸟类，为什么它们能学说人话呢？

鹦鹉会说人话，与它们口腔及舌的构造密切相关。

鹦鹉的发声器叫"鸣

鹦鹉
鹦鹉说人话，只是能模仿人说话的声音，而它们对自己所学的话是什么意思，却一无所知。

管"，位于气管与支气管的交界处，由中央的舌状突起和侧壁上的鸣膜及鸣肌组成。鹦鹉鸣管的构造比一般鸟儿的鸣管更完善，有四五对调节鸣管管径、声率、张力的特殊肌肉——鸣肌。在神经系统的控制下，鸣肌收缩或松弛，从而发出鸣叫声。同时，鹦鹉的鸣管与人的声带构造很相近，只不过人的声带从喉咙到舌端有20厘米，呈直角，而鹦鹉的鸣管到舌端有15厘米，呈近似直角的钝角。这个角度就是决定发音的音节和腔调的关键：越接近直角，发声的音节感和腔调感越强。所以，鹦鹉才能够像人类一样发出抑扬顿挫的声音和音节。另外，鹦鹉的舌头非常发达，圆滑而肥厚柔软，形状也与人的舌头非常相似，所以，鹦鹉便可以发出一些简单但准确清晰的音节。

■ 老鹰为什么视力敏锐？

Weishenme

老鹰可以在几千米的高空准确无误地辨别地上的动物，就连蛇、田鼠这样的小动物也逃不过它们的眼睛。为什么它们的视力这么好呢？

原来，老鹰的眼部结构很特殊。它们独特

苍鹰
苍鹰依靠眼睛分辨率低、视野宽的部分搜索目标，而分辨率高、视野窄的部分是用于仔细观察来发现目标的。

的视觉系统可将物体放大数倍，其原理同望远镜一样。人类每只眼睛里的视网膜上，都有一个凹槽，叫做"中央凹"，而老鹰的每只眼睛里却有两个中央凹：正中央凹和侧中央凹。它们分别集中在眼睛的不同区域。正中央凹能敏锐地发现前方视野里的物体，侧中央凹则负责监视侧面的物体。在鹰头的前方有最敏锐的双眼视觉区，它是由两种中央凹的视野重叠而成。这样，鹰眼的视野便近似于球形，能看到非常宽广的区域，并可以保证在飞行的同时，在地上搜寻猎物。

另外，老鹰的每个中央凹用于看东西的细胞非常多，比人类的视觉细胞多出6～7倍。同时，和其他鸟一样，鹰眼内也有梳状突起，它像一个过滤器，能起到减弱眼内散射光的作用。因此，鹰不仅能比其他动物看得远，而且看得更清楚，被誉为动物中的"千里眼"。

你知道吗

☐ 据研究，鹦鹉在地震之前会有一定的反常行为。

☐ 鹦鹉不仅会学说话，而且能学唱歌。英格兰的一只名叫斯皮凯的天才鹦鹉，能唱柴可夫斯基的《1812序曲》。

◆ 动物之最 **最大的鹰**：菲律宾鹰，为菲律宾的国鸟，被称为"最高贵的飞翔者"，其翼展长达2.2米。

- 主题索引
  - 为什么母针鼹没有乳腺也能喂奶？织巢鸟是怎样织巢的？
- 科学关键词
  - 织巢鸟 哺乳动物 单孔类动物

动物世界探秘

■ 为什么母针鼹没有乳腺也能喂奶？

Weishenme

针鼹
针鼹是现存最原始的哺乳动物之一，与鸭嘴兽同为世界仅有的两种单孔类动物。身上有坚硬的刺，口中无牙，有呈管状的长嘴，舌长并带黏液，以取食蚁类。

澳大利亚有一种叫针鼹的动物，像刺猬和豪猪一样全身长刺。它属于哺乳动物，却是卵生。更令人奇怪的是，母针鼹没有乳腺，那它如何给小针鼹喂奶呢？

原来，每年繁殖季节，母针鼹腹部就会长出一个临时的育儿袋。母针鼹产下一枚蛋后，就会腹部着地，用嘴巴将蛋推进袋里。针鼹蛋内只有蛋黄，没有蛋清，外壳柔软，但很结实。蛋在袋内孵化，小针鼹破壳而出。母针鼹没有乳头，育儿袋内长着毛穗的地方长有乳腺，可分泌乳汁。小针鼹本能地用嘴在育儿袋内吮吸乳汁，直至7～8周后，它的刺变硬了，才离开育儿袋。在这之后，母针鼹的育儿袋和它里面的乳腺失去作用，也就慢慢消失了，所以，我们看到的非繁殖期的母针鼹是没有乳腺的。

■ 织巢鸟是怎样织巢的？

Weishenme

织巢鸟因善于使用植物纤维精巧地编织鸟巢而得名。在鸟类中，它是杰出的"建筑大师"。1872年，自然学家首次看到它所建造的巢穴时，竟误以为是人类的杰作。那么，织巢鸟的巢穴到底是什么样子呢？

与其娇小的个头相比，群居织巢鸟的鸟巢真是硕大无比。从远处看，鸟巢像一个挂在树上的大草堆。但要是从鸟巢的下面抬头往上看，就会发现巢穴内部结构十分复杂，并且针对不同的用途使用不同的建筑材料。经分析，建造时，织巢鸟会先把较粗大的嫩枝连接起来，为巨巢制成一个坚固的屋顶，然后再将干草插入巨巢的外墙体内，以增加隔热效果，并抵御冬季凛冽的寒风。在巢室里，即将孵卵的织巢鸟夫妇将柔软的花草和毛发填塞到杯状的窝内，然后用绿草在窝的边缘制成一个坚硬的隆起脊，以防止卵从窝内滑落出去。此外，巢里还有一根根尖刺插在通往各个巢室的通道内，以增加入侵者进入巢室的难度。它们建造的最大鸟巢周长达6米，有100多个巢室，可居住400多只鸟。这样的建造工作到现在都还没有停止。

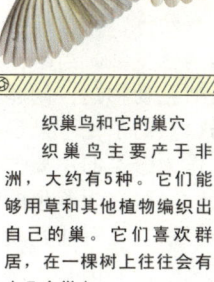

织巢鸟和它的巢穴
织巢鸟主要产于非洲，大约有5种。它们能够用草和其他植物编织出自己的巢。它们喜欢群居，在一棵树上往往会有十几个巢穴。

•••【百科辞典】•••

哺乳动物：
最高等的脊椎动物，基本特点是靠母体的乳腺分泌乳汁哺育初生幼体。一般胎生，最低等的单孔目为卵生。

单孔类动物：
处于爬虫类动物与哺乳类动物之间的一种动物。

动物之最　**最小的哺乳动物：**小鼩鼱，体长仅4～6厘米，尾长4～5厘米，体重3～5克。

为什么卵生的鸭嘴兽也是哺乳动物？

鸭嘴兽
鸭嘴兽被认为是爬行类向哺乳类动物进化的过渡动物，在动物起源研究上具有特殊的意义。

1800年，当英国人从其殖民地澳大利亚把发现的一件鸭嘴兽标本运达伦敦时，当时的动物学家们难以相信它竟是一个真实的物种：身上既长着与哺乳动物一样的毛发，用乳汁哺育幼体，又像鸟和爬行动物一样卵生，水陆两栖生活。当时，鸭嘴兽究竟属于鸟类还是哺乳动物这一问题，在生物学界引起了一场热烈的争论。最后，动物学家以兽毛和哺乳作为分类的主要依据，将鸭嘴兽列入哺乳动物，称它为卵生的哺乳动物。因为在动物世界里，只有哺乳动物才有圆形的毛（鸟类的羽毛是扁的），才分泌真正的乳汁，而这两点鸭嘴兽都具备了。此外，它还有哺乳动物的其他特征，如用肺呼吸、为热血动物等。

至于"鸭嘴兽"一名，是在这种动物被确认为兽类以后，人们根据它的嘴和鸭嘴相似的特点而取的。

为什么许多有袋类动物生活在大洋洲？

有袋类动物属于低等哺乳动物。一般胎生，不过大多无胎盘，通常母兽腹部有一个育儿袋。幼兽初生时发育不完全，所以要在育儿袋中哺育长大。现在的有袋类动物多数生活在大洋洲，这是为什么呢？

据推测，约8000万～7000万年前的白垩纪晚期及第三纪早期，有袋类动物可能遍布于世界大部分地区，在兽类中是相当古老的类群。

袋獾
袋獾曾广泛分布于澳大利亚，现仅见于塔斯马尼亚岛。它们行走时总在不停地嗅地面，似乎在寻找食物。

然而，随着近代哺乳类动物的兴起、肉食类动物的掠食，有袋类动物在大洋洲之外的大陆上陆续绝迹。在地球大陆分离时，大洋洲与其他大陆分离的时间较早，且分离后再没有联合过，因此形成了一个孤立于太平洋与印度洋之间的"世外桃源"，肉食类动物等难以侵入，气候环境等也没有太大的变化，有袋类动物便幸运地生存下来，并且适应了各种不同的生活方式，发展成类似于真兽类动物的各种生态类群。如生活方式类似于狼、鼬等肉食类动物的袋狼、袋鼬、袋獾；生活方式类似于鹿、羊和羚羊等植食类动物的袋鼠等。

你知道吗

☐ 1843年，恩格斯在英国看到一枚鸭嘴兽蛋，当时有人告诉他这是澳大利亚的一种哺乳动物的蛋，他予以嘲笑。后来他才知道是自己错了。

☐ 作为唯一产袋鼠的国家，澳大利亚的国徽上也有一只袋鼠图案。

动物之最　跳得最远的哺乳动物：袋鼠，最高可跳至4米，最远可跳至13.5米。

主题索引
袋鼯为什么能滑翔？ 树袋熊为什么挑食？

科学关键词
树袋熊 袋鼯 翼状褶

动物世界探秘

■ 袋鼯为什么能滑翔？
Weishenme

在我国南方，人们有时能看到一类奇异的动物，它们可以从一棵树滑翔到另一棵树上去。研究发现，它们是一类和松鼠有亲缘关系的兽——鼯鼠和飞鼠。澳大利亚也有这类会滑翔的动物，不过它们身上都有一个育儿袋，因此被称为袋鼯。实际上，袋鼯是有袋类动物向空中发展的一支，它们中有些种类和啮齿类动物中鼯鼠科的成员一样，能在树间作短距离滑翔。为什么袋鼯能在空中滑翔呢？

原来，袋鼯的四肢和体侧有宽大多毛的皮膜，这使它们能够飞起来。如最小的袋鼯——小袋鼯前肢的腕部至后肢的踝部之间有一个与鼯鼠飞膜相似的皮膜，也叫"翼状褶"。凭借这一皮膜和羽毛状的尾巴，利用风或气流，它们能在空中滑翔一段距离。它们的长尾巴可以像南美洲的卷尾猴一样起第五肢的作用，非常灵巧地缠绕住树枝，使它们可以头向下悬挂在树枝上，利用前肢捉小虫和采花蜜吃。

■ 树袋熊为什么挑食？
Weishenme

树袋熊又叫考拉，生活在澳大利亚，是澳大利亚奇特而珍贵的原始树栖动物，属有袋哺乳类。树袋熊身长70～80厘米，成体体重8～15千克，性情温顺，体态憨厚，颇似玩具熊，是澳大利亚最受欢迎的动物。同时，人们都说它是最爱挑食的动物，这是为什么呢？

原来，树袋熊的胃口很大，但食路很窄，只吃桉叶。澳大利亚有300多种桉树，可树袋熊只吃其中的12种，特别喜欢吃玫瑰桉树、甘露桉树和斑桉树上的叶子。可见，树袋熊的确特别挑食。白天，树袋熊栖息在桉树上，晚间外出活动，沿着树枝寻找桉树叶和嫩枝充饥。一只成年树袋熊每天能吃掉1000克左右的桉树叶。桉叶中含有桉树脑和水茴香萜，因此，树袋熊的身上总是散发着一种清香的桉叶气味。桉叶汁多，能使树袋熊得到足够的水分，所以它几乎从不下地饮水，当地人也因此称它为"Koala"（考拉），意为"不喝水"。

树袋熊
树袋熊又叫考拉、无尾熊、可拉熊等，属哺乳类中的有袋目树袋熊科，分布于澳大利亚东南部干旱森林中。

你知道吗

- 袋鼯在澳大利亚有大、中、小三种，体形最大的大袋鼯身长1～1.5米，最远可滑翔1000多米。
- 大袋鼯和树袋熊一样，只吃桉叶。

动物之最　撕咬力量最大的猎食者：袋獾，肉食性有袋类动物，一只6千克重的袋獾能够杀死30千克重的袋熊。

> 主题索引
> 袋鼠为什么善于跳跃？袋鼠的怀孕期为什么非常短？

> 科学关键词
> 肌腱 怀孕 胎盘

■ 袋鼠为什么善于跳跃？

Weishenme

说到袋鼠，人们就会想到它跳远的本领。如红灰色的大袋鼠轻轻一跳，便跳出4米多远，逃生时，甚至能跳出10米远。奔跑起来，它的时速可达50千米。其实，无论体形多大的袋鼠，都善于跳跃。这是为什么呢？

仔细观察袋鼠，我们会注意到它的后肢很长，腿上长着长脚，强健而有力。同时，它踝关节处的肌腱像一根橡皮筋，当袋鼠向上跳的时候，这些肌腱就储备好能量；等到落下来时，肌腱就将储备的能量重新释放出来。跳跃时，袋鼠的后腿蹬地，前后腿同时向前，而它的尾巴则起到平衡作用。所以，当袋鼠跳跃时，它既能利用肌腱爆发的能量高高跳跃起来，又能借助后腿的弹跳稳稳向前冲，跳得又远又稳，因此被称为"跳远健将"。

■ 袋鼠的怀孕期为什么非常短？

Weishenme

雌袋鼠腹前有一个育儿袋，由一根上耻骨（或叫袋骨）支撑着，用以哺育幼体。只有雌袋鼠才有育儿袋。袋鼠的怀孕期很短，如大袋鼠怀孕期仅33天，最长也不过40天。为什么袋鼠的怀孕期会这么短呢？

原来，袋鼠的受孕方式非常奇特。通常，前一胎袋鼠出生刚刚两天，雌袋鼠又发情、交配，怀上第二胎。这第二胎在母体中暂时停留在休眠状态，待上一胎袋鼠离开母体或死亡后，它才开始继续发育，经30多天后产出。袋鼠还可以一次交配多次受精。这些受精卵往往要等到适合幼袋鼠成长的条件成熟后才会发育成胚胎。雌袋鼠没有胎盘，怀孕期很短，约一个月小袋鼠即可出生。刚出生的小袋鼠有3厘米大，它会自己爬进育儿袋，吮吸乳汁，8个月后离开袋子，不过偶尔还会吃奶。因此，一只雌袋鼠可能同时有三只幼袋鼠：一只在子宫里，一只在育儿袋里，还有一只已经离开了育儿袋。如此周而复始，成年雌袋鼠的子宫里终年怀崽，这在动物界中非常罕见。

袋鼠妈妈和育儿袋内的小袋鼠
雌袋鼠腹前的育儿袋是刚出生的小袋鼠生长发育的场所，小袋鼠离开育儿袋后，雌袋鼠会接着产下一胎。

•••【百科辞典】•••

怀孕
  妇女或雌性哺乳动物体内有了幼体。

胎盘
  母体的子宫内壁和胎儿之间的组织，圆饼状，通过脐带和胎儿相连，是胎儿和母体的主要联系物。

■ 穿山甲为何身披鳞片？

Weishenme

在我国南方丘陵林区，人们有时会看到一种身披"铠甲"、善于挖洞的动物，它就是穿山甲。它看上去尖头尖尾，身体呈流线型，四肢粗短，小眼小嘴小耳朵，除腹、面及四肢内侧外，身体的其余地方都披挂覆瓦状的硬角质厚甲片，如同鲤鱼鳞一般，所以又称"鲮鲤"，全身有500～600块。令人惊奇的是，这副"铠甲"虽然外观很像古代士兵的铠甲，但硬度却超过了铠甲，据说用小口径步枪都难以击穿，牙齿锋利的野兽也奈何不得，因而被称作"穿山甲"。为什么穿山甲会长有这么坚硬的"铠甲"呢？

穿山甲属夜行性动物，性情温驯而懦弱，

穿山甲

穿山甲的鳞片一般呈黑褐色或灰褐色，老年时变为橙红色，所以有人误认为有"铁甲"和"铜甲"两种穿山甲。

胆子很小，因此一有动静，便立刻挖洞藏身。要是躲避不及，它就先用利爪与敌人搏斗，然后把身体缩入甲中，蜷成一团，用宽宽的尾巴包住头部，形成球状，一动也不动，而且还会从肛门中喷射出一股含有臭味的液体，使捕食它的动物无从下手，只得悻悻而去。穿山甲是挖洞的能手，它身上的鳞甲在挖洞过程中起了重要作用。挖洞时，穿山甲用粗大的尾巴钉住后方的地面，用利爪挖土并推向后方，再由后肢把刨出的土向后推出。有时它先用前爪把土掘松，将身子钻进去，然后竖立起全身的鳞片，形成许多"小铲子"，身体一边向后倒退，一边把挖松的土铲下，拉出洞外；前进时，则将全身的鳞片

闭合，又形成许多把瓦工的"抹子"，将洞顶刮抹得平滑而坚固。

■ 食蚁兽食量有多大？

Weishenme

食蚁兽属于哺乳纲贫齿目，生活在中南美洲的热带森林中，因专吃蚂蚁和白蚁而得名。在南美洲的热带雨林中，白蚁和蚂蚁占所有动物量的30%，因此食蚁兽有充足的食源。食蚁兽的身体结构与它捕蚁的一系列活动密切相关。它的前肢有力，第三趾粗大，长着强而弯曲的爪，可以劈开蚁巢。它的头骨大致呈圆筒状，长长的鼻吻部有复杂的鼻甲，蠕虫状的长舌收缩灵活，舌上富有唾液和腮腺分泌物的混合黏液，能像胶布一样粘住蚂蚁。那么，它们一天会吃多少只蚂蚁呢？

觅食时，食蚁兽一般先用它强有力的前肢劈开、击破蚂蚁或白蚁的巢，再用带黏液的、很薄很长的舌头舔食，然后囫囵吞下，靠胃部变厚的幽门研磨。大食蚁兽通常用它长长的"鼻子"贴近地面不停地搜寻食物，它偏爱食白蚁，只在吃不到白蚁的时候才吃蚂蚁。它们食量很大，一只成年的大食蚁兽一天能吃2万～3万只蚂蚁。

大食蚁兽

大食蚁兽完全地栖生活，且主要为昼行性动物。当遇到危险时，用前肢和利爪与敌人搏斗。

你知道吗

- 一些狡猾的豺狼在穿山甲缩成一团后，并不再用嘴咬它，而改往它的鳞甲上撒尿。要是穿山甲无法忍受身体又臊又湿，便会展开鳞甲，也就成了豺狼的美餐。
- 食蚁兽齿骨细长，但没有牙齿。

动物之最　舌头最长的动物：大食蚁兽的舌头能伸长至60厘米，1分钟能收缩160次。

▶ 主题索引
蝙蝠为什么不属于鸟类？蝙蝠靠什么确定方位？

▶ 科学关键词
翼手 超声波 回声定位

■ 蝙蝠为什么不属于鸟类？

Weishenme

夏天的傍晚，我们会经常看见蝙蝠在空中低飞。它们一边飞，一边发出"吱吱"的叫声。有人说会飞的就是鸟。那么蝙蝠属于鸟类吗？

其实，蝙蝠并不是鸟类，除了会飞这一点之外，它与鸟类完全不同。鸟有羽毛，口腔内没有牙齿，其消化道中有储存食物和助消化的嗉囊和砂囊。而蝙蝠身上没有羽毛，口中还有细小的牙齿，并没有嗉囊和砂囊。鸟是脊椎动物，一般卵生，孵化幼体。而蝙蝠是胎生，生下的幼蝠趴在母蝠的身上，吃母乳长大，符合哺乳动物胎生和哺乳的特征，因此它属于哺乳动物，而不是鸟类。另外，尽管鸟和蝙蝠都会飞，不过鸟借助飞羽、尾羽等组成的飞行器官飞翔，而蝙蝠则靠"翼手"飞行。蝙蝠的前肢进化为翼，上臂、前臂、掌骨、指骨都特别长，并由它支撑起一层薄而多毛，从指骨末端至肱骨、体侧、后肢及尾巴之间的柔软而坚韧的皮膜，形成蝙蝠独特的飞行器官——翼手。

蝙蝠的耳朵
具有回声定位能力的蝙蝠能产生短促而频率高的声波，这些声波遇到附近物体便反射回来。蝙蝠的耳朵接收到反射回来的声波，就能够确定猎物及障碍物的位置和大小。回声定位需要发声和接收系统的高度配合才能完成。

■ 蝙蝠靠什么确定方位？

Weishenme

有实验证明，即使被蒙上眼睛，蝙蝠也能及时躲避障碍物，捕捉猎物。它们是怎样做到这一点的呢？

原来，蝙蝠大都有回声定位的能力。它们头部的口鼻部上长着被称作"鼻状叶"的结构，在周围还有很复杂的特殊皮肤皱褶。这是一种奇特的超声波装置，具有发射超声波的功能，能连续不断地发出高频率超声波。如果碰到障碍物或飞舞的昆虫，这些超声波就能反射回来，为它们超凡的大耳廓所接收，然后在它们微细的大脑中对反馈的讯息进行分析。这种超声波探测的灵敏度和分辨力极高，使它们根据回声不仅能判别方向，为自身飞行路线定位，还能辨别不同的昆虫或障碍物，进行有效的追捕或回避。每只蝙蝠都能辨别出自己发出的声波，即便与其他蝙蝠一起捕食，它也不会被别的声波所干扰。所以，它们能在完全黑暗的环境中飞行和捕食，在大量干扰下运用回声定位，发出超声波信号而不影响正常的呼吸，因此被称为"活雷达"。

蝙蝠
蝙蝠总是倒挂在树上休息。它们中的大多数都具有回声定位能力，能够发出超声波信号，根据回声在黑暗中判别方向，为自身飞行路线定位，并准确捕捉昆虫、躲避障碍物。

•••【百科辞典】•••

超声波：
超过人能听到的最高频的声波。在空气中近似作直线传播。

回声：
声波遇到障碍物反射或散射回来再度被听到的声音。

78 动物之最 **最嗜血的蝙蝠：** 吸血蝙蝠，一只吸血蝙蝠每晚吸血量超过其体重的50%，一生所吸食的血超过100升。

小白兔为何长红眼睛？

红眼睛的白兔
兔子的头部长得像鼠，尾巴短，管状的耳朵却很长。上嘴唇由中间裂开，形成"三瓣嘴"。后腿比前腿稍长，所以兔子善于跳跃，跑得很快。兔子一般胆子很小，性情温和，常常到夜间才敢出来觅食。

家兔
家兔在人工饲养的条件下，饲料充足且营养丰富，一般都不会吃自己的粪便。

小时候我们都喜欢唱"小白兔，白又白，两只耳朵竖起来……"的儿歌，那你注意到小白兔的眼睛是红色的了吗？一般来说，兔子眼睛的颜色与身体皮毛的颜色是一致的。换句话说，兔子的身体内部含有哪种色素，毛和眼睛便呈什么颜色。如灰兔子的眼睛是灰色的，黑兔子的眼睛是黑色的。这样说来，小白兔的眼睛应该是透明的，可为什么我们看到小白兔的眼睛是红色的呢？

有人说这是因为小白兔的体内有红色素。如果真是这样的话，为什么小白兔的毛是白色而不是红色的呢？实际上，小白兔的眼球本身也是无色的，但是它的眼球被体内的血液映出红色，这就是我们所看到的红眼睛，这种红色并不是眼球本身的颜色。

兔子为什么会吃自己的粪便？

兔子是一种吃草的动物，一般栖息在草原与农牧区。它吃嫩绿的青草以及农作物，可有时也会吃自己的粪便。这是为什么呢？

兔子虽然是食草动物，可是不同于牛与羊，它的胃很小，而且只有一个，不具备反刍功能。它如果在白天吃了许多鲜嫩的青草，往往会出现营养过剩的情况，到了晚上就会将软粪排出体外。要是缺少草吃，它排出的粪便就是坚硬的黑色小圆球。有趣的是，兔子有时候会吃自己的软粪，再排出圆滚滚的黑色小粪球。

原来，这些粪便中含有未被消化的植物纤维和一些没有被吸收的维生素、蛋白质等营养成分。这些营养物质在软粪中已呈半消化的状态，很容易被兔子吸收与利用。这样看来，兔子吃自己的粪便也是一种充分利用营养物质的正常现象，不然，在食料不充足的情况下，它可能会因为营养不良而死去。

【百科辞典】

机体：
具有生命的个体的统称，包括植物和动物，也叫有机体。

维生素：
人和动物所必需的某些少量有机化合物，对机体的新陈代谢、生长、发育、健康有极重要的作用。

纤维：
天然或人工合成的细丝状物质或结构。

动物之最　最大的兔：大佛兰兔，其成年兔平均重7 8.5千克，有的重达11.35千克。

主题索引
为什么雪兔会变色？河狸为什么要筑坝？

科学关键词
变色 巢穴 麝腺

■ 为什么雪兔会变色？

Weishenme

雪兔
雪兔生性机警，听觉和嗅觉发达。一般白天隐藏于洞穴中，夜间出来觅食。

雪兔又名白兔、变色兔，是一种个体较大的野兔。每到冬天，雪兔就会脱掉春夏季节的棕色短毛，换上一身雪白的长毛，这是为什么呢？

野生雪兔一般栖息在较寒冷的地区，这些地区冬天常常是一片冰雪世界。为了适应环境，躲避天敌，雪兔毛的颜色和长短总随着季节的变换而改变：夏季变为棕色的短毛，能与栖息地的草地和灌木融为一体；冬季换上雪白长毛，趴在雪地里就不容易被天敌发现。

每年秋末冬初，当每天的光照逐渐减少时，雪兔就开始换毛，毛色变白；到了春天，随着每天的光照时间增加，雪兔又开始换毛，由白色换成棕色。如果我们在春天或秋天去动物园看雪兔，就可以观察到这一过程。

■ 河狸为什么要筑坝？

Weishenme

河狸是一种半水栖的哺乳动物，善于游泳和潜水。它的头和眼都很小，颈、四肢和耳很短，外耳壳能折起，以防水灌入。河狸体毛呈棕黄至褐色，厚而多绒毛；后足趾间到爪有蹼，适于划水；尾宽大扁平，长约40厘米，覆盖角质鳞片，具有舵的作用。不过，河狸最引人注目的是它筑坝的本领。当河狸移居到一条新的河流时，它要做的第一件事就是修筑一条"水坝"。为什么它要筑坝呢？

原来，当河狸在河边用树枝、石子和淤泥修好一个堤坝后，它便在堤内造巢。修坝时，河狸用锐利的门牙将树根咬断，事先选择好方向，让树倒向河里，再利用水流把它运到修坝的地方，然后把粗树枝垂直地插进土里，当做木桩，最后用细的树枝、石子、淤泥堆成堤坝。河狸修筑的工程量最大的堤坝有180米长、6米宽、3米高。堤坝把河水堵住，使坝内变成浅滩，河狸就可以在沿岸的地方建造它的巢穴。巢设计得很巧妙，分为两层：上层是干燥的，是整个"家庭"的住所，幼河狸在这儿出生；下层在水面下，是堆积树皮、木段等的仓库。每个巢有两个出口，一个通往地面，一个由一条隧道通往水中，这样河狸在水下或陆上都能安全而自由自在地生活。

河狸
河狸常常会在它栖息的河流中筑坝，堵截水流，形成池塘或浅滩。它修的坝非常牢靠，人们称赞它为"水利工程师"。

你知道吗

■ 有时，河狸的巢穴会一代接一代地传下去。据说，有一些河狸的巢穴已经使用了1000年之久。

■ 河狸的尾巴基部有两个麝腺，能分泌"四大动物名香"之一的河狸香（其他为麝香、灵猫香、龙涎香）。河狸香是著名的定香剂和医药兴奋剂。

动物之最 体形最大的啮齿动物：河狸，体长0.74~1米，体重约25千克，主要在夜间活动，以鲜嫩的树皮、树枝及芦苇为食。

为什么说斑鬣狗群是"母系社会"？

鬣狗的外形似狗，犬齿、裂齿发达，咬力强，是唯一能够嚼食骨头的哺乳动物。其中体形最大的是斑鬣狗，身长约1.25米，肩高0.8米左右，毛色棕黄并有乌褐色斑点，分布在非洲，数量众多。

斑鬣狗群体生活，一个群体大到上百只，小到十几只，首

斑鬣狗

斑鬣狗生性残忍，且耐性极强，团体成员之间精诚团结，即使是非洲草原上的霸主——狮子也要对它们忍让三分。

领往往都是一只体格健壮的雌性斑鬣狗。斑鬣狗的社会组织等级森严，觅食时"母首领"总能得到一块最大、部位最好的肉食。因此，有人称斑鬣狗群是"母系社会"。雌性体重平均比雄性重12%，是两性中强壮且具有支配权的一方。当两只性别不同的斑鬣狗碰到一起时，雄性总让雌性走在前面。

另外，雌斑鬣狗全年只有14天处于发情期，在此期间，它们可以连续和不同的雄斑鬣狗交配一次或数次。在任何一个数量达到30只的斑鬣狗群中，所有的成年雄狗之间都有血缘关系，而所有的成年雌狗则来自于另一群体。

为什么狼喜欢在半夜里嗥叫？

在北方某些偏僻的山村，夜深人静的时候有时可以听到狼群的嗥叫声。为什么狼爱在夜间嗥叫呢？

狼是一种以肉食为主的猛兽，它们专门猎取兔子、野鸡、田鼠、小鹿等动物，吃腐肉和尸体，甚至同类间也互相残杀，狼群有时还会伤害人，不过大多发生在特殊情况下。狼的食量很大，一次可食数10千克肉。狼的忍饥性也很强，饱餐一顿后可以数月不吃而其凶猛的劲头丝毫不减。就生活习性而言，狼过着群居生活，习惯在夜间出来活动。每到傍晚后，饥饿的狼往往成群结队地出来觅食，一边走一边发出低声的嗥叫。动物的叫声常是相互联系的信号。在不同的情况下狼会发出不同的叫声，如母狼常发出叫声来呼唤小狼，公狼召唤母狼，集合成群后外出猎食。在繁殖期，狼也往往发出嗥叫来寻找配偶。幼狼在饥饿时也会发出尖细的叫声。

嗥叫的狼

狼群有领域性，且其领域通常是其活动范围。狼群之间的领域范围不重叠，会以嗥声向其他狼群宣告范围。

主题索引
熊为什么要冬眠？亚洲黑熊为什么又叫"月亮熊"？

科学关键词
冬眠 新陈代谢 生化作用

■ 熊为什么要冬眠？

Weishenme

我们知道，生活在温带或寒带的冷血动物一到冬天就要冬眠。熊是一种体形很大的哺乳动物，可是它也要冬眠，为什么呢？

原来，尽管熊是庞然大物，但其体态笨重，捕食能力很有限，所以在它的食物中，植物占到很大的比例。冬季是植物凋零的季节，熊的食物来源出现危机，在严寒中觅食会消耗很多体力，而得到的食物热量很可能不足以补充失去的热量，所以它们采取了以睡觉来保存体力的做法。如果食物充足，许多熊不会冬眠，反而会整个冬天都去狩猎。因此，冬眠是它们适应食物匮乏的季节或避寒的一种本能活动。

一般来说，小型哺乳类动物在冬眠时体温会急速下降，但熊的体温只会下降约4摄氏度，不过心跳速度会减缓75%。熊开始冬眠后，它的能量来源就从食物转换为体内储存的脂肪。脂肪燃烧时，新陈代谢会产生毒素，但熊在冬眠时，体内的细胞会将这些毒素分解为无害的物质，再重新循环利用。这种生化作用也让熊可以回收体内的水分，因此，熊在冬眠时不会排尿，也不会脱水。

北极熊
有的北极熊不冬眠或冬眠时间很短，依靠嗅觉和冰雪的反光四处觅食。

■ 亚洲黑熊为什么又叫"月亮熊"？

Weishenme

亚洲黑熊是一种体形较小的熊，体长1.6米左右，体重一般不超过200千克，喜欢生活在潮湿的丛林地区，尤其是山地森林中。它长着圆圆的头和较大的耳朵，颈部和肩部的毛形成了一种鬃毛，呈深黑色，又厚又长。最引人注目的是，它的胸前有一个镰刀形的白色标记，看上去像一弯新月，因此又叫"月亮熊"。

亚洲黑熊一般在夜晚活动，白天在树洞或岩洞中睡觉，有冬眠习性。它善于攀爬，可以上到很高的树上去采摘果子和蜂蜜，并善于游泳。它的嗅觉和听觉很灵敏，顺风可闻到500米以外的气味，能听到300步以外的脚步声，但它的视力较差，故有"黑瞎子"之称。亚洲黑熊食性较杂，以植物的叶、芽、果实、种子为食，有时也吃昆虫、鸟卵和小型兽类等。

马来熊
亚洲黑熊又叫马来熊，可以像人类一样直立行走，也能像人一样坐着，行动谨慎又缓慢，很少攻击人类。

你知道吗

■ 1902年的秋天，美国总统罗斯福在密西西比河附近打猎，却毫无收获，随从便将一只小黑熊绑在树上让总统射杀，但他不忍杀害，并发誓再也不猎杀黑熊。之后人们便以罗斯福的小名泰迪（Teddy）命名一种小熊毛绒玩具，从此泰迪熊（Teddy Bear）风靡世界。

■ 为什么猫眼一日三变？

Weishenme

猫的眼睛大而突出，位于头部的正前方。在早晨、中午、晚上不同的时间看猫的眼睛，会发现各不相同，因此有人说猫的眼睛一日三变，这是为什么呢？

原来，猫的眼球瞳孔很大，负责瞳孔收缩的肌肉很发达，收缩能力也很强。人如果看太阳，瞳孔就会缩小，但缩到一定程度就不再缩小了，因此，如果在过分暗的地方多看了些时间，眼睛就会不舒服。但猫在不同的光线中，都能很好地适应。在早晨的光线下，瞳孔像枣核一样；在中午强烈的光线照耀下，猫的瞳孔可以缩得很小，呈一条线；在夜晚昏暗的条件下，瞳孔充分放大呈圆形，像一轮满月。简而言之，猫眼睛的瞳孔会随外界光线强弱的周期性变化而发生变化，随时调整进入眼睛内的光线强弱，使其始终保持足以使神经兴奋的水平。因此，无论外界光线强弱，猫都能看清东西。这对猫的夜间活动和觅食都具有重要意义。

猫

猫的视野很接近人类的视野。它们的视角很宽阔，也是彩色视觉。在昏暗的光线中，它们的视力比大多数动物都要好。

■ 猫科动物走路为什么悄无声息？

Weishenme

猫是大家都很熟悉的动物，它属于猫科。猫科动物走路时体态优美又悄无声息，这是为什么呢？

猫科动物的前爪有5个脚趾，后爪则有4个。它们的前爪除了走路和攀爬外，还是防御和狩猎时强有力的武器。猫的每个脚趾都长有利爪，这些利爪是从脚趾的最后一块骨头上长出来的，呈钩形，爪子上长有柔软的肉垫，可保护指甲。当它们走路时，为保护这些利爪，通常会将利爪收在脚掌下，再加上肉垫的作用，它们行路时便悄无声了。另外，它们的尾巴也有很强的平衡能力，这对于它们走路没有声音也有一定的作用。

猫科动物脚底的肉垫在关键时刻还可起到保命的作用。当猫科动物从高处落下时，脚底的肉垫可以帮助它们免受震动，所以一般不会摔伤。民间更由此传说猫有"九条命"。

美洲豹

美洲豹是猫科动物的一种，又叫美洲虎，是美洲大陆体形最大的猫科动物。和其他猫科动物一样，美洲豹走路时也悄无声息。

•••【百科辞典】•••

猫科动物：

一种几乎专门以肉食为主的哺乳动物，属食肉目，生活在除南极洲和大洋洲以外的各个大陆上。包括4个亚科，即猎豹亚科、猫亚科、豹亚科、猞猁亚科，共36种。大型猫科动物可以发出吼叫。

瞳孔：

虹膜中心的圆孔，可随光线强弱缩小或扩大，光线通过它进入眼内。

▶ 主题索引
为什么连猛兽都怕臭鼬？为什么说鲸不是鱼类？

▶ 科学关键词
臭腺 丁硫醇 温血动物

■ 为什么连猛兽都怕臭鼬？

Weishenme

臭鼬和黑熊
臭鼬一般白天在洞中睡觉，晚上外出觅食，以昆虫、青蛙、鸟类和蛋为食。它能发出奇臭无比的气味，许多猛兽都要对它退避三舍。

臭鼬属鼬科动物，大小如家猫，体长0.5～0.6米，体重0.92～2.4千克。它的头、耳、眼都很小，长着一身醒目的黑白相间的毛。臭鼬是一种性情温和的小动物，但为什么连猛兽都怕它呢？

原来，臭鼬有一个臭腺，位于肛门两侧，能分泌奇臭的臭气，"臭"走掠食者。当受到惊吓或袭击时，臭鼬会竖起尾巴，反转身做倒立状，从肛门喷出臭气，反击敌人。在3.5米的距离内，臭鼬一般都能打中目标。这种气体不仅恶臭无比，在约800米的范围内都可以闻到，还具有麻痹作用，会使被击中者的眼睛又辣又疼、流泪不止，甚至出现短时间失明。因此，绝大部分掠食者，哪怕美洲野猫、美洲豹等猛兽，除非它们非常饥饿，不然都会避开臭鼬。

经研究，这种臭气其实是琥珀色液体，由于被使劲喷出，便形成了细雾。它的成分是一种叫丁硫醇的物质。一只臭鼬每天大约可产1毫升丁硫醇，存储于臭腺中。不过，要是鹰、鹫等鸟类突然从空中发动袭击，臭鼬一时之间无法招架，就只能束手就擒。

■ 为什么说鲸不是鱼类？

Weishenme

鲸的体形像鱼，呈梭形，俗称鲸鱼。但实际上，鲸并不属于鱼类。这是为什么呢？

虎鲸
虎鲸遍布四海，以体魄健壮、性情凶狠闻名，有"鲸之暴君"之称。经过驯化后的虎鲸十分驯服，是海洋公园和水族馆中的"水族明星"。

原来，鲸是生活在海洋中的大型哺乳动物，与鱼有很多不同的地方。首先，鱼是卵生的，而鲸则胎生，它们还能分泌乳汁，哺乳后代。其次，鱼在水中用鳃呼吸，而鲸却必须浮出水面用肺呼吸，在换气时，它们会喷起巨大的水柱，状如喷泉。再次，鱼类是冷血动物，而鲸却是温血动物，体温恒定。另外，鲸在动物进化上比鱼类高级，它实际上是生活在海洋中的兽类。

你知道吗

■ 虎鲸能发出62种不同的声音，而且不同声音具有不同的含义。不同海域的虎鲸及虎鲸群使用的"语言音调"会有不同程度的差异，类似人类的方言，被称为"虎鲸方言"。

■ "潜水冠军"抹香鲸常因追猎巨乌贼而"屏气潜水"长达1.5小时，它可潜到2200米的深海中。

■ 抹香鲸可一口吞下巨乌贼，但消化不了乌贼的鹦嘴，鹦嘴在抹香鲸体内逐渐形成珍贵的香料——龙涎香。

◆ 动物之最　**鳍肢最大的鲸**：座头鲸，鳍肢长度约为体长的1/3，其前缘有不规则的瘤状突，呈锯齿状。

■ 海象为什么长着长牙？

Weishenme

海象是一种生活在北极海的哺乳动物，它的头很圆，嘴巴短而阔，鼻子粗大，长着一对与陆地上的象很相似的长牙。海象的长牙是做什么用的呢？

像陆生象用长牙寻找食物一样，海象的长牙主要是用来获取食物的。海象常常潜入海底，将长牙插入泥沙中，如耕犁般耕耘，犁过之处显出两道约0.5米深的垄沟。当犁过2～3米时，海象就伸展前肢向上游，它的两只前鳍足紧紧合拢，捧着混有食物的泥沙边游边搓，身后拖着一股黑色"烟雾"。当快游到水面时，它把猎获物撒开，又转回头根据其不同的下沉速度，捕捉诸如海螺、贝壳类软体动物。所以，海象被一些海洋生物学家称为"水下耕耘者"。

有时，为保护幼崽，母海象会用长牙作武器，与北极熊搏斗。此外，雄海象在求偶时会用长牙互相角斗，在水下游泳时要用长牙凿洞呼吸，在冰上行走时也要长牙帮忙。总之，海象生活中处处都离不开它的长牙。

海象的长牙
海象不分雌雄都长着长牙，每根达70～80厘米，重达4千克多，在海象的有生之年一直都在生长。

■ 象鼻子为什么那么长？

Weishenme

大象是我们都不陌生的动物，它们都有一条长长的鼻子，呈圆筒形，可以缠卷起来，用于自卫和取食。为什么大象的鼻子会那么长呢？

大象是世界上最大的陆栖动物，早在很久以前，它们就已生活在地球上了。那时候的大象身躯既没有现在这么庞大，鼻子也不像现在这么长。它们的身高只有70厘米左右，而鼻子和现在的河马鼻子差不多长。大约在2000万年前，地球上一年四季温暖如春，各种生物生长旺盛。由于食物丰富，营养良好，大象的身体也一代比一代庞大，四肢变得像四根圆柱，结果头离地面的距离越来越远，难以吃到地上的食物，行动也变得越来越不灵活。为适应生活环境，便于觅食和饮水，在漫长的进化过程中，象的上唇慢慢延长，鼻子也随着长长了。久而久之，它们的鼻子和上唇合二为一，就成了今天这个样子。大象鼻端的指状突起，正是上唇的痕迹。鼻子对于大象来说，就如同人的手，灵活自如，而且力气还很大，这同象鼻的肌肉组成有关系。大象的鼻子约有5万块肌肉，所以使用起来非常自如。地球上的大象分为非洲象和印度象两大类，前者的鼻子尖上有两块突起，而后者只有一个。

象
成年大象的鼻子重约145千克，由5万多块肌肉组成，既做呼吸、嗅觉器官，也做味觉器官。

【百科辞典】

象牙：
象的门牙，略呈圆锥形，伸出口外。它基本上会伴随大象一生，可借此判断大象的年龄。

鳍足：
海生哺乳动物的四肢十分像鱼鳍，适于游泳。海象、海豹和海狮都是鳍足类动物。

动物之最　最长寿的哺乳动物：大象，一般情况下，象的寿命达60～70岁。据记载，哥拉帕格斯群岛的长寿象能活180～220岁。

▶ 主题索引
大象用鼻子吸水为什么不会被呛到？非洲象和亚洲象有什么区别？

▶ 科学关键词
鼻腔软骨 智慧瘤

■ 大象用鼻子吸水为什么不会被呛到？

Weishenme

洗澡的非洲大象
象鼻一次可以吸水达9升。夏天洗完澡后，大象还会用鼻子吸些沙土喷在身上，以防止蚊、虻蜇咬。

大家知道，人在游泳时，总是要用嘴来换气，如果不小心鼻子里吸进了水，就会让人咳嗽不止。然而，体形庞大的象在天气炎热时，就走到小河里或水池边，用长长的鼻子把水吸进去，然后喷洒到身上给自己降温或洗澡。为什么它不会被自己吸的水呛到呢？

原来，大象鼻腔的结构比较特殊，虽然它的气管和食道是彼此相通的，但是鼻腔后面的食道上方，长有一块软骨。大象用长鼻子吸水时，水进入鼻腔后，由于大脑中枢神经的支配，喉咙部位的肌肉发生收缩，促使食道上方的这块软骨暂时将气管口盖上，水就由鼻腔进入食道，而不会进入气管和肺里去。当它将水重新喷出去后，软骨又会自动张开，以保持呼吸的畅通。

■ 非洲象和亚洲象有什么区别？

Weishenme

远古时代，长鼻类动物一度非常兴盛，并分化出很多类型的象，但这些象大都逐渐灭绝了。如今，生存下来的现代象只有两种，即亚洲象与非洲象。它们的外形十分相似，生活习性也大同小异。那么，它们之间有什么样的区别呢？

在体形方面，非洲象是迄今生存着的最大型陆生哺乳动物，雄性非洲象可重达7500千克；而亚洲象就要小一点，但它仍然是亚洲最大型陆生哺乳动物。

在象鼻方面，非

亚洲象
亚洲象比非洲象的进化程度更高，它们之间的亲缘关系很远。

洲象象鼻上有很多环状的皱褶，鼻端的指状突起有两个；而亚洲象象鼻光滑，只有一个指状突起。

在耳朵的形状和大小方面，非洲象的耳朵是亚洲象的2倍大，耳大如扇，直径可达1.5米，利于散热降温。

在栖息地方面，非洲象生活在非洲大草原或热带雨林中；亚洲象则大部分栖息在东南亚的林地，很多是家养大象。

在象牙方面，非洲象无论是雌性还是雄性都有象牙，且比亚洲象的象牙长得长；而亚洲象只有雄性拥有象牙。这也是它们之间最根本的区别。

你知道吗

▢ 大象的记忆力很好，会为死去的同伴"扫墓"、探望尸骨、"祭拜"象牙。

▢ 亚洲象的额部两侧有两个鼓突，称为"智慧瘤"，而非洲象就没有。

▢ 象群由母象维系，雄象一旦长到15岁就必须离群。

■ 骆驼为什么能在沙漠中长途跋涉？

骆驼是一种能够长时间忍耐干渴的动物，它能在沙漠中背负重物长途跋涉，是沙漠中特有的交通工具，被人们称为"沙漠之舟"。骆驼为什么能在干旱炎热的沙漠中长途跋涉呢？

原来，骆驼的驼峰里贮存着胶质脂肪，其重量相当于全身重量的1/5。双峰驼的两个驼峰里足足可以贮存40千克的脂肪。当骆驼饥渴交迫时，驼峰的脂肪便逐渐氧化分解成骆驼所需要的营养、能量和水分。据估计，每100克脂肪反应后可产生107毫升水，而两座驼峰的脂肪经反应后就可以产生40多升水。可见，驼峰不仅是"食品库"，还是"蓄水池"。

同时，骆驼巨大的口鼻也是保存水分的关键部位。骆驼鼻子内层呈蜗形卷，增大了呼出气体通过的面积。夜间，鼻子内层从呼出的气体中回收水分，同时冷却气体，使其低于体温8.3摄氏度。据计算，骆驼的这些特殊能力可使它比人类呼出温热气体节省70%的水分。

另外，骆驼的胃分为三室，前两室附有众多的"水囊"，有贮水防旱的功效。

双峰驼
"无边瀚海人难度，端赖驼力代客船"，古老的骆驼用宽大的脚掌踩出了一条东起长安、西至罗马的"丝绸之路"。

■ 麋鹿为什么叫"四不像"？

麋鹿生活在沼泽、滩涂地带，群居生活，善于游泳和跋涉。因其"蹄似牛非牛，头似马非马，尾似驴非驴，角似鹿非鹿"，故俗称"四不像"。

麋鹿的蹄子像牛的蹄子，又宽又大，在脚趾之间还长有蹼。这样的蹄子有利于麋鹿在泥沼中行走，而不会陷进沼泽里。麋鹿的脸像马，比其他鹿的脸长，鼻子和唇部很宽大，长着又长又硬的刚毛。

麋鹿
麋鹿是中国特有的物种，但它的英文学名却以外国人的姓氏命名；它曾在中国生活了数百万年，不料20世纪初曾一度在故土绝迹。20世纪80年代，它又远渡重洋，重返故乡。

当麋鹿把整个头部伸到水中去取食水草时，唇部的触毛起到感觉作用。麋鹿的尾巴像驴的尾巴，一直垂到脚脖。沼泽里蚊蝇、虻虫多，长尾巴有利于驱赶它们，防止被叮咬。鹿类动物的鹿角分叉大多向前伸展，是抵御敌害和争斗的武器，可是麋鹿犄角的分支却是朝后和朝外伸展的。这是因为沼泽地带的大型猛兽较少，而麋鹿生性胆小，内部争斗也不激烈，所以犄角只是一个装饰。

> 主题索引
> 长颈鹿的脖子为什么那么长？为什么长颈鹿不会患"高血压"？

> 科学关键词
> 血压 泵压 瓣膜

■ 长颈鹿的脖子为什么那么长？

Weishenme

长颈鹿是我们都熟悉的动物。它个头很高，成年长颈鹿中，雌鹿的平均身高可达4.26米，而雄鹿平均高达4.57～5.18米。最引人注目的是，它的脖子很长，可达两米左右。为什么长颈鹿的脖子会这么长呢？

远古时期，长颈鹿的祖先躯体只有小鹿大小，属于植食类动物。渐渐地，地球上的树木越长越高，为吃到树上的叶子，得到足够的食物，长颈鹿就必须努力伸长脖子。脖子短的长颈鹿因为长期吃不上食物，而被淘汰了，剩下脖子长的长颈鹿。这样，经过漫长的进化过程，长颈鹿就变成现在的样子。

长颈鹿的长脖子对它警戒放哨、了解敌情和寻求食物是必不可少的。这使它能远远地看见敌人，然后迅速逃跑。同时，它的脖子也是一个很有用的"冷却塔"，靠脖子散热，长颈鹿才能够适应热带炎热的气候。漫步、跑动时，长颈鹿的脑袋就被置于前方，借以往前推移它的重心，增大前进的动力。因此，它行动非常灵活，奔跑时速可达60千米。

■ 为什么长颈鹿不会患"高血压"？

Weishenme

一般情况下，成年人的正常血压应为11～17千帕，要是再高，就会出现高血压这种危害极大的疾病。然而，对于长颈鹿来说，它心脏泵压可达到40千帕，脑下部的颈动脉血压可保持26.7千帕。难道长颈鹿患高血压了吗？

事实上，要是长颈鹿没有这样的高血压，

那恐怕真要生病了。长颈鹿以个头高、脖子长著称，它头部的位置与心脏距离2米多，为保证心脏把血液输送到距离很远的大脑，就要求它必须拥有比普通动物更高的血压才行。

长颈鹿的心脏比一个篮球还大，重约11千克，还非常厚实，心壁厚达7.5厘米，具有强烈的收缩力。长颈鹿休息时每分钟心跳100次，比牛马等动物高1倍以上，它每分钟输出的血量可达到60升。同时，长颈鹿大脑下部有血管网络，动脉和静脉分成很细的支状网，颈静脉中有一个多功能的瓣膜，当血液缓慢上升时，血压便逐渐降低，反之同理。因此，长颈鹿的血压虽然很高，但只会使血液畅通，而不会给它自己带来什么危险。

长颈鹿妈妈与幼鹿
长颈鹿的幼崽出生后20分钟即能站立，几天后便能奔跑如飞。

长颈鹿
长颈鹿生活在非洲，群居。通常生一对角，终生不会脱落，皮肤上的花斑网纹则为一种天然的保护色。

◆ 88 动物之最 最高的动物：长颈鹿，站立时由脚至头可达6~8米，体重约700千克，幼崽刚生下来时就高达1.5米。

■ 斑马身上为什么有黑白相间的条纹？

Weishenme

动物园里，人们可以看到身上有着黑白相间条纹的斑马。斑马的外形与一般的马相似，是马的近亲，一般群居生活在非洲大陆的平原和草原上。令人不解的是，草原本来就很开阔，缺少遮蔽物，而斑马的条纹在阳光的照射下显得色彩斑斓，格外耀眼。那它们该怎么保护自己，才能不容易被敌人发现呢？

斑马是一种植食类动物，体长2～2.4米，尾长0.47～0.57米，肩高1.2～1.4米，体重约350千克。它们的腿很长，能以64千米的时速奔跑，但防御能力不强，常常遭到狮子、鬣狗等肉食类动物的追逐和袭击。在阳光或月光的照耀下，它们身上黑白的条纹吸收和反射光线的作用不一样，身躯的轮廓也就变幻不定，并能与森林草原的背景巧妙地协调起来，这样就不容易被敌人发现。因此，虽然这些条纹看上去很耀眼，但却是一种保护手段。非洲大陆上有一种可怕的昆虫——舌蝇（又叫采采蝇），它的视觉很特别，一般只会被颜色一致的大块面积所吸引，对条纹明暗相间、色彩对比强烈的斑马反而视而不见。同时，不同的斑马，条纹的宽窄不同，这也利于它们识别同类。

美丽的花纹
斑马身上的条纹漂亮而雅致，是同类之间相互识别的主要标记之一，更是一种适应环境的保护色。

■ 斑马如何寻找水源？

Weishenme

斑马
斑马产于非洲东部、中部和南部，喜欢栖息在平原和草原（山斑马则居于多山地区）。常10～12只结成群，有时也跟其他动物，如牛羚、鸵鸟混合在一起。

斑马经常喝水，很少到远离水源的地方去，因此它们取食和饮水的地方离得很近。然而，非洲是个阳光灼热的地方，气温很高，不经常降水，旱季时更是如此。所以，很多时候，斑马要自己找水喝，它们是如何找到水源的呢？

斑马通常会在旱季到来之前大规模迁徙到其他地方去；或者在雨季时使劲吃草喝水让自己变胖，等旱季时便依靠体内的脂肪来维持热量消耗，再寻找水源和青草。斑马有一种特殊的本领："挖井"。它们会在干涸的河床上徘徊，凭借本能，找到或许有水的地方，用蹄子不停地刨土，挖掘泥沙。当浅土被刨开后，它们会不知疲倦地挖下去，有时，挖到1米多深时，就能找到地下清水了。当然，其他的动物也会趁机赶来喝水，如公沙鸡等。

你知道吗

- 受斑马条纹保护色的启发，人们在军舰上涂上类似于斑马条纹的色彩，以隐蔽自己、迷惑敌人。
- 20世纪50年代初，英国人在街道上设计出一种横格状的人行横道线，作为行人专用道。这些横线像斑马身上的白斑纹，被称为"斑马线"。

▶ 主题索引
白犀牛和黑犀牛只是颜色有别吗？犀牛身上为什么常落着小鸟？

▶ 科学关键词
虻 蛆 共生

■ 白犀牛和黑犀牛只是颜色有别吗？

Weishenme

犀牛是陆地上最庞大的哺乳动物之一，体长2～4米，重1000～3600千克，吻部上方长有单角或双角。在5种现生犀牛中，白犀牛是体形最大的犀牛，又名"方嘴犀"，它的嘴唇宽平，皮肤呈蓝灰色或棕灰色。

它们之所以被称为"白犀牛"，是因为南非语中的"宽平"与英语中的"白色"发音相近，造成翻译有误，后人将错就错，把它们称作白犀牛，而将皮肤呈灰黑色、与白犀牛一同生活在非洲草原的尖嘴唇犀牛称为黑犀牛，又称非洲犀。

白犀牛最明显的特征是吻部比较方，贴近地面，头向下，吃草时嘴巴呈半圆形。相比之下，黑犀牛的体形较小，吻部尖，还能伸缩卷曲，头向上抬起，吃树叶时嘴巴呈"V"形。吻部的区别是它们之间最主要的区别。其次，白犀牛性情较为温驯，黑犀牛则性情粗野，脾气反复无常。另外，白犀牛会成群活动，群中通常是母犀牛与小犀牛，成年的雄犀牛大多数独居，而黑犀牛独栖或两三只同栖。

白犀牛
白犀牛的体色呈蓝灰色或棕灰色，耳朵边缘与尾巴上有刚毛，其余部分则无毛。上唇为方形，鼻上的角平均长0.6米，最长可达2米。

■ 犀牛身上为什么常落着小鸟？

Weishenme

犀牛的躯体异常粗笨，四肢短粗，头很大却比较迟钝，视力很差，但嗅觉和听觉较敏锐。

犀牛背上的犀牛鸟
犀牛和犀牛鸟相互依存，各取所需，关系非常密切。非洲人很喜欢犀牛鸟对朋友的忠实，因此，常叫自己喜爱的人为"我的犀牛鸟"。

一些大型猫科动物，如狮、虎等有时偷猎幼犀，但它们都不敢惹成年犀牛。然而，却有一种黑色的小鸟能够在它身上跳来跳去，与犀牛相处得像朋友般融洽。这是为什么呢？

原来，犀牛的皮肤虽然厚而坚硬，但其褶缝里的皮肤很薄，又十分娇嫩，许多吸血的蝇、虻等昆虫常钻进去叮咬，使犀牛又痛又痒。这些昆虫还寄生在褶缝里，产卵生蛆。为赶走它们，犀牛要常常在泥水中打滚抹泥。不过，通常情况下，停在它身上的小鸟会帮它啄食这些寄生虫。有时，它们也啄食犀牛行走时踢起来的昆虫。所以，人们又把这种黑色的小鸟叫做"犀牛鸟"。另一方面，犀牛鸟停在犀牛角上，像"哨兵"一样，能够看见远处的敌人。周围稍有异常，它们就鸣叫着飞离犀牛，向犀牛发出"警报"。因此，它们也形成了互惠共生的伙伴关系。

•••【百科辞典】•••

虻：
昆虫，体呈椭圆形，黑绿色，口吻粗。雄性吸植物的汁液或花蜜，雌性吸人或动物的血液。

蛆：
苍蝇的幼虫，体柔软，白色，多生在不洁净的地方。

主题索引
河马为何总泡在水里？为什么说蜘蛛猴有"第五只手"？

科学关键词
悬猴科 静脉 动脉

动物世界探秘

■ 河马为何总泡在水里？

Weishenme

河马是一种生活在非洲热带河流中的动物，吻宽嘴广，鼻孔长在吻端上面，与眼睛和耳朵排成一条直线。体长3.75～4.6米，尾长约0.56米，肩高约1.5米，体重3000～4600千克，四肢短粗，看上去像粗圆桶。它们非常擅长游泳，每天大部分时间都待在水中。为什么它们这么喜欢泡在水里呢？

原来，在太阳下，河马身体的水分蒸发很快，要是它们长时间离开水，皮肤就会干裂。更重要的是，它们尽管身体庞大，却没有防御敌人的"武器"。因此，白天时，它们尽可能待在危险较少的水里休息，躲避陆上活跃的掠食者，晚上出来进食，天亮就又回到水中。河马主要以水生植物为食，偶尔吃草，食物匮乏时也吃肉。同时，非洲气候很炎热，河马泡在水里能躲避酷热。因此，总是泡在水里是河马适应环境的反应。

■ 为什么说蜘蛛猴有"第五只手"？

Weishenme

蜘蛛猴属于悬猴科，生活在中南美洲的热带森林里。它的身体很瘦小，四肢又细又长，当它们在树上活动时，远远望去，好像一只只巨大的蜘蛛，因此得名。蜘蛛猴的头又小又圆，尾巴长达80厘米，比身体还长了10多厘米，尾巴尖端近20厘米处的毛稀少，腹面上甚至只有一道道的皱纹，被称为"尾纹"。奇怪的是，这条尾巴被人们称为它的"第五只手"，这是为什么呢？

原来，蜘蛛猴的尾巴非常敏感，缠绕抓拽能力特别强。它能帮助蜘蛛猴攀缘树枝、平衡身体，还能牢牢地缠绕在树枝上，灵巧地把身体倒挂在半空中。蜘蛛猴休息时，就常倒挂着睡觉。同时，这条尾巴像手一样灵活，能轻松而熟练地采摘和拾取食物，甚至捡起细物。因此，人们把蜘蛛猴的尾巴叫做它们的"第五只手"。

另外，蜘蛛猴的尾巴里还有一条直接联结动脉管的中静脉。天热时，尾巴便变成散热器；天凉时，动脉血能不通过小血管直接回到体内。借助尾巴，蜘蛛猴就能调节体温了。

【百科辞典】

静脉：
把血液送回心脏的血管。静脉中的血液含有较多的二氧化碳，血色暗红。

动脉：
把心脏中压出来的血液输送到全身各部分的血管。

攀缘的蜘蛛猴
蜘蛛猴性情怯弱，敏捷好动，能从一棵树跳到9米外的另一棵树上。它们很怕冷，所以只能生活在热带森林中。

水中的河马
河马的潜水本领很高，不过潜伏时每隔3—5分钟就要把头伸出水面呼吸一次。

尾巴最细小的猴子：豚尾猴，体长54—62厘米，尾长不及身长的1/4，很细，形似猪尾，行动时弯而下垂，故名。

▶主题索引
狐猴是什么样的猴子？猴子为什么会给同伴"捉虱子"？

▶科学关键词
狐猴 叶猴 结晶盐

■ 狐猴是什么样的猴子？

Weishenme

环尾狐猴
环尾狐猴又叫节尾狐猴，分布于非洲的马达加斯加岛，生活于干旱多岩石地区。

狐猴是灵长目中最原始的一种猴子，属于原猴亚目，共有20多种。它们的身体形状、手脚构造像猴子，但脸长得有点像狐狸，所以被称为"狐猴"。狐猴曾经在地域上分布很广，不过在近5000万年内，只生活在非洲的马达加斯加岛、科摩罗岛及其附近岛屿上，大多数栖息于热带雨林、干燥的森林或灌木丛中，被称为"热带丛林中的幽灵"。

狐猴一般体长13～60厘米，体重60～3000克；尾巴很长，通常等于或超过体长，而且尾毛又密又长，像一把扫帚。狐猴通常以水果、树叶，以及昆虫、壁虎之类的小动物为食，多数在夜晚活动，群居生活。

环尾狐猴的尾巴上有一圈圈黑白相间的环节，是狐猴中体色最鲜艳的一种。它们生活在较干旱的疏林岩石地区，是狐猴中唯一在白天活动的种群。环尾狐猴主要在地面上活动，它们的脚底有毛，所以在光滑的岩石上跳跃也不致滑倒。

最小的一种狐猴叫"鼠狐猴"，通常只有几寸长。它们习惯住在树上，在夜间活动。在干旱炎热的季节，鼠狐猴可以进入休眠状态，几个星期不吃东西，不过在"睡觉"之前，它们会尽可能吃饱，把脂肪积储起来，在休眠时慢慢释放到身体里去，维持生命活动。

狐猴虽然受到保护，但由于栖息地遭到破坏，所以种群数量仍在减少，现在属于世界上的濒危动物之一。

■ 猴子为什么会给同伴"捉虱子"？

Weishenme

在动物园里，我们有时会看到群居的猴子互相翻开同伴的皮毛仔细寻找着什么，要是找到了，它们就把这些东西往嘴里送。看到这种情景，人们经常说猴子在给同伴捉虱子，真是这样的吗？

长尾叶猴
长尾叶猴又名哈努曼叶猴，产于印度。这种叶猴等级分明，地位低的猴子要为地位高的猴子"捉虱子"。

其实，这样的说法是不正确的。科学家发现，猴子身上并没有什么寄生虫，当然也就不会有虱子存活。但是，猴子为什么要在同伴的皮毛里翻来翻去呢？事实上，它们这样做，是在找一种结晶盐。猴子身上有时出汗，汗蒸发后，皮肤表皮会留下一种略带咸味的结晶盐。它们特别喜欢吃结晶盐，而吃结晶盐是它们补充体内盐分的一种方式。当然，结晶盐长期附着在猴子身上也让它们很不舒服，所以，就出现了猴子互相翻对方皮毛的情景。

你知道吗

■ 狐猴是现存的最原始的灵长类动物，其历史可追溯至史前时期。

■ 狐猴与人类有很近的亲缘关系。有科学家认为，它是人类的祖先。大约7000万年前，狐猴的一支进化成了猴子；到了4000万年前，猴子的一支又演变成了类人猿，此后逐渐进化成了人类。

■ 在印度著名史诗《罗摩衍那》中，记载有神猴哈努曼为印度人民除暴安良立大功的传说，因此哈努曼叶猴被印度人奉为神，受到敬重。

92 动物之最 **最小的灵长类动物**：鼠狐猴，产于马达加斯加，头部和身体的长度约为6.2厘米，尾部长度约为13.6厘米，平均重量约为30.6

■ 吼猴为什么嗓门大？

在南美洲丛林中，人们有时会听到从树丛深处传来的一种如雷的吼声。这吼声震耳欲聋，经常持续数小时，回响在整个丛林上空，即便在1.5千米开外还能听得很清楚。这吼声是从哪里来的呢？

原来，它来自美洲特有的一种猴——吼猴。吼猴是美洲体形最大的猴，体长约0.9米，像狗一般大小，尾巴有1米多长，常年树栖生活。它们身上长着十分浓密的毛，多呈红褐色，并随阳光的强弱和照射角度的不同，变幻成金、绿、紫、红等迷人的色彩，分外美丽。除此之外，吼猴最让人惊讶的是它的大嗓门。这种猴子的舌骨特别大，能够形成一种特殊的回音器。从它的喉咙里发出的吼声，经过这个回音器后，立刻变得非常响亮，就像它正拿着一个麦克风吼叫一样。另外，吼猴群居生活，开始时通常只有一只叫，接着其他的吼猴便开始回应，这些吼猴的声音汇聚到一起，自然使吼叫声如雷鸣般了。有趣的是，吼猴在吼叫时能发出7～8种不同的声音。

树上攀缘的黑吼猴
据推测，吼猴群起吼叫是为了恫吓敌人、联络伙伴或警告别的吼猴家族不要进入自己的领地。

■ 夜猴为什么眼睛大？

夜猴体长约45厘米，尾长约40厘米（不太卷曲），体重约1.2千克，如松鼠般大小，身上披毛，非常美丽。它们生活在南美洲热带雨林中，是唯一一种昼伏夜出的高等灵长目动物，又被称为"猫头鹰猴"。

夜猴一般居住在距离地面30米高的树冠上，过着一夫一妻制的家庭生活，雄性负责保卫地盘。不过，夜猴最引人注意的是它独一无二的眼睛。首先，它的眼睛圆溜溜的，大得出奇；其次，这对眼睛的虹膜会显现出红、黄、褐色混合在一起的色彩，眼睛周围还有白色的颌毛，眼睛上方长有棕黑色的额毛，相互映衬，显得十分美丽；最后，夜猴的眼珠突出，眼球表面蒙着一层透明的角膜，好像大玻璃球似的。更令人称奇的是，它的眼睛能分辨色彩，聚光能力极强，在近乎漆黑的夜里，夜猴照样能轻而易举地捕捉到正在飞行的昆虫。不过，它仍需要微光才能活动，满月时它们最为活跃。

夜猴食性很杂，吃野果、昆虫、蜗牛、鸟蛋及蜂蜜等。然而，它们吃东西时很小心，总是先拿到眼前仔细检查一遍，然后才放心食用。

【百科辞典】

灵长目：
最高等的哺乳动物，如猴、类人猿等，大脑较发达，面部短，锁骨发育良好，四肢都有五趾，便于握物。

虹膜：
眼球前部含色素的环形薄膜，当中是瞳孔。

夜猴
夜猴的脸很像猫头鹰的脸，毛呈淡棕灰色，杂有一些橄榄绿色。这有利于它在树上伪装，不易被敌人发现。

动物之最　最早的灵长类动物： 科学家根据懒猴和夜猴的化石推断，最早的灵长类祖先大约是在7000万年前进化形成的。

▶ 主题索引
为什么说大猩猩是"温驯的巨人"？为什么大猩猩喜欢拍自己的胸脯？

▶ 科学关键词
大猩猩 类人猿 银背

■ 为什么说大猩猩是"温驯的巨人"？

Weishenme

香蕉
香蕉是大猩猩最喜欢的食物之一，此外它们还爱吃树叶和嫩芽。

目前，地球上生活着4种类人猿，分别是大猩猩、黑猩猩、红猩猩和长臂猿。其中，大猩猩体形最大，主要分布于非洲的喀麦隆、加蓬、刚果等地，栖居在海拔1500～3500米的热带雨林地带。它们身高可达1.7米，体重近300千克。然而，人们却都说它们其实是"温驯的巨人"，这是为什么呢？原来，大猩猩以树叶、嫩芽、花、果实等为食，是素食主义者，因此性情非常平和。它们往往是一个家族结群生活，大部分时间都在非洲森林里闲逛、嚼枝叶或睡觉。尽管如此，发怒时，它们也会有攻击行为。如面对不友好的闯入者，它们会捡起石头砸过去或把自己的粪便扔过去。另外，研究发现，它们的遗传物质DNA与人类的相似度达97.7%，因而非常聪明。据说它们甚至会用石头来榨油。它们也有各种各样的情绪，如恐惧、喜悦等，能发出至少22种声音以"表情达意"，其中常用的有七八种。

■ 为什么大猩猩喜欢拍自己的胸脯？

Weishenme

在动物园里，我们有时会看到大猩猩手拍着胸脯走来走去的样子。实际上，野生的大猩猩也经常用手拍胸脯。这是为什么呢？

有人说大猩猩拍胸脯是在准备发动进攻，因为当它拍胸脯时，一般都会有"敌人"在场。这种说法并不准确。研究发现，大猩猩拍胸脯可能更多的是在示威，向对方表明自己的力量。比如，大猩猩群居生活，每群由一个叫"银背"的成年雄性大猩猩领导。"银背"不仅要带领群里的大猩猩觅食，寻找休息的领地，折弯树枝搭窝睡觉，还要保护群里的雌大猩猩和小猩猩。当出现危险或有其他雄性大猩猩出现时，"银背"就会做出边喊叫边捶胸的动作，想要吓唬和赶走对方，并借此在群中树立威信，但这不意味着它很愤怒，马上要发起进攻。

另外，科学家称，当大猩猩感到不舒服时，它们会把手掌合拢成碗状，响声很大地拍打胸脯。

生气的银背
通常，雄性大猩猩发育成熟后，后腰部分的体毛会变成白色，它被称为"银背"。银背德高望重，通常充当群体的头领。

大猩猩
大猩猩一般白天活动，雌性及幼体常在树上活动、休息，成年雄性多在地面觅食。

你知道吗

■ 空闲时，大猩猩会坐在一起互相梳理皮毛。科学家推测，这是它们交流情感的一种方式。

■ 美国加利福尼亚州一只名叫可可的大猩猩掌握了近一千种手语，是目前世界上唯一能用手语与人类交流的大猩猩。

动物之最 **最聪明的灵长类动物**：猩猩学习能力和解决问题的能力非常出色，生活于亚洲，体形仅次于大猩猩。

Part 3
植物王国漫游

我们生活的地球上,除了各种神奇的动物,还有生机盎然、五彩缤纷的植物。在植物王国这个神秘的国度中,有许多奥秘等待我们去探究,去感受它们的无尽魅力。

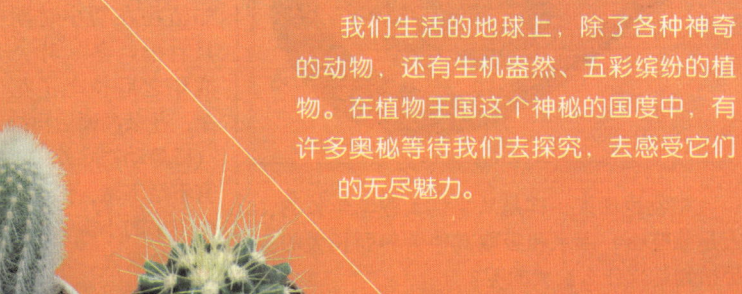

▶ 主题索引　　　　　　　　　　　　　　　▶ 科学关键词
植物"吃"什么长大？植物和动物有何区别？　　光合作用 无机盐 细胞

■ 植物"吃"什么长大？

Weishenme

叶绿体
叶绿体是植物用来进行光合作用的细胞器。主要含有叶绿素、胡萝卜素和叶黄素，其中叶绿素的含量最多，遮蔽了其他色素，所以呈现绿色。

植物也像人一样是从小到大逐渐生长的，人是靠吃饭、喝水和吸取其他营养而长大的，那植物是吃什么长大的呢？

植物是"吃"空气中的二氧化碳、土壤中的水和无机盐长大的。首先，在阳光的照射下，植物会吸进二氧化碳，吐出氧气，这也就是我们常说的"光合作用"。植物的叶片是制造养分的地方。植物的根从土壤中吸收水分和无机盐，通过茎运送到叶子上。在阳光下，叶片里的叶绿素能把根吸收的水分和无机盐分解转化成氧和有机物质。氧被释放到空气中，有机物质通过植物体内的输送管道储藏在根、茎、叶、花和果实里。这样，植物就慢慢长大了。

■ 植物和动物有何区别？

Weishenme

科学家将动物和植物的区别归纳为四大方面：

第一，几乎所有的植物都在同一个地方发芽生长，开花结果，也就是说原地不动地度过一生。当然这中间也有少数例外，如随水漂流的小型水生植物。与植物相反，绝大多数动物为了觅食、避敌或别的原因，经常跑来跑去，处于运动状态。

光合作用示意图
植物利用阳光的能量，将二氧化碳转换成淀粉，以供植物生存之用。光合作用在叶绿体内进行，因此叶绿体可以说是阳光传递生命能量的媒介。

第二，从小到大，植物的各种器官一直在发生不同的增减变化，例如植物在幼小时期只有根、茎、叶，成年之后长出了花朵，花朵凋谢后再结出果实种子。而大多数动物（低等动物除外）不论老幼，五官四肢等各种器官不增不减，仅仅是体积大小发生变化。例如刚生下来的小狮子或小老虎，已经具备了与父母同样多的器官。

第三，从两者的生活习性上说，植物有个十分重要的特点，那就是除了少数寄生和腐生植物外，它们都能进行光合作用，能自己制造"粮食"养活自己。而动物却无法做到这一点，他们只能依靠吃植物和捕食其他动物来养活自己。

第四，植物与动物的区别，还有一条十分严格的标准。在显微镜下观察它们的细胞就会发现，植物的细胞都有一层又厚又硬的细胞壁，而动物的细胞只有细胞膜，没有细胞壁。

•••【百科辞典】•••

光合作用：
　　指植物利用光能，将二氧化碳和水等无机物合成有机物，并放出氧气的过程。

细胞：
　　生物体的基本结构和功能单位，形状多种多样，主要由细胞膜、细胞质和细胞核等构成。

植物也会交谈吗?

植物有自己非常独特的交谈方式。

据美国发表的研究报告显示,悬铃树上如果长虫,叶片便产生石碳酸和丹宁等物质,让叶片变涩,甚至有毒性,使虫子不敢吃叶子。而且森林里如果一棵悬铃树长虫,相邻的悬铃树就都会产生石碳酸和丹宁等物质,这棵受虫害的树,就像鸟、猴等动物在面临危机时发出声音警告同伴一般,也会发出警戒讯号。

研究还表明,各种植物在生长过程中,需要不断进行能量交换,这种交换虽然缓慢、不易察觉,却存在着微弱的热量变化和声响。英国专家为了研究植物的语言,利用一种名叫"植物探测仪"的仪器听到植物的"说话声",他们把这种语言命名为"微热量语"。

悬铃树
古希腊的"西方医学之父"希波克拉底常常在悬铃树的浓阴下讲课授徒,治病救人。因此,悬铃树又被西方人尊为"生命之树"。

含羞草
植物与动物不同,没有神经系统,没有肌肉,所以它一般不会对外界的刺激产生反应。而含羞草与一般植物不同,它在受到外界刺激时,叶柄下垂,小叶片合闭,此动作被人们理解为"害羞",故称之为"含羞草"。

植物也有喜怒哀乐吗?

一位心理学家把一部脑摄像仪传送器固定在百合花的花茎上,让一位妇女在催眠师的指导下,对着百合花时而大笑,时而忧伤,心理学家就能在荧屏上看到百合花随着妇女情绪的变化,显示出节奏不同的波纹。这说明,百合花被人的情感变化"打动"了,"理解"了她的喜怒哀乐。

植物的喜和乐还表现在欣赏音乐上。法国一位园艺家给西红柿"戴"上耳机,每天给它放3小时的爵士乐,结果它长出了2千克重的西红柿王。美国一位叫史密斯的科学家给大豆播放"蓝色狂想曲",20天后,这些秧苗比未听音乐的高出1/4。科学家还发现不同植物欣赏的音乐也不一样:西红柿喜欢浪漫曲,黄瓜爱听箫声,橡胶树则喜欢听风琴。但是,植物都不喜欢噪声,噪声会使花卉的生长速度减慢47%。另外,给植物浇水,它会"欢唱";遇到干旱,它会"呻吟"!

植物为什么有这么复杂的情感呢?有科学家推测,可能是空气的颤动促进了植物的生长能力。也有人认为,主要是植物也有"心脏",这颗"心"在每个单细胞内,因此懂得冷热、惊吓和情感的波动。当然,也有人不承认植物有情感。因此,植物是否有感情还是个谜。

【百科辞典】

丹宁:
一类天然产物,存在于许多植物中,如石榴、咖啡、茶叶、柿子等。丹宁有鞣皮的作用,即将生皮变为皮革,所以也叫鞣质或鞣酸。

植物之最 最小的开花植物:一种水生的无根萍,高0.6毫米,宽0.3毫米,重量仅为0.15克,结出的果实仅重0.00007克。

▶ 主题索引
为什么小小的种子能够长成大树? 为什么说种子是"大力士"?

▶ 科学关键词
根毛 表皮细胞 有机酸液

■ 为什么小小的种子能够长成大树?

Weishenme

发芽的种子
种子发芽时体现出来的百折不挠、积极向上的精神广为人们称道。

我们在泥土里埋入一粒种子,然后它就会生根发芽,植物的生长主要是靠它的根。任何植物的根都有两个基本作用:第一,将植物固定在土壤中;第二,从土壤中吸收水分和养料。

那么根是如何固定植物的呢?我们先来看看植物的根到底有多少、有多深。曾有一位科学家统计过一棵黑麦的根,这棵黑麦的根有1400万条,若把它们连接起来,共长600千米。在南非德兰士瓦的东部地区有一种野生的无花果,树干只有5.6米高,但它的根深入地下竟达130米,相当于35层楼的高度!想想这么多、这么深的根,何愁固定不了整棵植物呢?

那么根又是如何吸收水分和养料的呢?每种植物都有根毛区,它位于根的尖端部分,植物正是靠根毛区吸收水分和养料的。根毛区长有大量纤细的根毛,就说前面提到的那棵黑麦,根毛有150亿条,若连接起来,全长1万千米,是北京到巴黎的距离。这么多根毛,大大增加了根毛区表皮细胞的总吸收面积。

由此,我们可以看出,植物正是有了根才长出粗壮的干、繁盛的叶,最终长成参天大

•••【百科辞典】•••

种子:
　　显花植物所特有的器官,是由完成了受精过程的胚珠发育而成的,通常包括种皮、胚和胚乳三部分。

根毛:
　　密生在根的尖端的细毛,是根吸收水分和养料的主要部分。

树。俗话说"根深叶茂",根越深,吸收的营养就越多,植物长得就越健壮、越茂盛。

■ 为什么说种子是"大力士"?

Weishenme

　　种子在萌发过程中充满着巨大的活力。掉在悬崖峭壁上的种子,能排除各种障碍,从根部不断分泌有机酸液,"啃裂"石头,钻进石隙,长成一棵盘根错节的大树。由此可知,植物的种子确实是个"大力士"。

　　曾经有人利用种子的力量来解决问题。几位生理学家和医生为了研究人的头骨,想方设法要把头骨完整地分开来,但刀和锯子都没办法将之切开,锤子和斧子则只会将它击碎。怎么办呢?后来,他们找到了一个好办法:将一些植物种子装满颅腔,然后灌进水,保持一定的温度。此后种子萌发了,使头骨分裂成好多块,分出来的头骨完全适合研究的需要。

　　另外,曾经发生过一艘远洋货轮在航行途中船身断裂的事故。后来发现,这艘大轮船的舱里装满了大豆,在航行时海水渗进了船舱,大豆经水浸泡后发胀,不断往外挤,把舱挤满,结果船就断裂了。由此可见,种子的神奇力量实在令人惊叹不已。

植物生长示意图
植物从小小的种子变成参天大树,经历了复杂的生长过程。在地面下,植物的根系逐渐发育,它所占有的空间要超过露出地面的部分。

◆ 98 植物之最 最长的植物:一种叫白藤的藤条,它的茎只有4～5厘米粗,长度却达200～300米,有的甚至达到500米。

■ 为什么大树的树干都是圆柱形的？

自然界的树木种类繁多，我们却从来没有看见不是圆柱形树干的树，不光树干，连树枝都是圆柱形的。各种树木的叶子、果实，还有树冠，形状千奇百怪，为什么所有的树干和枝条却都是圆的呢？这对树木到底有哪些好处呢？

红杉伟岸的圆形身躯

红杉又叫"美洲杉"，是世界上最高大的树木。一棵名叫"谢尔曼将军"的红杉，树高83米，树围31米，重2800吨，相当于450头非洲象的重量。

在各种形状中，圆的面积最大，圆柱形的支持力也最大。树木的树冠高大，它的重量全靠一根主干支持，有些丰产的果树结果时，树上还要挂上成百上千斤的果实，如果没有强有力的树干支持，树木哪能吃得消呢？圆柱形结构的树干还可以防止或减少外来的伤害，比如摩擦、碰撞，树干如果是正方形和长方形等除了圆以外的其他形状，必定有棱角和平面，而棱角最容易被动物啃咬，也难免被撞伤。因此，树干都是圆柱形的。

多年生的树木免不了被暴风雨袭击，大风沿着圆形表面吹过去，树木不会受到什么影响，或只受到最小的影响。一切生物都在进化的道路上前进着，它们的躯体特征总是朝着最适应环境的方向发展，圆柱形树干可能也是长期自然选择的结果吧！

■ 树木为什么会长年轮？

我们在野外有时能看到被砍倒的大树树桩，它上面好像画着一圈一圈的图案。其实，这些圆圈不是画上去的，它是树木在生长过程中留下的年轮。年轮，一年一轮，是树木独特的、沉默的"语言"，是树木年龄的标志，只要数一数年轮，就可以知道大树的年龄。在有显著季节性气候的地区，多年生树木每生长一年，就会留下一轮痕迹，形成年轮。那么，年轮是如何产生的呢？

树的年轮

树的年轮如今已成为科学家研究的一个重要对象。通过年轮，人们可以测定许多事物发生的年代，测知过去发生的地震、火山爆发和气候变化等。

生长在温带地区的树木，春季气温升高，营养物质充足，生长得比较快，所以木质较疏松，颜色较浅；秋季气温降低，营养物质减少，生长得比较慢，木质致密，颜色较深。同一年春季和秋季生长的部分，颜色逐渐转变，没有明显的界限，它们共同构成一个环带。两年之间的颜色界限则相当明显，呈现清楚的纹理。这就是产生年轮的基本原理。

•••【百科辞典】•••

年轮：
木本植物的主干由于季节变化生长快慢不同，在木质部的断面显出的环形纹理。年轮的总数大体相当于树的年龄。

树冠：
乔木树干的上部连同所长的枝叶。

树干：
树木的主体部分。

主题索引
为什么植物的根往下长？为什么有些植物的根可以吃？

科学关键词
向地性 生长素 块根

■ 为什么植物的根往下长？

Weishenme

榕树的气生根
榕树以庞大的气生根闻名于世，享有"林是一棵树，树是一座林"的美誉。从枝条上垂下的气生根一律向下，共同构成了庞大而复杂的根系。

几乎所有植物的种子在泥土中萌芽时，根都是向地下生长的。这是为什么呢？

这是因为植物具有向地性的缘故。植物的向地性与地球引力有着密切的联系，重力作用会引起植物体内的生长素分布不均匀。生长素能够在植物体中"移动"，只有达到适宜的浓度时，才有促进细胞生长的作用，超过最适浓度则会抑制细胞生长。不同的植物器官对生长素的浓度有不同的要求，促进根生长的最适浓度为十亿分之一，茎为十万分之一，芽介于两者之间。一般情况下，根的生长素浓度虽然很低，但这种浓度对它来说是最佳浓度，所以它会不断地"使劲"往下钻。

后来，科学家经过研究还发现，根的顶端像戴了一顶"帽子"，叫做根冠。根冠的细胞里积累了大量的钙，正是这些钙，控制着植物的根向地下生长。

■ 为什么有些植物的根可以吃？

Weishenme

自然界中有些植物的根可以供人类食用。这样的植物很多，例如萝卜、胡萝卜、芥菜、芫荽、紫菜头、山药、人参等。

胡萝卜
胡萝卜以富含胡萝卜素而受到人们的喜爱，被食用的部分主要是它的根部。

一般植物的根都细长多须，但有的植物的根发生了变态，变得膨大起来，里面贮藏了丰富的养料，被称为"块根"。这样的根我们都可以食用，就跟平时吃的蔬菜一样；它们经过人工栽培和改良，会生长出很多品种来，比如萝卜就有"心里美"、"大红袍"、"象牙白"、"小萝卜"、"卫青"等。此外，像人参这样的根，更有意想不到的神奇功效。例如，当一个人休克或虚脱时，服用人参汤，就能很快苏醒过来；一个垂死的病人，如果口中含一块野人参，也有可能延长几天寿命。

你知道吗

■ 有些生长在沼泽地带的植物，根向上生长伸出淤泥，暴露在空气中，这种根叫做呼吸根，因为淤泥里氧气很少，呼吸根要吸到较多的氧气，就只能破泥而出了。

■ 有些植物的根特别肥大，如我们常吃的萝卜，这种根叫做肉质根或贮藏根，除了能吸收水分和矿物质，还有贮存营养物质的特别功能，相当于一个营养仓库。

■ 菟丝子是令人讨厌的寄生植物，它的根与众不同，顶端处的一个小突起变成了一种吸器，因此称为"吸根"。这种吸根能伸入寄主的茎叶表皮内，吮吸别人造好的营养物质。

最长的根：南非德兰士瓦的东部地区有一种野生无花果树，根系长达130米，堪称世界上最长的根。

- 主题索引
  叶片上为什么有叶脉？为什么秋天树叶会变色？
- 科学关键词
  叶脉 叶绿素 花青素

植物王国漫游

■ 叶片上为什么有叶脉？

Weishenme

•••【百科辞典】•••

叶脉：
　　叶片上分布的细管状构造，主要由细而长的细胞构成，分布到叶片的各个部分，作用是输送水分、养料等。

叶绿素：
　　植物体中的绿色物质，是一种复杂的有机酸。植物利用叶绿素进行光合作用制造养料。

花青素：
　　植物细胞液里的一种水溶性植物色素。种子植物的花、叶和果实以及一些苔藓、蕨类植物中都有花青素。

　　植物的叶子上有各种形状的纹络，有网状的、扇形的、平行的，这些纹络就叫叶脉。那么叶脉有什么作用呢？

　　植物通过它的根在土壤里吸取水分和养料，然后慢慢地输送到身体各个部分。像动物有血管一样，植物的身体里也长了许多很细的管子，这就是叶脉。从根部末端开始，由茎到叶子，都要通过叶脉来输送养料。叶子通过光合作用制造的各种养料也要通过叶脉输送到植物的全身。这些细小的管子埋藏在茎里面，不会被肉眼看见，但到了叶子上就变成更细小的分枝的管子，很容易被肉眼识别。

　　另外，叶脉还起着支撑叶子的作用，否则叶片就会卷起来或耷拉下来。

■ 为什么秋天树叶会变色？

Weishenme

　　秋天，许多树木都会落叶，在落叶前叶子往往变成黄色，但有少数树种的叶子却变成了猩红色，叫做"红

枫叶
枫叶在春天和夏天都是绿色的，到了秋天，才会变为黄色、橙色或红色。一棵棵枫树，火焰般瑰丽，赤红得奇异，为自然界增添了一道绚丽的风景。

叶"。这是为什么呢？

　　我们知道，树叶中含有很多色素，如叶绿素、叶黄素、胡萝卜素等。叶绿素颜色较深，在夏天常常盖住了其他色素，因此叶子显出油绿的颜色。但当秋天来临温度慢慢降低时，树叶靠近树枝的地方会长出一层膜，使得水分和养分不易通过，叶子就吸收不到营养了。叶绿素会因为遭到破坏而渐渐消失，这时黄色的叶黄素、胡萝卜素就显现出来。秋天叶子变黄就是这个道理。

　　有的植物在强光、低温、干旱的条件下，叶子在凋落前会产生大量的红色花青素，这就是红叶形成的原因。

悬铃树树叶
悬铃树就是平常所说的欧洲梧桐。它的树叶即使制成标本，其叶脉仍清晰可见。

植物之最　最大的树叶：印度洋马斯克林群岛上的酒椰棕榈和南美的亚马孙竹棕榈叶片长达19.8米，还有0.45米长的叶柄。

主题索引
为什么绿色植物能够净化空气？植物的茎有什么用处？

科学关键词
叶绿体 有机物 筛管

■ 为什么绿色植物能够净化空气？

Weishenme

当我们在绿树成荫、芳草鲜美的庭院里散步时，会有一种清新、舒畅的感觉，这正是绿色植物带给我们的美好享受。

绿色植物在自然界中起着十分重要的作用。绿色植物都能进行光合作用，即利用自然界中的阳光、水分及二氧化碳，在叶绿体内经过复杂的反应，转化为有机物（葡萄糖）并储存化学能量，还可继续转化为淀粉、脂肪、蛋白质等物质贮藏在植物中，同时释放出氧气。

光合作用能使自然界获得大量的氧气供动植物呼吸和燃烧之用，同时消耗空气中的二氧化碳，以净化空气。此外，绿色植物还能杀死一些病菌、毒素，吸收一些对人体有害的有毒气体。

■ 植物的茎有什么用处？

Weishenme

树木的树干，小麦的麦秆，花草的茎，这些都是植物的茎。那么植物的茎有什么用处呢？

植物的茎首先起着支撑整株植物的作用，使植物能向上生长，叶片能平坦舒展以吸收到更多的阳光进行光合作用。此外，茎还起着输送水分、养料、贮存养分的作用，有些植物的茎还具有繁殖功能。

树的茎上有一层较松软的树皮，树皮里生长着许多韧皮纤维，使茎具有弹性，不易折断。树皮里还有许多管状细胞形成的细胞行列，叫做筛管。筛管能把树叶制造的有机养分运送到根部，供根生长。树皮的里面就是茎的木质部，里面有许多木纤维，很坚硬。木质部中还有许多导管，它们把根吸收的水和无机物运送到叶子里去，为叶子的光合作用提供原料。

植物的茎是多种多样的，有时会使你误认为是根、叶、果实。

植物叶子的结构示意图
植物叶子由叶肉、叶脉等组成。叶肉里有大量叶绿体，可以进行光合作用；叶脉是吸收水分和输送养料的器官。叶子是植物进行光合作用、制造养分的主要器官。

•••【百科辞典】•••

叶绿体：
植物细胞质中的一种细胞器，内含叶绿素、酶和脱氧核糖核酸，能自行分裂，在遗传上有相对独立性。

有机物：
指含有碳元素的化合物。有机物中除碳元素以外，通常还含有氢、氧、氮、硫、磷、卤素等。

筛管：
筛管分子与导管分子相似，是管状细胞，在植物体中纵向连接，形成长的细胞行列，称为筛管。

你知道吗

■ 我们平时吃的洋葱其实是茎，这种茎叫做鳞茎。它的四周有许多肥厚的肉质鳞片叶，层层紧包，仿佛穿上了几十件衣裳。这些鳞片叶可以贮藏养料，保护鳞茎内部的幼芽，减少水分蒸发。

■ 我们平时吃的荸荠，样子好像紫红色的扁球。它虽然长在水田的淤泥中，但这个"扁球"并不是根，而是另一种变态的茎——球茎。

■ 著名的观赏植物文竹，最美的地方是它绿色的、如纱巾般轻柔的部分。这部分也是变态的茎而不是叶，它真正的叶子已经退化成了不引人注意的白色小鳞片。

寿命最长的叶子：安哥拉有一种植物名字叫"百岁兰"，它的叶子能活上100多年。

主题索引
花朵为什么万紫千红？花儿为什么能散发出迷人的香气？

科学关键词
花青素 酸碱度 胡萝卜素

植物王国漫游

■ 花朵为什么万紫千红？

Weishenme

花园里的花儿万紫千红，绚丽多彩。尽管花儿种类繁多，但花色主要是白、黄、橙、红、茶、绿、蓝、紫、黑等。其中大多数花的颜色是在红、紫、蓝之间变化，有的是在黄、橙、红之间变化。花儿为什么会有不同的颜色呢？

原来花色在红、紫、蓝之间变化的花朵里含有花青素，花

五颜六色的花
花的颜色与所含的色素和酸碱度有很大关系。

青素的颜色很不稳定，它与土壤中的酸碱度有关系，与环境的温度、湿度也有关系。例如摘一朵红牵牛花，把它浸泡到碱性水中，它会变成蓝色，把变成蓝色的花浸泡到酸性水中，它又变成红色。这说明酸碱度的含量和变化会引起花青素的变色。由于花儿生长环境不同，体内的酸碱度也不相同，因此，花色也就丰富多彩了。另一些花的颜色是在黄、橙、红之间变化，那是花朵里的胡萝卜素变化的结果。还有

一些花是白色的，因为白色花朵里没有色素，花瓣里充满小气泡，如把里面的小气泡挤掉，花瓣就变成无色透明的了。

■ 花儿为什么能散发出迷人的香气？

Weishenme

虫媒花
花的香气引来了蜜蜂，蜜蜂采走了花蜜，同时身上也沾上了花粉。蜜蜂将这些花粉带到其他花上，就完成了传粉的任务。

花之所以能散发出迷人的香气，是因为花朵里含有一种制造香味的油香胞，它能分泌出具有各种香气的芳香油。芳香油随水分挥发到空中，人就闻到香气了。

对于植物来说，开花散发香气并不是为了供人们观赏，而是为了吸引各种小昆虫。花的色彩和香气都是植物吸引昆虫的手段。昆虫能为它们传播花粉，这样植物才能形成果实或种子，这样的花叫做虫媒花。有些植物是靠风来传授花粉的，因此它就没有鲜艳的色彩、芬芳的香气和甜美的花蜜了，这类花叫做风媒花。

你知道吗

- 依靠昆虫传粉的花叫做虫媒花，特点是花朵色彩鲜艳或者气味芳香。
- 依靠风力传粉的花叫做风媒花，特点是花朵不鲜艳，没有香味，但花粉又轻又细，数量多，特别适合风力传播。

植物之最 最大的种子：在非洲东部印度洋中的塞舌尔群岛上有一种椰子树，它的种子长达0.5米，重量达到15千克。

▶ 主题索引
花粉是怎样传播的？牵牛花为什么要在早晨开放？

▶ 科学关键词
花粉 花药 花冠

■ 花粉是怎样传播的？

Weishenme

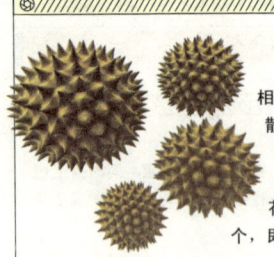

花粉形态示意图
各类植物的花粉各不相同。大多数花粉成熟时分散开成为单粒花粉，但也有两粒以上花粉黏合在一起的，称为复合花粉粒。花粉的传播途径主要有两个，即依靠昆虫或风力传播。

植物的花是它的生殖器官，是培育、繁殖种子的地方。大多数的花都由雌雄花蕊两部分组成，雄蕊可以产生花粉，雌蕊是由柱头、花柱和子房构成的，子房是卵生长的地方。经过卵和花粉结合，才能发育出一粒新的种子。雄蕊顶上藏着无数细小的花粉。一棵植物的花粉落到另一棵植物的雌蕊上，就能形成种子，结出果实。因此传播花粉是为了繁殖后代。

花粉自花药里散出来落在雌蕊的柱头上，这个过程叫传粉。由于柱头上具有绒毛或黏液，花粉可以稳固地停留在上面。

帮助植物来传播花粉的"朋友"有很多：风能把花粉吹到很远的地方，水也能把花粉送到另一棵植物那里。不过，大多数花是靠昆虫来传播花粉的。蜜蜂和蝴蝶是最出色的"传粉使者"，它们得到的"酬谢"就是花里面甜美的花蜜。另外，小型的蜂鸟及蜗牛、蝙蝠等小动物也能传粉，但不常见。

■ 牵牛花为什么要在早晨开放？

Weishenme

牵牛花别名喇叭花、牵牛、朝颜花，是一年生蔓性缠绕草本花卉。清晨，我们常常会看到五颜六色的牵牛花竞相开放。可到了中午，喇叭形的花朵全变蔫了。为什么牵牛花是在早上开放呢？

原来，牵牛花的花冠又大又薄，很容易向外蒸发出大量水分。清晨，空气比较湿润，气温也不高，牵牛花体内的水分十分充足，就绽开出了一朵朵鲜丽的喇叭花。到了中午时分，

牵牛花
牵牛花是一年生蔓性缠绕草本植物，茎细长，密被短刚毛。单叶互生，叶片心形，先端三裂，两侧裂片有时有浅裂。牵牛花朝开午谢，因此被人们称为"朝颜"。

气温升高，空气也变得干燥起来，花冠里的水分逐渐蒸发出去，又不能及时得到根部供给的水分，所以花冠很快就都卷起来了。

可见，每种植物都有自己的生活习性，什么时候发芽长叶，什么时候开花结果，都遵循着自己的规律。而这些规律又都是顺应自然、长期演变的结果。

【百科辞典】

花粉：
花药里的粉粒多是黄色的，也有青色或黑色的。每个粉粒里都有一个生殖细胞。

花药：
长在雄蕊的上部、花丝的顶端，呈囊状，里面有花粉。

花冠：
花的组成部分之一，由若干花瓣组成。

你知道吗

☐ 牵牛花的药用价值较高，具有泻下、利尿、消肿、驱虫等功效，主治肢体水肿、肾炎水肿、肝硬化腹水、便秘、虫积腹痛等症。明代吴宽写诗赞道："本草载药品，草部见牵牛。薰风篱落间，蔓出甚绸缪。"

◆ 104 植物之最 飘得最高最远的花粉：松树的花粉。花粉中生有能够帮助飞行的气囊，可以升高至几千米，同时也能飘得很远

■ 为何有的植物不开花？

Weishenme

玉兰

玉兰属木兰科，落叶小乔木。小枝淡灰色，嫩枝及芽外披黄色短柔毛。叶呈倒卵形，叶端突尖，表面有光泽。花单生枝顶，钟状，白色有清香。

我们知道，绝大多数的植物成熟后都会开出美丽的花朵，花儿落了再结出累累硕果。但有些植物是根本不开花的。这又是为什么呢？

花、果实和种子都与植物体的生殖有关。不开花的孢子植物虽然没有种子，但它可以通过向环境中释放成千上万个活性小颗粒——孢子来繁衍后代。有花植物的繁殖方式比孢子植物高级，它通过自身或外界授粉后，结出果实，果实保护着种子。还有一部分有花植物不是通过种子繁殖后代，而是利用自己的根、茎或叶，把这些部位的一部分转化为新的植物体。

有些植物既不开花也不结籽，它们通过形成类似于花粉的孢子来繁殖，这类植物就是上面提到的孢子植物。很多低等植物属于这一类，如蕨类植物、地衣和苔藓等。所以说，不管植物开花还是不开花，它们的繁殖和生长都不会受到影响。

绵马鳞毛蕨

绵马鳞毛蕨主要分布在欧洲，属于古老的蕨类植物。它不开花也不结果，靠分裂孢子传宗接代。

■ 为什么有的植物先开花后长叶？

Weishenme

自然界里，大多数植物是先长叶后开花的。但也有先开花后长叶的植物，最典型的要数玉兰了。

玉兰之所以先开花后长叶主要是因为它开花和长叶所需要的环境温度不一样。玉兰的花芽和叶芽、枝芽是分开生长的，花芽大，生于枝的顶端，在冬天就可以在树枝上看到。到了春天，气候稍微转暖，由于花芽开放所需要的环境温度比叶芽萌发所需的温度要低，玉兰就先开花了。

植物无论开花还是长叶，都要有与其相适宜的温度。有的植物开花所需的温度较低，初春的温度已经足够了。而对长叶来说，这种温度还太低，没有达到要求，因而叶芽潜伏着不长大。直到温度逐渐升高后，叶芽才会慢慢长大。

【百科辞典】

被子植物：
种子不裸露，外面有果皮包着，这类植物叫做被子植物，例如桃树。

孢子植物：
藻类植物、苔藓植物和蕨类植物的孢子比较显著，通常脱离母体而发育，它们统称为孢子植物。

蕨类植物：
植物的一大类，有真正的根、茎和叶子，茎有维管束，用孢子繁殖，生长在森林和山野的阴湿地带，如蕨、石松等。

植物之最　最早的蕨类植物：光蕨属植物，据在英国和前捷克斯洛伐克发现的化石来看，大约有4亿年历史。

▶ 主题索引
为什么果子熟了比较甜？为什么高山上的植物比较矮小？

▶ 科学关键词
有机酸 新陈代谢 紫外线

■ 为什么果子熟了比较甜？

Weishenme

我们吃的苹果、柑橘、葡萄、柿子等水果，当它们未成熟时尝起来都口感酸涩，但是成熟后却酸甜可口。这是什么原因呢？

原来，酸味是因为在水果中，含有一些酸性物质，统称为有机酸，如柠檬酸、酒石酸、苹果酸等。涩味是因为水果中含有大量鞣酸。当水果还没有成熟的时候，有机酸能够协助调节果实内的酸碱度，使它们保持平衡，有利于植物的呼吸，并且和无机盐一起构成一个缓冲体系，使植物处于相对稳定的环境中，从而有利于植物生命活动和新陈代谢的进行。

当水果成熟的时候，有机酸就会发生变化，有的被慢慢地分解掉了，有的转化成了糖，有的被中和了。这样一来，水果的酸味变淡了，加上水果成熟后糖分不断增加，吃起来就会酸甜可口了。

人的身体经常补充一些有机酸是有好处的，它能帮助我们消化食物。特别是吃了含蛋白质和脂肪比较多的食物后，更需要增加一些有机酸来帮助消化。

■ 为什么高山上的植物比较矮小？

Weishenme

在几千米的高山上，很少能看到几十米高的大树。高山上的各种植物都长得又低又矮，有的甚至紧贴着地面生长。这是什么原因呢？

高山上风特别大，高大的植物容易被风刮断，所以，植物的茎和枝全都缩得短短的，而且一丛丛地聚集在一起。密密的枝和叶，不但能抵抗强风，还能防止身体中的热量和水分散失。同时，它们的茎和叶上常常长着又浓又密的绒毛，起到保持体内温度、减少体内水分消耗、抵抗强烈的紫外线照射的作用。这也是高山上的植物长期适应这种特定的环境的结果。

苹果
苹果的果实是由子房和花托发育而成的假果，其中子房发育成果心，花托发育成果肉，胚发育成种子。果肉及果皮内均含有鞣酸，果皮中含量尤其丰富。

高山草甸
又称为高寒草甸。是在寒冷的环境条件下，发育在高原和高山的一种草地类型。其植被组成主要是冷中生的多年生草本植物。

●●●【百科辞典】●●●

紫外线：
波长比可见光短的电磁波，在光谱上位于紫色光的外侧。可使磷光和荧光物质发光，能透过空气，不易穿过玻璃，有杀菌能力，对眼睛有伤害。

新陈代谢：
生物体经常不断地从外界取得生活必需的物质，并使它们变成生物体本身的物质，同时把体内产生的废物排出体外，这种新物质代替旧物质的过程叫新陈代谢。

◆ 植物之最　**最大的果实**：世界上最大的果实要数木菠萝了，一般重10多千克，直径1米左右，又名菠萝蜜、树菠萝。

- 主题索引
  为什么高山上的花朵更艳丽？为什么会发生赤潮？
- 科学关键词
  赤潮 浮游生物 赤潮生物

植物王国漫游

■ 为什么高山上的花朵更艳丽？

Weishenme

双花堇菜
生于海拔800～4100米的草坡、林下、林缘、灌丛下。花梗细，花瓣呈淡黄色或黄色。

登过高山的人们，一定会发现，那里的植物花朵格外艳丽，这是为什么呢？

这是因为高山的紫外线照射很强，使植物细胞的染色体遭到破坏，阻碍了核苷酸的合成，并且不同程度地破坏了植物细胞的代谢反应。高山植物为了能在恶劣的环境条件下生存，练就了一套特殊的生存本领。为了抵御强烈的紫外线，它的体内产生大量的类胡萝卜素和花青素，因为这两类物质能大量吸收紫外线，使　　　植物细胞正常地生活。

由于高山植物能产生大量的类胡萝卜素和花青素，而类胡萝卜素可以使花朵呈橙色和黄色，花青素则可以使花朵呈红色、蓝色、紫色等。花朵有了这么多的色素，自然就会开放得娇艳夺目。

龙胆
龙胆与杜鹃、报春合称为"世界三大高山花卉"，花朵通常呈暗绿色，稍带紫色。

■ 为什么会发生赤潮？

Weishenme

赤潮又称"红潮"或"有害藻华"，通常是指海洋微藻、细菌和原生动物在海水中过度增殖

赤潮发生时的海岸
赤潮不一定是红色的。赤潮发生的范围往往很大，从数百平方千米到数万平方千米不等。

或聚集致使海水变色的一种现象。赤潮不一定都是红色的，发生赤潮时，海水除了会变成红色，还能变成橘红色、黄色、绿色、褐色。

赤潮是海洋遭受污染后所产生的一种生态异常现象，是海水中有机物和营养盐含量过多而引起的。在一定的环境条件下，海水中某些细小的浮游生物在某段时间内突然加剧繁殖或高度聚集，使某一海域的生态环境遭到破坏。这种引发赤潮的微小浮游生物，称为赤潮生物。

赤潮是一种自然生态现象，大部分赤潮是无害的。然而，近年来赤潮的频繁发生和规模的不断扩大，危及渔业资源和海产养殖业，赤潮毒素也严重威胁着人类的生命安全。随着现代化工农业生产的迅猛发展，沿海地区人口增多，大量工农业废水和生活污水排入海洋，海洋污染严重。其中相当一部分未经处理就直接排入海洋，导致近海、港湾富营养化程度日趋严重。

同时，由于沿海开发程度的增高和海水养殖业的扩大，也带来了海洋生态环境和养殖业自身污染问题；海运业的发展也可能导致外来有害赤潮种类的引入；另外，全球气候变暖也是导致赤潮频繁发生的重要原因。

植物之最　最古老的银杏树：山东莒县城西9000米处有座浮来山，山上古刹定林寺内有一株银杏树，树龄已有4000余年。

主题索引　　　　　　　　　　科学关键词
巨藻到底有多大？马尾藻海为什么被称为"海上草原"？　　低等植物　假根　假叶

■ 巨藻到底有多大？

Weishenme

在航海界，传说有一只轮船在海洋中遇到过一条长约1000米的巨蛇。然而，这只是传说而已，科学家在长期调查中，从来就没有发现有人捉到或者打死过这种大蛇，倒是看到过不少大得离奇的巨藻。因此，人们看到的大蛇可能就是巨藻。

巨藻有的长达三四百米，在水面上拐来拐去，顺着海流的方向浮动，看起来活像一条长蛇在游动，可能人们把那长长的巨藻误以为是巨蛇了。

巨藻
大多数巨藻可以长到几十米，一般长度为100米，据记载最长的达500米，重达200千克。所以一株巨藻就能构成"海底森林"的奇观。

藻类是低等植物，它们构造简单，没有根、茎、叶之分。但是巨藻进化程度很高，已经分化出不同的器官。它的细胞里除了含有绿色的叶绿素、红色的胡萝卜素之外，还有黄色的岩藻黄素，所以它是褐色的，得名"褐藻"。它的基部有假根，叫做固着器，可使植物体固着在岩石或其他物体上，还有一个很长很长的柄，它的作用是支持和运输养分。柄上长着很多带状的假叶，这是用来进行光合作用的营养器官。假叶的基部有一个气囊，使长柄和假叶能够在海水中自由地漂浮。

巨藻有个习性，它喜欢温度低的地方，害怕温度高的地方。所以，在太平洋和大西洋中的寒冷海区都可以看到它的身影。

海中的马尾藻
马尾藻属于褐藻门，马尾藻科，属大型藻类，是唯一能在开阔水域里自主生长的藻类。

■ 马尾藻海为什么被称为"海上草原"？

Weishenme

马尾藻海位于北大西洋环流中心的美国东部海区，约有2000海里长、1000海里宽。海上大量漂浮的植物主要由马尾藻组成，这种植物像"大木筏"一样漂浮在大洋中，直接在海水中提取养分，并通过分裂成片，继续以独立生长的方式蔓延开来。厚厚的一层海藻铺在茫茫大海上，呈现出一派草原风光。

1492年，哥伦布横渡大西洋经过这片海域时，船队发现前方视野中出现了大片生机勃勃的绿色，他们惊喜地以为陆地近在咫尺了。可是当船队驶近时，才发现"绿色"原来是水中茂密生长的马尾藻。不仅靠岸的期待落了空，而且他们几乎被马尾藻困住不能脱身。马尾藻海是大西洋中一个没有岸的海，它围绕着百慕大群岛，与大陆毫无瓜葛，所以它虽名为"海"，其实并不是严格意义上的海，只能说是大西洋中的一个特殊水域。

你知道吗

☐ 人们从巨藻身上提炼的钾、甘露醇和大量的褐藻胶、褐藻脑等物质在纺织工业、橡胶工业、医药工业都能派上用场。用巨藻制的稳定剂还可以用来制作美味的果酱、冰激凌。

☐ 藻类是个大家庭，有三四百米的巨藻，也有在显微镜下才能看到的只有几微米的单细胞藻。

■ 苔藓为什么能监测污染？

Weishenme

苔藓
正常的苔藓多呈绿色，当因工业污染排出的二氧化硫超标时，就会变成黑色。

随着现代工业的发展，工厂向大气中排放的有害物质，特别是有毒气体越来越多。

如果不及时处理，就会造成空气污染。有些植物是天然的环境监测能手，能给人类提供准确的环境信息。

人们在观察中发现，不少植物对于有害气体的反应极为敏感。空气被污染以后，受害的植物叶子轻则出现伤斑，绿色稍微变浅；重则会使叶绿素很快被破坏掉，叶子变黄、枯萎，随之整株植物都会死去。

在植物当中，苔藓和地衣类植物对空气污染反应最敏感。苔藓植物属于高等植物中比较低等的一类，它们分布的地区很广，只要是阴湿的环境，都可以找到它们。大多数苔藓的构造都很简单，叶片一般是单层细胞，没有保护层，有害气体很容易直接侵入细胞里。只要空气中二氧化硫的浓度超过5‰，苔藓的叶子就会变成黄色或黑褐色，几十个小时后，有的苔藓植物就会干枯死亡了。于是，人们就利用苔藓植物的这一特性监测环境污染的情况。

附生在石头上的苔藓
苔藓植物是一种小型的多细胞绿色植物，多生于阴湿的环境中。最大的种类也只有数十厘米高，普通的种类与藻类相似，呈扁平的叶状体。

苔藓没有专门的输导组织来传递水分和营养物质，这就极大地限制了茎的发展。假根又不具备吸水的功能，所以苔藓只能依靠叶片直接吸水。叶片很薄，吸水十分容易，而且苔藓生活在潮湿的环境中，低矮的茎和叶很容易得到水分，所以茎总也长不高。

再者，苔藓植物的生殖过程也离不开水，否则精子就不能游动，不能到达颈卵器与卵细胞完成受精过程。所以茎如果长高了，就要脱离低矮潮湿的环境，就要影响它的生活和生殖发育。这也是苔藓植物总也长不高的原因之一。

■ 苔藓为什么长不高？

Weishenme

从植物进化的顺序来看，苔藓植物已经进入陆地生活，而且茎叶已经分化。茎直立且有分支，没有出现真正的根，只有不能吸收水分和无机盐，仅起固定作用的假根。

【百科辞典】

苔藓植物：
隐花植物的一大类，主要分为苔和藓两个纲，种类很多，大多生长在潮湿的地方，有假根。

卵细胞：
动植物的雌性生殖细胞，与精子结合后产生受精卵。

▶ 主题索引
铁树开花为什么罕见？银杏为什么是"活化石"？

▶ 科学关键词
孑遗植物 活化石

铁树

铁树的生长有很强的地域性。在热带，可以长到20来米，甚至能连年开花；在较为寒冷的地方，不仅长得低矮，而且往往需要几十年甚至几百年才能开花。

■ 铁树开花为什么罕见？

俗话说"千年铁树开花"，也就是说要看到铁树开花很不容易，或者说要生长相当长的年份（树龄）的铁树才能开花。在环境、栽培等方面，都要始终满足铁树的生理习性，若环境适宜，它需要10年左右才会开花，并且同时进入成熟期。但是，铁树非常怕冷，如果气候不如它的意，它不仅长得又矮又小，而且终年也不开一朵花。

植物学家告诉我们，铁树开花有很强的地域性。生长在热带的铁树，10年后就能年年开花结果；生长在亚热带甚至温带的铁树，也有不少是连年开花的，也有隔一两年才开一次花的。但是，我国北方的铁树却极难开花。因为铁树长期以来已适应了热带气候，养成了喜欢湿热、喜爱阳光的习性。

我国北方气候寒冷、雨量又少，所以铁树到北方后生长速度很慢，几十年只长到1米左右，而广东的铁树可长到4～5米高，东南亚的铁树甚至可长到20米高。生长在我国北方的铁树往往需要几十年甚至几百年才能开花，有的终生也不开花。所以，在北方铁树开花是一桩罕见的事情。

■ 银杏为什么是"活化石"？

银杏是新生代第四纪冰川时期的孑遗植物，也是地球上最早的植物之一。

据地质学家和古生物专家考察，地球在25亿年间共出现过6次生物大灭绝。其中300万年前的新生代第四纪冰川时期，银杏濒于灭绝，全世界只有我国浙江天目山

银杏叶

中生代侏罗纪，银杏曾广泛分布于北半球，白垩纪晚期开始衰退。第四纪冰川降临，银杏在欧洲、北美和亚洲绝大部分地区灭绝。

余脉长兴地区的银杏保存了下来，后传遍全国。宋朝时银杏传入日本，再由日本传至欧洲、美洲等。因此，银杏是古老的"活化石植物"之一。

银杏的价值不仅在于它能跨越"有史时期"生存下来，更重要的是它能在这漫长的"地质时期"保持自己的遗传稳定性。据报道，中国科学院化石专家在考察"长兴灰岩"时，将两亿多年前的"银杏化石"拿来同现在的长兴银杏比较，两者竟毫无变异。因此，人们将银杏称为"活化石"。

你知道吗

■ 据说很久以前，人们发现铁树枯黄了，就在它的根旁撒上一些铁屑，结果它慢慢地复苏了，所以人们又叫它"苏铁"。

■ 银杏的寿命很长，雌株一般20年左右开始结果，500年生的大树仍能正常结果。

■ 利用银杏果的有效成分和特殊医药加工生产的保健食品、药物和化妆品，为社会创造了财富，为人类带来了健康和长寿。

- 主题索引
  琥珀是怎样形成的？松柏树的叶子为什么多为针形？
- 科学关键词
  角质 蜡质 琥珀

植物王国漫游

【百科辞典】

角质：
　　某些动植物体表皮的一层组织，质地坚韧，由多种结构复杂的成分构成，有保护内部组织的作用。

蜡质：
　　动物、矿物或植物所产生的油质，具有可塑性，能燃烧，易熔化，不溶于水。

琥珀：
　　古代松柏树脂的化石，淡黄色、褐色或红褐色的固体，质脆，燃烧时有香气。

■ 琥珀是怎样形成的？

Weishenme

　　亿万年前，在茂密的原始森林里，生长着白松、红杉等能分泌松脂的植物。当各种昆虫在森林里觅食时，正好碰上黏稠的黄色松脂从树上掉下来，于是它们就被活活地封入松脂中。千万年之后，由于陆地下沉，海水上升，原始森林被淹没，那些松脂连同被封入其中的昆虫一起被埋葬在海水之中，沉积在泥沙之间。又过了千万年，这些松脂经过复杂的化学变化变成了透明的琥珀。而被封入其中的昆虫因为有松脂的保护，没有被细菌分解腐烂，因而完好地保存了下来。

　　琥珀珍贵美丽，人们喜欢把它当做饰物。此外，它还是博物馆里的珍藏，因为它记载着亿万年前昆虫的进化史。

■ 松柏树的叶子为什么多为针形？

Weishenme

　　松柏树原是寒带和高山生长的树木，由于长期在寒冷的环境中生活，形成了独特的御寒结构。松柏树的叶一般呈针形、线形或鳞片形，叶片面积小，这样水分才不容易蒸发散失。有的叶片具有厚厚的角质或蜡质，有的则生有很厚的绒毛。如取一枚松树的针叶仔细观察一下，就可看到上面密生着白色的绒毛，摸上去感觉很光滑。这些构造都有效地阻止了水分的蒸发。同时，松柏树叶片内水分少，又含松脂，当气温降低时，可以很快地使细胞液浓度增大，增加糖分和脂肪以便防冻。所以，即使是在冬季，松柏树也不会因缺水而干枯，保证了树木的生机永存。

柏树的叶子
叶小，呈鳞形或刺形，在树枝上交叉对生或三四枚轮生。

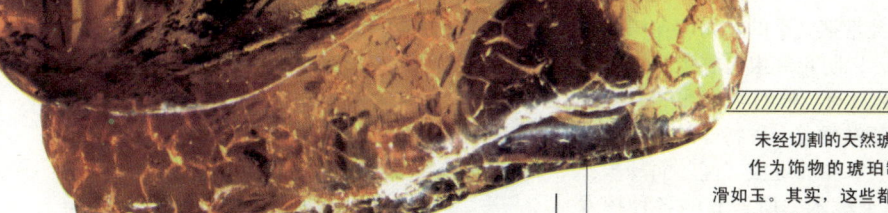

未经切割的天然琥珀
　　作为饰物的琥珀制品造型优雅，光滑如玉。其实，这些都是天然琥珀经过切割、琢磨制作而成的。

植物之最　**储水量最大的树**：纺锤树，多生于南美草原上，树干的存水量可达2吨。　**111**

> 主题索引
> 松柏类植物为什么四季常绿？樟木为什么可以防蛀虫？

> 科学关键词
> 樟木 樟脑 樟脑油

■ 松柏类植物为什么四季常绿？

Weishenme

在寒冷的冬季，杨树、柳树等许多树的叶子都脱落了，只剩下光秃秃的树枝，可是松树、柏树的叶子还是青葱碧绿，挺立在冰天雪地里，显得很神气。这是因为它们的叶子本来就很细小，从叶子上跑不掉多少水分，况且叶子的表面还有一层像蜡一样的东西保护着树叶，抵挡严寒，因而叶子能始终保持绿色。

树木的叶片都有一定的生长期，生长期的长短因植物不同而不同。每片树叶达到一定的年龄就要脱落，松柏树也不例外。松柏的树叶也是要衰落的，只不过它的叶子生长期长，可生长3～5年，脱换时又是互相交替，一般在新叶长出以后老叶才次第枯落。所以全树看来好像不落叶一样，使人有四季常绿的感觉。

刺柏
刺柏属于柏科植物，为中国特有树种，自温带至寒带均有分布。和松科植物一样，柏科植物也具有四季常青的特点。

■ 樟木为什么可以防蛀虫？

Weishenme

樟木是我国江南、台湾等地区随处可见的常绿乔木，尤其以我国台湾省最多。台湾是世界上最著名的樟木产地，樟木产量占世界总产量的70%。

过去，人们经常把换季的衣物放在樟木制成的衣箱里存放，以防止蛀虫对衣物的损害。那么，樟木为什么具有防蛀的功效呢？

樟木的全身都散发着一种特殊的香味，正是这种香味令啃咬衣物的蛀虫"闻"而却步，而这种气味来源于樟木中所含有的各种挥发

樟树
樟树叶子可提取樟脑，樟脑是著名的驱虫剂。

油。香樟木材的轴向薄壁组织和射线组织中含有丰富的油细胞，或称黏液细胞，在显微镜下可明显地看见内含浅黄色的樟脑油。樟木中樟脑油的含量达3%～5%，樟脑油可以通过对樟木的枝、叶、根、木材进行蒸馏而提取出来。樟脑油的提取物包含多种化学成分，其中α-蒎烯和莰烯是合成杀虫剂的重要成分。

经过实验证实，天然樟脑、樟木屑或小樟木块确实对危害家具、地板、纸张的蠹虫有明显的驱避作用。因此在南方春夏季节，许多家庭都会使用樟脑，甚至直接用樟木屑或小樟木块置于衣柜、书橱、室内的阴暗角落中用来驱虫。

你知道吗

■ 樟脑丸有天然樟脑丸和合成樟脑丸之分。天然樟脑丸是光滑的白色或无色晶体，气味清香，能浮于水中；而含有萘的合成樟脑丸大多呈白色，气味刺鼻，且会沉于水中。

植物之最 最小的兰花：澳大利亚和委内瑞拉有一种兰科植物开的花很小，直径不到1毫米，但仍然保持着兰花的独特形

针叶树的球果是什么？

Weishenme

松柏类植物不开花，也不产生孢子，而是靠球果繁殖。它们的叶子多为针形，故称为针叶树或针叶植物。

针叶树，如松树和柏树都是裸子植物，它们是雌雄同株的，它们的球果是种子而不是果实。球果实际上是松柏纲植物的花，是由雌球花在受粉受精后发育成的一种球状或长圆状结构，是用以繁殖后代的。成熟的雄球果会产生数以百万的花粉，随风传播到雌球果裸露的胚珠上。雄球果在播撒完花粉之后干枯凋谢，而雌球果伴随着种子的成长也一点点长大变硬。大多数球果种子和外面的鳞会彼此裂开，种子散落；但也有少数松柏的球果不会开裂，如红松、圆柏等。

我们知道，果实是由子房发育而成的，种子是由胚珠发育而成的。而松和柏没有子房，只有裸露的胚珠，所以它们没有果实而只有裸露的种子。

松塔

松塔是松树结子的蒂，松子隐藏在其中。不过，松子没有子房，只有裸露的胚珠，是裸子植物的代表。

红树林为什么被称为"海岸卫士"？

Weishenme

红树林是分布在热带海滩上的一类常绿木本植物群落。这类群落的主要种类由红树科植物组成，故名红树林。红树林群落是地球上最奇妙、最特殊的生物群落。它们主要生活在以赤道为中心的热带及亚热带淤泥深厚的海滩上，在海陆交界的潮间带形成壮观的海上森

印度东海岸的红树林

红树林是一种稀有的木本胎生植物群落，生长于陆地与海洋交界带的滩涂、浅滩，是陆地向海洋过渡的特殊生态系统，生物资源储量非常丰富。

林。森林在潮起潮落的过程中经受着海水不断的冲刷。

红树林长期在海边生长，不断适应海生环境，给海岸带来了各种好处。红树林组成的热带和亚热带海上森林，是海岸生态系统的主要成员，它们的枯枝落叶和果实是海生动物的食物，绿色的树冠是各种昆虫和海鸟的栖息场所，在红树林的树根间，生长着各种藻类及虾、蟹、鱼等水生动物。树冠上的鸟类昆虫、海水中的海藻鱼虾与红树林一起组成了独特的海岸生态系统。红树林抵抗海浪和潮水，保护着海堤的安全，浓密的红树林以及生活在其上的虫鸟又保护着近海的农田，给农民带来了丰收的希望。因此，人们把红树林称为"海岸卫士"。

【百科辞典】

球果：
穗状花序的一种，球形或圆锥形，由许多覆瓦状的木质鳞片组成，长成之后，很像果实，如松柏的雌花穗。

裸子植物：
种子植物的一大类，胚珠和种子都是裸露的，胚珠外面没有子房，种子外面没有果皮包着，如松、杉等植物。

红树林：
生长在热带海滩上的一类（盐生）常绿木本植物群落，主要由红树科植物组成。

> 主题索引
> 竹子为什么长不粗？为什么竹子有"节"？
>
> 科学关键词
> 单子叶植物 双子叶植物 形成层

■ 竹子为什么长不粗？

Weishenme

许多树木都会越长越粗。譬如加拿大白杨，刚栽下的时候，只有筷子那么细，以后一年一年地生长，茎干就慢慢粗起来，十来年后就变成参天大树了。竹子也能生长许多年，但是当它的茎达到一定粗细时就不会再增大了。这是什么原因？

竹子是单子叶植物，树木大多是双子叶植物。单子叶植物茎的构造和双子叶植物有很大的区别，最主要的区别就是双子叶植物的茎里有形成层而单子叶植物没有。形成层每年都会进行细胞分裂，产生新的韧皮部和木质部，于是树木一年一年粗起来。竹子没有形成层，所以只有在开始长出来的时候能够生长，到一定程度后，就不会再长粗了。竹子能长到多粗呢？江西奉新县的一棵大毛竹，从地面根部到竹梢高22米，眉围粗58厘米，地面围

竹子
竹子为单子叶植物，内中空，有节。最大的特色是长到一定程度，其粗细就不会再有变化了。

粗71厘米，可以说是"毛竹之王"了。

除了竹子以外，小麦、水稻、高粱、玉米等也都是单子叶植物，所以它们的茎长到一定程度后就不会再长粗了。

竹节
竹子是森林资源之一。全世界竹类植物有1200多种，主要分布在热带及亚热带地区，少数分布在温带和寒带地区。

■ 为什么竹子有"节"？

Weishenme

竹子是一种单子叶植物，它的茎里面没有形成层，不会像树那样长得很粗，因而它只能长高。竹子长高的速度是十分明显的，一般竹笋出土后10余天就可以长得和母竹一般高。也就是说，竹子在十几天就能长到10～20米高。

植物之所以能长高增粗，是分生组织的细胞分裂、增大、伸长的结果。分生组织有的在植物的茎尖，有的在根尖，有的在植物侧面的形成层，有的在每一茎节间的基部。竹子每个节间的下部都具有分裂能力极强的居间分生组织，这些细胞可以在适宜的条件下旺盛地分裂，迅速地生长。竹子的每节分生组织同时活动，竹笋就迅速地长高了。所以竹子有节是为了更快地长高。

此外，竹竿分节，对于它那细高的身体来说，能起到很好的固定作用，使它不至于被大风轻易地刮断。

> **•••【百科辞典】•••**
>
> **单子叶植物：**
> 植物种子的胚只有一片子叶，须根系，叶多为平行脉，维管束散生，无形成层，茎长成后不再加粗，如水稻、小麦、甘蔗、蒜等。

- 主题索引
为何竹子开花就会死？为什么椰树树干上有一圈圈横纹？
- 科学关键词
一次开花植物 维管 羽状复叶

植物王国漫游

■ 为何竹子开花就会死？

Weishenme

竹子的寿命很长，有的能活几十年甚至几百年，但是只要一开花，大多数竹子的生命也就要结束了。因为多数竹子一生就开一次花，属于多年生一次开花植物。每株竹子都是由地下茎长出的笋芽发育而成的，当它开花结实以后，营养耗尽，就会逐渐枯死。当竹林大面积开花，竹枝死亡，成熟的果实散落，在气候、土壤合适时即可自然萌发。有的科学家认为，竹子生长到一定的年龄，必然会衰老，为繁衍后代，它们在生命结束之前开花、结果。也有研究发现，竹子开花一般发生在天气长期干旱，竹林土壤板结、杂草丛生的恶劣环境中，是生长条件恶劣引起的。

竹子开花

竹子开花时，竹鞭和竹竿内贮藏的养分会消耗殆尽，多数种类的竹子，如毛竹、梨竹等，开花后地上和地下的部分就会全部枯死。

椰子树

椰子树笔直的树干上有一道道横纹，这是树木在生长时留下的叶痕。

■ 为什么椰树树干上有一圈圈横纹？

Weishenme

椰树跟其他树木不同，它没有树皮与木质部之间那层分裂能力极强的形成层，它的茎干由许许多多纤维化的维管组成。因此，椰树的茎干从根部到顶端几乎一样粗。为什么椰树树干上有许多横纹呢？

椰树没有分枝，它的树干顶端只有一个生长点，一旦这个生长点遭到损害，椰树也就停止生长，甚至会干枯。椰树的叶子都集中长在顶端，成年的椰树，一般茎干顶端长有30片左右的叶子，叶片一般长4～5米，为羽状复叶。

椰树每年能长出12～15片新叶，随着茎干不断长高，老叶也就脱落了，因此，茎干的顶端一般保持30片左右两年中所生长的叶片。每年秋天，当老叶脱落时，椰树的茎干上就留下一道横纹。这样年复一年，所以茎干上就留下了无数的环状叶痕。这种环状叶痕为人们采摘椰子提供了踏脚的地方，人们可以踩着这些横纹轻松地向上攀爬。

你知道吗

■ 竹笋出土后，只用十几天的时间就可以长得跟母竹一样大，它的生长速度非常快，可以生存很长时间。

■ 椰树是利用水来传播种子的，椰子成熟后掉进水里，像皮球一样漂在水面上，一旦被冲到岸边就生根发芽长成椰子树。

之最 最大的有花植物：1892年种在美国的一棵中国紫藤，枝丫长达152米，树重约为230吨，在长达5个星期的花期中，开出了150万朵花。

▶ 主题索引
面包树真的能结"面包"吗？为什么光棍树不长叶子？

▶ 科学关键词
发酵 桑科 植物 乔木

■ 面包树真的能结"面包"吗？

Weishenme

人们常吃的面包都是用面粉等原料发酵后烤制而成的。可是，在南太平洋的一些岛屿上，当地居民吃的面包，却是从一种面包树上采摘下来的"面包果"烤制而成的。面包树为什么会结面包呢？

面包树属桑科植物，它是一种四季常青的高大乔木，一般高度都在10米以上，最高的达60多米，树干直径约为一米。面包树是一种雌雄同株的树木，它的开花期和挂果期特别长，从第一年的10月份一直延续到第二年的七八月份，一年可收获面包果3次。面包树有两种，一种结有核果，一种结无核果。结无核果的为优良品种，每株树结果时间长达几十年。

成熟后的面包果，只要放到火上烤一下就可食用。烤制后的面包果松软可口，香味扑鼻，吃起来跟我们平常吃的面包味道差不多。

面包树的果实

面包树分布在南太平洋群岛及印度、菲律宾一带，为东南亚著名林木之一，在我国台湾、海南岛亦可见。

你知道吗

▫ 面包树不但枝条上能开花、结果，就连粗的老树干甚至根部也能开花结果。

▫ 面包果肉汁丰富，香甜可口，含有大量的维生素A、维生素B，此外还含有少量的蛋白质和脂肪。

■ 为什么光棍树不长叶子？

Weishenme

光棍树
光棍树为大戟科、大戟属，直立灌木或小乔木。枝肉质，圆柱状，绿色，簇生或散生。无叶或仅有数枚散生，线状，矩圆形，蒴果暗褐色，被毛。

光棍树原名绿玉树，因为它的树干常年光溜溜的不长叶子，所以人们叫它"光棍树"。

光棍树的祖先生活在干旱、少雨的非洲沙漠地带。由于这里一年到头气候干燥、少雨，光棍树为了生存下去，必须采取各种各样的方法与恶劣的自然条件作斗争。它将叶子退化掉，只剩下光秃秃的树枝，这样就大大减少了水分的蒸发，从而使自己能够适应恶劣的自然环境。

其实，光棍树也并不是没有叶子，只不过它的叶子非常小而且少，脱落得很快，不容易被人察觉而已。它主要靠绿色枝条上的叶绿体来进行光合作用，制造养分。它的枝条里含有有毒的乳白色汁液，人的皮肤接触后，会感到奇痒无比，并出现红肿现象。

•••【百科辞典】•••

发酵：
复杂的有机化合物在微生物的作用下分解成比较简单的物质的过程，比如酿酒。

桑科植物：
落叶乔木，树皮有浅裂，叶子卵形，花单性，花被黄绿色。

乔木：
木本植物，树干高大，主干和分枝有明显的区别，如松、柏、杨、白桦等。

 116 植物之最　**最矮的树：**矮柳，生长在高山冻土带，高不过5厘米。

主题索引
为什么榕树独木能成林？木棉为什么是"英雄树"？

科学关键词
气根 支柱根 阳性植物

植物王国漫游

■ 为什么榕树独木能成林？

Weishenme

俗语说："独木不成林。"意思是说，单独的一棵树成不了一片森林。

可是，在我国南方生长着这样一种榕树，它寿命长、生长快，侧枝和侧根非常发达。榕树的主干和树枝上不断生长出许多气根，向下垂着。它们接触到地面后，又扎入土中生根，并且不断增粗，成为支柱根。支柱根只会长粗，不长枝也不长叶，具有吸收水分和养料的功能，同时还支撑着榕树不断向外生长的树枝，使树冠不断扩大。枝叶年复一年地扩展，使单独的一棵榕树长成了一片茂密的"树林"，形成了独木成林的奇异景观。

■ 木棉为什么是"英雄树"？

Weishenme

木棉是一种生长在亚热带地区的落叶大乔木，高达30多米，树干直径可达1米以上，是一种喜光的阳性植物。它喜欢干热的环境，当它和其他树种生长在一起时，为了获得更多的阳光，使自己枝叶繁盛，它总是要超出群树，而不被其他树遮掩。木棉一般散生在林边路旁或溪边低谷地带上。

木棉在我国岭南具有悠久的历史，过去有人把它喻为南方的代表，广州在历史上曾被称为"木棉市"。木棉树枝干挺拔，姿态巍峨，有一股英雄之气。木棉树开花时尤其显得瑰丽雄奇，每年三四月，还未长叶，它的枝条上就布满了花，花朵嫣红绚丽，花瓣赤红，花蕊金黄，一树数百朵。火红的茶杯一样的花瓣，金黄的花蕊，犹如燃烧的火炬一般。它豪迈的气概令人肃然起敬，因此被人们称作"英雄树"。

> **木棉花**
> 木棉树树形高大，雄壮魁梧，枝干舒展，花红如血，硕大如杯，盛开时叶片几乎落尽，远观好似一团团在枝头尽情燃烧、欢快跳跃的火苗。

你知道吗

☐ 从古至今，西双版纳的傣族人对木棉情有独钟。在汉文古籍中曾多次提到傣族织锦，其取材于木棉的果絮，称为"桐锦"，闻名中原；用木棉的花序或纤维作枕头、床褥的填充料，十分柔软舒适；在餐桌上，用木棉花瓣烹制而成的菜肴也时有出现；在傣族情歌中，少女们常把自己心爱的小伙子比为"高大的木棉树"。

我国最大的榕树： 生长于广东省新会县环城乡，树冠覆盖面积达6000多平方米，有1000多条支柱根，犹如一片茂密的树林。

▶ 主题索引
为什么胡杨能在盐碱地中存活？为什么茶树大都生长在南方？

▶ 科学关键词
盐碱地 龟裂 酸性土壤

■ 为什么胡杨能在盐碱地中存活？

   Weishenme

盐碱地对植物的危害很大，只有极少数的植物能够在盐碱地中生存，而且大多是比较矮小的植物，但胡杨却是个例外。它是生活在盐碱地的高大植物，树高达15～30米，被称为盐碱地的"巨人"。

胡杨是落叶乔木，叶形多变异，根系发达且密如蛛网。它的根总是朝着水多、肥多、空气流通的方向伸展，扎到几十米深的地层中去吸取地下水，而且体内还可以贮存大量的水分。当水源贫乏时，它就少长枝叶，以减少蒸发，水分增多时，又枝繁叶茂起来，恢复生长活力。因此它能忍受荒漠中干旱的气候条件。

胡杨具有非凡的耐盐碱能力。它的细胞有不受碱水伤害的特殊机能，细胞液的浓度很高，能够从含盐碱的地下水中吸取水分和养料。

胡杨还具有某种平衡能力，当体内盐分过高时，它可以通过树干的龟裂将盐分排出，以适应高盐环境。此外，胡杨能使盐碱地得到改良，同时又有防风固沙的作用，因此被称为"盐碱地的宝树"。

戈壁上的胡杨树
胡杨树从根部萌生幼苗，能忍受干旱，对盐碱有极强的忍耐力。它的根可以扎到地下10米深处吸收水分，其细胞还有特殊机能，不受碱水的伤害。

■ 为什么茶树大都生长在南方？

Weishenme

中国南方的茶园
茶树属山茶科，常绿灌木或小乔木。嫩叶背生白色茸毛，称为"白毫"，老熟自落。白毫是评价茶叶优劣的标准之一。色泽翠绿、白毫似雪的茶叶是茶中上品。

我国很多有名的茶叶，如"龙井"、"铁观音"、"碧螺春"等都生长在南方。似乎没听说过北方有什么茶树，这是为什么呢？

原来，茶树是一种喜欢温暖湿润气候及微酸性土壤的植物。而我国长江以南的山区或半山区气候温暖，空气潮湿，土壤大多是微酸性的。另外，茶树的生长需要土壤中含有较多的"铝"元素，在南方的酸性土壤里，铝的含量比较高，正好可以满足茶树的生长需要。

所以，南方无论是气候条件还是土质条件都非常有利于茶叶生长，因而茶叶能在南方成片种植。

•••【百科辞典】•••

盐碱地：
土壤中含有较多盐分的土地，这种地不利于植物生长。

酸性土壤：
指含有一定数量的酸性物质（如硫酸、硝酸、盐酸等）的土壤。土壤中酸性物质过多，会损害植物、污染水源。

◆ 118 植物之最 **我国最古老的茶树：** 在云南千家寨的原始森林中，生长着两株野生"茶树王"，均有2000年以上的历史。

主题索引
红茶和绿茶有什么区别？香蕉的种子在哪里？

科学关键词
发酵 叶绿素 鞣酸

植物王国漫游

■ 红茶和绿茶有什么区别？

Weishenme

红茶
红茶因茶汤呈红色而得名，与绿茶恰恰相反，红茶是一种全发酵茶。

红茶与绿茶一样，都是用绿色的鲜嫩茶叶做成的，只不过加工方法有所不同。

红茶是经过发酵做成的。人们把鲜茶叶揉捻，使细胞破裂，挤出汁液，然后发酵。发酵时，茶叶的叶绿素被破坏了——绿色消失，而它所含的鞣酸在氧化酶的作用下变成了红色的氧化物。这样就变成了"红茶"。

而绿茶没有经过发酵。人们把铁锅烧到将近220摄氏度，使锅底变成暗红色，然后把新鲜茶叶倒进去，快速翻炒。这样，茶叶中水分蒸发了，而叶绿素却没有被破坏，所以成了"绿茶"。

■ 香蕉的种子在哪里？

Weishenme

有人说香蕉的种子已经退化得很小，就在香蕉的中间部分；也有人说种子长在香蕉的外面；还有人说香蕉没有种子。那么，香蕉的种子在什么地方呢？

吃香蕉的时候你会发现在果肉的中间有黑褐色的小点，这就是香蕉的种子。一般的种子都是硬的，为什么我们把香蕉的种子吃进嘴里却没有什么感觉呢？原来，这些种子已经退化了。

香蕉
人们在吃香蕉时，感觉好像没有子。其实，这是因为香蕉子是软的，在嘴里感觉不到罢了。

据说过去香蕉没有被人工栽培的时候，它的种子也是硬的，而且比现在的大。人们对香蕉进行人工栽培后，对它的品种进行了改良，于是香蕉变得更适合人们的口味，吃起来也更方便了，只是种子已经不再具有种子的功能了。所以香蕉树的繁殖一般是无性繁殖，也就是培育果树时经常用到的扦插、压条、断根等方法。其实，很多作物都经过了人类的改良，比如水稻、小麦、苹果、桃子等。它们由原来不好吃且产量低的野生植物，变成了现在的高产优良品种。这都是人们在长期的生产生活中对它们进行培育、改良的结果。

你知道吗

■ 乌龙茶是我国几大茶类中独具特色的茶叶品种。它综合了绿茶和红茶的制法，既有红茶的浓鲜，又有绿茶的清香，颇受人们的喜爱。

■ 人们在炒青绿茶的过程中发现，如果杀青揉捻后干燥不足，叶色就会变黄，于是人们研制出了新品类——黄茶。

■ 黑茶是我国生产历史十分悠久的特有茶类。在加工过程中，鲜叶经渥堆发酵变黑，故称"黑茶"。黑茶既可直接冲泡饮用，也可以压制成紧压茶（如各种砖茶）。

最早出现的绿色植物：蓝藻是地球上最早出现的绿色植物。人们在南非古沉积岩中发现了34亿年前就出现在地球上的蓝藻。

> 主题索引
> 仙人掌为什么长满尖刺？为什么水生植物的根茎不会腐烂？

> 科学关键词
> 微生物 硫化氢 病原菌

■ 仙人掌为什么长满尖刺？

Weishenme

仙人掌浑身长满尖刺是为了适应它所生活的沙漠环境，是在干旱的气候条件下逐渐演变而成的。对于一般植物来说，所吸收水分的99%都是通过叶片蒸发掉的。仙人掌的叶子退化了，变成了针状和刺状，这就减少了水分的蒸发。

仙人掌
仙人掌种类繁多，形态各异。其共同特征是都没有叶子，通身布满尖刺。其实，这些尖刺就是它们的叶子。为了适应干旱少雨的气候，减少水分的蒸发，叶子都变成了刺状物。

仙人掌的刺有的变成了白色的茸毛，披在自己的身上。白色可以反射强烈的太阳光，这样就可以减少太阳直射，降低自身的温度。

它那刺一样的叶子还可以贮存水分。它的茎已变成肉质的，含有胶体物。它把根深深地扎到沙地深处去吸收水分，吸收来的水分存在茎里面很难跑掉，所以它粗厚的茎就像一个小水库。你可能没有机会去沙漠里看那些巨大的仙人掌，但是你可以观察我们生活中的各种仙人掌科植物，像仙人球、仙人山等，它们有趣的外形都是为了满足生存的需要。

■ 为什么水生植物的根茎不会腐烂？

Weishenme

我们知道，一般植物浇水过多或排水不良都会造成根茎腐烂。可水生植物总泡在水里，它的根茎为什么不会腐烂呢？

根茎腐烂的原因不在于水的多少，而在于是否能得到足够的氧气。如果氧气稀少的话，土里或者是水中的微生物就会变得非常活跃，能制造出对

水葫芦
学名凤眼莲，水生直立或漂浮草本植物。叶直立，呈卵形或圆形，光滑，叶柄长而粗，中部以下膨大如球，基部有鞘状苞片，花茎单生，中部亦具鞘状苞片，穗状花序，花呈蓝紫色。

植物有害的硫化氢等有机化合物，而且植物的根茎上也会滋生病原菌。这样植物的根茎就烂了。

水生植物适应了水中生活，它们在长期的进化中具备了一种奇特的结构，这样才不会被水淹死。比如，莲的叶子上有气孔，空气中的二氧化碳可以经过叶片上的气孔进入叶柄，再向下扩散到莲藕，这样就保证了呼吸与代谢的需要，根茎也就不会腐烂了。

●●●【百科辞典】●●●

微生物：
形体微小、构造简单的生物的统称。微生物广泛分布在自然界中，如细菌、真菌、病毒等。

病原菌：
能引起疾病的细菌、霉菌、病原虫、病毒等的统称。

植物之最 最大的仙人掌：墨西哥沙漠中的"沙瓜洛仙人掌"，高21米，重10吨左右。

为什么荷叶不沾水珠？

Weishenme

荷叶上的水珠
荷为莲科多年生水生草本植物。荷叶不沾水。水珠落到荷叶上滚来滚去，宛如珍珠一般。

雨后，当你走过荷花塘时就会发现，一颗颗亮晶晶的雨珠在荷叶上滚动，但就是不会沾湿荷叶。这是什么缘故呢？

原来，在荷叶的表面有一层由叶子表皮细胞产生的角质层，这层角质层像蜡一样，具油性，不透水，但能透过阳光。它不仅可以防止叶内水分蒸发过多，还能保护叶子本身不受外来伤害。在荷叶表面不仅有角质层，而且在角质层外面，还有一层蜡粉涂满叶面，因而叶面看上去是粉绿色的。荷叶有了这层蜡粉，更增强了对叶子的保护作用，提高了防止水分过多散失的能力。由于荷叶上有角质层和蜡粉这两层物质，所以当水珠落在叶面时就会在上面滚来滚去，却不会沾湿叶子。

【百科辞典】

叶柄：
叶子的组成部分之一，连接叶片和茎，长条形。有的叶子没有叶柄，叶片直接和茎连接。

为什么藕中有许多孔？

Weishenme

莲藕是一种大家都爱吃的蔬菜，据说多吃可以使人多长"心眼"变得更加聪明，当然，这只是人们的美好愿望。取一节莲藕，我们会看到切开的断面上有许多孔，这些孔是做什么的呢？

莲藕
莲藕含有淀粉、蛋白质、天门冬素、维生素C以及氧化酶等成分，营养价值很高。

其实，植物的大小、形状、结构等都是在长期进化中因生存需要而不断演化形成的。多孔的藕是莲的地下茎，莲用它来贮藏养分，但是很多人误把它当做莲的根。植物的生长需要阳光、水和空气，而藕生长在池塘底的淤泥中，泥里的空气很少。为了能正常生长，"出淤泥而不染"的莲就想了一个办法：通过水面上的叶和叶柄上的气孔为地下的藕补充空气。莲的叶柄是空心的，空气从叶柄中间通过，进入藕里，藕的节和节之间长有很多根，于是空气就通过藕的孔传给根，从而保证了莲藕生长所需要的空气。在莲的生长期内，如果莲叶被折断或者藕上的孔被堵住的话，过不了几天，莲就枯萎了。这进一步说明，藕孔是空气的通道。

莲
莲又称荷花、荷、水芙蓉、芙蕖、水芝等，常年生长在水中。莲的果实俗称莲蓬，其地下茎的肥大部分则为藕。

植物之最 吸水能力最强的植物：泥炭藓。它能吸收相当于自身体重 10～25 倍的水分，吸水能力是脱脂棉的两倍多。**121**

主题索引
"藕断"为什么"丝连"？为什么王莲的叶子那么结实？

科学关键词
螺旋纹导管 维管束 睡莲科

■ "藕断"为什么"丝连"？

Weishenme

当我们折断藕时，可以观察到无数条长长的白色藕丝在断藕之间连着。为什么会有这种"藕断丝连"的现象呢？

其实，藕丝不仅存在于藕内，在荷梗、莲蓬中都有，不过藕内的藕丝更纤细罢了。如果你采来一根荷梗，尽可能把它折成一段一段的，提起来就像一长串连接着的小绿"灯笼"，连接这些小绿"灯笼"的，便是这种细丝。这种细丝看上去是一根，如放在显微镜下观察，会发现其实是由3～8根更细的丝组成，就如一条棉纱是由无数棉纤维组成一样。

原来，这都是运输植物生长需要的水分和养料的组织。植物运输水分的组织，主要是一些空心的长筒形细胞组成的导管。导管内壁在某些部位特别增厚，形成种种纹理，有的呈环状，有的呈梯形，有的呈网形。而藕的导管壁增厚部分却连续成螺旋状，被称为"螺旋纹导管"。藕和荷梗的维管束中螺旋纹导管很多，当藕或荷梗折断时，导管内壁增厚的螺旋部分脱离，就成为螺旋状的细丝。细丝很像拉长后的弹簧，挂在折断的藕或荷梗的两端，所以就有了"藕断丝连"的说法。

王莲的叶脉
王莲巨叶的背面有许多粗大的叶脉构成的骨架，骨架间有镰刀形的横隔相连。叶子里还有许多气室，使叶子能平衡地浮在水面上。

■ 为什么王莲的叶子那么结实？

Weishenme

王莲是世界闻名的观赏植物之一，属睡莲科，原产南美洲的亚马孙河流域，它与我国的藕莲是同一类植物。藕莲叶片伸出水面，叶面只有脸盆那么大，而王莲不愧为莲中之王，它那漂浮在水面上的圆圆的叶子直径可达1～2米，最大的可达4米，叶子的边缘向上卷曲十多厘米，好像一个巨大的木盆。有人测试过，王莲的叶子一般能载重六七十千克，非常结实。王莲的叶子哪来的这股力量呢？

秘密就在王莲叶子的背面。把王莲的叶子翻过来，可以看到排列成肋条状的叶脉又粗又壮，很像大桥的梁架。这种特殊的结构使王莲叶子变得很结实。

王莲
王莲原生长在南美洲亚马孙河流域，是世界上最大的圆叶植物。叶缘向上卷曲，浮于水面，每叶片可承重数十千克。

你知道吗

■ 王莲练就了一身抵抗炎热气候的本领，它的叶细胞中含有一种叫叶青素的色素，可以把光线的辐射能转变为热能，把叶背加热，使叶子上下两面的温度协调一致。

■ 王莲花在盛开的时候能散发高温，据测定，花内的温度要比外界温度高10摄氏度以上。

◆ **植物之最** 最不怕火的树：我国南海一带，生长着一种叫海松的树，具有极耐高温的特性，不怕火烧。

■ 为什么蒲公英的种子打着"小伞"？

蒲公英的种子
有些种子会长出形状如翅膀或羽毛的附属物，乘风飞行。蒲公英的瘦果成熟时冠毛展开，像一顶降落伞，随风飘扬，把种子散播到远方。

蒲公英开花时，茎秆顶端长出一簇簇白色的绒毛，这是它的果实，里面有种子。那白色的绒毛叫冠毛，冠毛下面就是一粒种子。种子成熟后，就好像一个能飞的小降落伞。蒲公英要借助风力的作用来把它的种子散播出去，冠毛飞到哪里，种子也就跟着飞到哪里，并且在那儿发芽、生根、开花。等到第二年的春天，田野里、高山上就会出现许许多多的小蒲公英了。可见，它打着"小伞"是为了更好地散播种子。

■ 常春藤为什么能爬墙？

我们经常看到常春藤的藤蔓在高墙上攀爬，它的枝上生着一排排像刷子似的根，名为"不定根"，因为生长在空气中，所以也叫"气生根"。常春藤就是用不定根攀爬的。不定根有着背光的特性，因此，它能转向墙面、树皮或石壁，同时它又能分泌黏液，当黏液干后枝干就能牢固地贴附在所接触到的表面上。常春藤的老枝固定后，顶端的幼嫩部分便延伸出去。在幼嫩的枝条变老固定自己时，新的幼嫩的顶端又延伸出去。就这样，它能不断地攀缘而上。

■ 植物有血型吗？

人和动物都有血型，植物也有血型吗？一位日本科学家在研究了500多种植物后，发现其中60种为O型血型，24种为B型血型，另一些植物为AB型血型。

据研究，植物体内确实存在着一类带糖基的蛋白质或

罗汉松
罗汉松是竹柏科竹柏属植物，又名罗汉杉，树皮深灰色，呈鳞片状开裂，枝叶稠密，血型为B型。

糖链，或称"凝集素"。有的植物的糖基恰好同人体内的血型糖基相似。如果以人体抗血清进行鉴定，植物体内的糖基也会跟人体抗血清发生反应，从而显示出与人相似的血型。比如，辛夷和山茶是O型，珊瑚树是B型，单叶枫是B型，但是A型的植物至今没有找到。

植物界为什么会存在血型物质？为什么又找不到A型的植物？这些问题至今仍是不解之谜。

你知道吗

- 植物虽然没有血液和红细胞，却有类似人体血型的物质——血型糖。
- 不同的血型糖决定了植物不同的血型。植物半数以上是O型血，其他的则为B型血、AB型血。

主题索引
为什么大蒜可以起到防治疾病的作用？为什么水仙不需要土壤也可以活？

科学关键词
抗生素 胆固醇 鳞茎

■ 为什么大蒜可以起到防治疾病的作用？

Weishenme

大蒜除了长成蒜薹用做蔬菜和以蒜头做"作料"外，还是很好的药物。有的医书里，把大蒜和抗生素的效应相提并论，在许多缺医少药的偏远山村，也都用大蒜防病治病。大蒜怎么会有防腐、杀菌的本领呢？

原来，大蒜中含有一种植物抑菌剂，叫大蒜素，大蒜素的杀菌力几乎是青霉素的100倍。让人拉肚子、感冒的各种细菌，不管如何猖狂、肆虐、逞强，只要遇到大蒜汁，就再也施展不出它们的本领了。

大蒜
中医认为大蒜辛辣、性温，有解滞气、暖脾胃、消症积、解毒杀虫等功效。

大蒜还能降低胆固醇，改善冠状动脉的循环状况，所以常吃大蒜的人能减少得冠心病的可能性。同时，大蒜能提高人体里巨噬细胞的消化能力，这种巨噬细胞能吞吃细菌乃至癌细胞，所以对人的健康，特别是在抑制癌细胞方面，起着积极的作用。

■ 为什么水仙不需要土壤也可以活？

Weishenme

水仙叶姿秀美，花香浓郁，亭亭玉立于水中，故有"凌波仙子"的雅号。自然界里绝大多数植物都依靠土壤生长，由根从土壤里吸收水和养料，供植株需要。但水仙这种美丽的花在清水中也能生长、开花。这是为什么呢？

水仙栽在水里，靠那个像洋葱头一样的鳞茎提供营养。鳞茎是在土壤里培育出来的，通常在水仙花的鳞茎周围分出一些小鳞茎，把它们剥下来，在9～10月份栽种下去，就能长出新苗。

水仙
水仙鳞茎肥大，积聚着丰富营养，供生长开花使用。

大约经过2～3年，当新苗的鳞茎长大以后，把它挖出来就可以栽在水里了。由于培育的时间长，鳞茎里积聚的营养十分丰富，足够水仙在水里生长使用，所以水仙不需要土壤也可以存活。当阳光和温度适宜时，它就会开花。

●●●【百科辞典】●●●

抗生素：
某些微生物或动植物所产生的能抑制另一些微生物生长繁殖的化学物质。种类很多，常用的有青霉素、链霉素、金霉素等，多用来治疗人或家畜的传染病。

胆固醇：
醇的一种，白色结晶，质地软。人的胆汁、神经组织、血液中含胆固醇较多。它是合成胆酸和类固醇激素的重要原料。

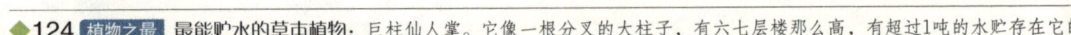

- 主题索引
  - 向日葵的花盘为什么向着太阳？为什么黑色的花特别少？
- 科学关键词
  - 基因 胡萝卜素 纤维

植物王国漫游

■ 向日葵的花盘为什么向着太阳？

Weishenme

向日葵又叫葵花，它的大花盘从早到晚总是向着太阳转动，这是什么原因呢？

原来，向日葵大花盘下面的茎中有一种奇妙的物质，它能刺激细胞生长，向着阳光的一面生长得慢，背着阳光的一面生长得快，这样，背光一面的茎秆长得比较长，结果茎秆就弯曲了。大花盘就朝着太阳，太阳东升西落，大花盘也跟着移动。这是植物向旋光性的一种表现。

另外，一些科学家对葵花向阳作了新的解释：在葵花的大花盘四周有一圈金黄色的舌状小花，中间是管状小花。管状小花中含有很多纤维，阳光照射后温度升高了，底部的纤维会发生收缩。这一收缩，就使花盘主动地转换方向接受阳光了。

向日葵
向日葵又名"朝阳花"，因其花常朝着太阳而得名。它对光线要求较高，对温度适应范围大。

■ 为什么黑色的花特别少？

Weishenme

许多植物都会开花，花的颜色五彩缤纷。植物花色的形成大多是受基因控制的，因此是可以遗传的。植物体内存在着花青素和类胡萝卜素。花青素是一种有机色素，极容易受环境的影响而发生变化，使植物花的颜色在红、紫、蓝之间变化，而类胡萝卜素本身就有60余种颜色，使花呈现黄、橙、红等许多不同的颜色。

世界上花的颜色虽然很多，但黑色的花却十分稀少。我们都知道，太阳光由红、橙、黄、绿、青、蓝、紫7种颜色组成。花的组织，尤其是花瓣，一般都比较柔嫩，容易受到高温伤害。黑色可以吸收全部的光波，这样黑色的花在太阳光下升温特别快，花的组织容易受到灼伤，不利于花的自我保护。因此，黑色的花能自然保存下来的品种寥寥无几。

另外，要人为地创造黑色品种的花也十分困难，即使通过杂交，获得黑色花的概率也极其微小。所以在万紫千红的花朵中，黑牡丹等黑色花种因为稀少而变得十分珍贵。

黑色郁金香
物以稀为贵，由于黑花很少，黑色郁金香、黑牡丹和墨菊就成了珍品。

●●●【百科辞典】●●●

胡萝卜素：
有机化合物，存在于多种植物中，在体内可转变为维生素A。有色蔬菜如菠菜、豌豆苗、胡萝卜、红心甜薯等，水果如杏、柿子等，是胡萝卜素的良好来源。

纤维：
天然的或人工合成的细丝状物质。棉花、麻类植物的韧皮部分，动物的毛和矿物中的石棉，都含有天然纤维。

植物之最　**最大的花**：大王花，目前发现其最大直径达1.12米。它可以通过发出腐肉般的恶臭气味来吸引并捕食苍蝇。

> 主题索引
> 含羞草为什么"害羞"？为什么无籽西瓜没有籽？

> 科学关键词
> 叶柄 叶枕 维管束

■ 含羞草为什么"害羞"？

Weishenme

含羞草
含羞草株形散落，羽叶纤细秀丽，其叶片一碰即闭合。花多而清秀，楚楚动人，给人以文弱清秀的印象。

夏天，含羞草旺盛地生长着。它的叶片很敏感，用手一碰，马上就闭合了，叶柄也垂下来，像一个害羞的小姑娘。

含羞草的小叶柄和复叶叶柄基部，都有一个鼓起的结构，叫叶枕。叶枕中心有一个维管束，周围全是薄壁细胞，细胞间空隙很大。薄壁细胞含有很多水分，胀得鼓鼓的，叶子因此总是平展着。当小叶受到触碰时，震动传给叶枕，叶枕上半部薄壁细胞就把水分挤到周围的空隙中，上半部薄壁细胞的压力降低，下半部的不变，因而小叶会成对向上合拢。如果碰触强烈，刺激传到复叶叶柄基部的叶枕，叶枕下半部细胞压力降低，上半部的不变，整片复叶就耷拉下来。含羞草这种"害羞"的本能，是保护自己的好办法。

■ 为什么无籽西瓜没有籽？

Weishenme

自古以来，西瓜都是有籽的。在炎热的夏季，

无籽西瓜
无籽西瓜是用种子种出来的，但这个种子不是无籽西瓜里的种子，因为无籽西瓜的种子本身是没有繁殖能力的。

当人们大嚼特嚼味甜多汁的西瓜消暑解渴时，却不得不频繁地吐出瓜子，比较麻烦。因此，人们渴望吃到无籽的西瓜。20世纪40年代，日本科学家终于培育出了无籽的西瓜。那么，无籽西瓜为什么没有西瓜子呢？

生产无籽西瓜，首先要用一种叫秋水仙素的化学药剂处理普通西瓜的幼苗。我们知道，普通西瓜为二倍体植物，也就是体内有两组染色体，而经过秋水仙素处理的幼苗会长成四倍体西瓜。这种西瓜能正常开花结果，种子也能正常萌发。然后将四倍体西瓜与二倍体西瓜进行杂交，这样在四倍体西瓜的植株上就能结出三倍体的植株，在开花时，用二倍体西瓜的花粉授粉，以刺激花朵的子房发育成果实，而胚珠无法发育为成熟的种子。其实无籽西瓜并不是完全没有种子，瓜瓤里还有未发育的嫩黄的小瓜子，吃起来就像无籽一样。

你知道吗

☐ 含羞草的老家在美洲热带地区，那里常常有狂风暴雨，柔弱的含羞草叶子在刮风下雨时关闭起来，就不容易受到暴风雨的伤害。

☐ 含羞草能合拢叶片还有另一个好处，当有些昆虫飞过来想啃咬它的叶片时，叶片突然关闭，毫无准备的昆虫一下子就被吓跑了。

植物之最 **最大的西瓜**：1975年美国卡罗来纳北部的埃德·威克斯菜园里结了一个重达89千克的大西瓜，这是迄今发现的最大的

■ 佛手瓜为什么被称为"胎生植物"？

佛手瓜
佛手瓜形如两掌合十，有佛教祝福之意，因此也称为"福寿"。

佛手瓜的果实和种子都很特别，每个瓜只有一颗种子。种子成熟时充满整个子房腔，疏松多汁的种皮与果肉紧贴在一起，以保持种子的湿润和萌发时水分、养料的供应。佛手瓜的种子是没有休眠期的，悬挂在藤蔓上的成熟佛手瓜种子很快就萌发长出幼苗。因此，佛手瓜留种和繁殖时，不是将瓜中的种子取出来，而是用种瓜来进行种植。如果把种子从果肉中取出来种植，因为得不到果肉的保护和水分、养料的供应，种子不是干死就是很快烂掉。由于佛手瓜有种子不离开母体就发芽生长的特征，所以人们称它为"胎生植物"。

发芽的土豆
土豆如果发芽，在芽的周围会产生一种叫做"龙葵碱"的剧毒物质。

■ 为什么发芽的土豆不可以吃？

我们知道，土豆长时间地储藏就会变绿变青，以至于长出嫩芽来。这通常是因为土豆在生长时培土不够高，有一部分裸露在地面上，或是在保存时，土豆受到阳光的照射的缘故。然而，土豆的生芽不同于其他植物，土豆生芽后，在芽的周围会产生一种叫做"龙葵碱"的剧毒物质，人们如果食用了发芽的土豆，很容易发生肠胃不适、呕吐，出现中毒现象。所以我们在清洗食用土豆时，一定要将土豆变绿和发芽的部分挖掉。

那么，怎样才能防止土豆发芽呢？要做到不让土豆长时间受阳光照射，就必须将其转移到黑暗处储藏。其次，土豆收获后，一般都有两三个月的休眠期。在休眠期内，土豆是不会发芽的。

•••【百科辞典】•••

佛手瓜：
一种常绿小乔木，叶子长圆形，花白色，果实鲜黄色，下端有裂纹，形状像半握着的手，有芳香。

胎生植物：
像人和某些动物一样，这种植物的幼体在母体内发育到一定阶段以后就脱离母体而独自生长。

龙葵碱：
一种致命毒素，对胃肠黏膜有较强的刺激作用，对中枢神经有麻痹作用，会引起呕吐、头晕、流涎等症状，但是龙葵碱并非立即致死，而会慢慢累积在体内。常存在于发芽或变青的土豆内。

植物之最　发芽最快的种子：梭梭树种子。它只需要一点水或两三个小时的潮湿环境，便会迅速发芽、生根、生长。

- 主题索引
  花生为什么地上开花地下结果？无花果真的没有花吗？
- 科学关键词
  果荚 假果 花托

■ 花生为什么地上开花地下结果？

Weishenme

花生

花生地上开花，地下结果。果壳坚硬，成熟后不开裂，室间无横隔而有缢缩。每个荚果有2～6粒种子，以2粒者居多。

花生是我国最主要的油料作物之一，又称"落花生"、"及地果"、"长生果"，顾名思义就是花落而生实的。的确，花生有地上开花地下结果的习性。那么它为什么在土壤里结果呢？

原来，花生的花有两种：一种叫不孕花，它生长在枝顶部；另一种叫可孕花，在分枝下端。花经传粉受精后，花瓣凋谢，子房钻入土中发育成为果荚。

科学家们在研究花生的遗传性时发现，花生的果实发育需要有水分、黑暗、压力和机械刺激等各种条件，其中以水分和黑暗环境为主。试验证明，只要有适当的黑暗环境和适量的水分，花生在空中也能结出果实。

无花果的果实

许多人认为无花果是没有花朵的。其实不然，无花果不仅有花朵，而且数量很多，只是很小，且隐藏在果实里罢了。

■ 无花果真的没有花吗？

Weishenme

无花果是桑科的落叶乔木或灌木，又称"隐花果"，原产于欧洲地中海沿岸和中亚地区。人们对于无花果树并不陌生，它是一种姿态优美的树，叶片很大，形状像手掌。许多人都吃过它的果实。然而，无花果到底有没有花呢？

有人说，无花果就是"无花之果"。其实不然，无花果是有花的。这种植物的花多得不计其数，只不过它们很小，而且躲藏起来，不容易看到。那么，无花果的花在哪里呢？无花果的果实像个大肉球，如果把它掰开，再用放大镜观察，就可以看到里面有无数小凸起，它们就是躲藏起来的花朵。无花果的花分雌花和雄花两种，它们分居两地，外面又有大肉球包着，传授花粉就显得困难重重了。幸好有一种叫小山蜂的昆虫充当了"媒人"。小山蜂的身体很小，它最喜欢吃无花果分泌的蜜汁。当这种小昆虫从大肉球顶端的小孔中钻进钻出时，就不知不觉地传授了花粉。

人们因为不容易看到无花果的花，就认为它是没有花的。显然，这是一种误解。其实，我们平时吃的无花果的果实也不是真正的果实，而是由花托膨大形成的假果。真正的果实和花一样，也很小，且隐藏在肉球似的假果里。

•••【百科辞典】•••

假果：

食用部分不是子房壁发育而成的，而是花托或花萼发育而成的果实，叫做假果。如梨、苹果、无花果、桑葚等。

花托：

花的组成部分之一，是花梗顶端长花的部分。有些植物的果实是由花托发育而成的，如苹果和梨。

为什么昙花的花期很短?

平时,要看到昙花很不容易,"昙花一现"说的就是昙花开的时间很短,一会儿就过去了。再有,昙花大都在夜里开,这时人们都在睡觉,要看昙花就更难了。

红色的昙花
昙花别名"琼花"、"月下美人",属仙人掌科、昙花属。花非常美丽,但花期很短,故有"昙花一现"的说法。

昙花的老家不在中国,而在非洲的南部和墨西哥。那里的气候干燥炎热,白天和夜间温差很大,昙花长期在这种环境里生活,渐渐地形成一些特殊的生活习性。昙花的花朵又大又白,四周衬有浅红或淡紫的颜色,而且还特别娇嫩,禁不住白天热辣辣的太阳灼晒。所以为了生存,它只好选择在夜晚凉爽的时候悄悄地绽放。

昙花常在夜晚8点~12点之间开放,这时气温适宜,"昙花一现"之后又很快凋谢,以避免低温或高温的伤害。

不过,如今人们已经可以想办法促使昙花在白天开花了。花卉园艺学家采用以下"偷天换日"、"颠倒昼夜"的科学办法予以实现:在昙花的花蕾长到10厘米时,每天上午7点钟把整株昙花搬进暗室,造成无光亮的环境。到傍晚8点~9点钟,用100~200瓦的电灯进行人工照射。这样处理7~10天后,昙花就能在白天(即上午7~9点)开放了,并能从上午一直开放到下午5点钟才完全闭合。

为什么猪笼草能吃虫?

猪笼草是一种生长在热带雨林中的多年生藤蔓植物,与其他通过光合作用获得营养的植物不同的是,猪笼草可以捕捉并"吃掉"空中飞过的昆虫,是最有代表性的食虫植物之一。在它的叶片顶端生长着一个非常有趣的小瓶子,也像个小

猪笼草
美丽的花朵,温柔的陷阱。小虫子一进入,盖子马上盖上,小虫子便只能做猪笼草的"点心"了。

口袋,瓶子里能散发出诱人的香味,吸引昆虫过来探个究竟。瓶子上边有个小盖子,盖子下面布满了蜜腺,能分泌出香甜诱人的蜜汁,可是瓶口却有点倾斜,瓶子内壁上的蜡质,极为光滑,内壁的下部,有许多凸出的消化腺,能分泌出许多消化极强的消化液。昆虫一旦到了这个小瓶子口,就会从光滑的瓶壁上滑下去,并被里面的黏液粘住,再也无法逃脱。那具有极强消化能力的消化液不一会儿就麻痹了小虫子,然后慢慢"吃"掉它们。

猪笼草生活在潮湿、缺乏养分的贫瘠环境中,它通过消化各种昆虫来补充自身所缺乏的氮、磷等营养物质。

植物之最 **最大的兰花:** 热带美洲一种兰科植物所开的花,直径达0.92米,花瓣长达0.46米。

▶ 主题索引
为什么箭毒木能"见血封喉"？为什么大王花奇臭无比？

▶ 科学关键词
麻痹 金代蝇 大王花

■ 为什么箭毒木能"见血封喉"？
Weishenme

箭毒木
箭毒木为桑科常绿大乔木，又名加独树、加布、剪刀树等，树干基部粗大，具有板根，树皮灰色，春季开花。

你听说过有毒的树吗？在我国云南南部、广西南部以及海南省，有一种箭毒木，也叫"见血封喉"树，光听这名字就有点儿吓人。

这种常绿的大树长得很高，树干粗大，树皮是灰颜色的。如果把树枝折断、树皮剥开，会流出一种白色的乳汁，这种乳汁的毒性极大，不小心弄到眼睛里，会使两眼失明，人和家畜误吃了一点，就会因心脏麻痹而中毒死亡。古时候人们打仗，常常在箭头涂上这种有毒的树汁，敌人中了箭，就会被毒死。

■ 为什么大王花奇臭无比？
Weishenme

在东南亚的热带雨林里，生长着世界上

大王花
大王花又叫莱佛士亚花，是世界上最大的花。它长得并不难看，但恶臭扑鼻，使人"敬而远之"。

最奇怪的植物之一。这种植物没有茎也没有叶，却能开出世界上最大的花，这就是著名的大王花。

大王花的直径可以达到0.6~0.9米。按常理，这种花一定是香飘万里，然而让人十分奇怪的是，它却是奇臭无比。每当大王花盛开之时，臭味总会引来无数苍蝇，而喜欢猎奇的人们，也只能远远地掩鼻欣赏。那么，大王花为什么要开臭花呢？

原来，这是为了传宗接代。大王花开花时，它的壶状圆盘的内侧会释放出一股特殊的臭味。有一种叫做金代蝇的昆虫，受到这股臭味的吸引会发疯一般地赶来，在花前花后飞舞寻觅，企图找出好吃的食物。等到它们最终发现什么也没有时，授粉的工作已经悄然完成。大王花就是利用这种特殊的手段，来完成自己传宗接代的大事的。

你知道吗

■ 箭毒木是一种剧毒植物和药用植物。民间有句谚语："七上八下九不活。"意思是说，被沾上箭毒木毒液的毒箭射中的野兽，在逃窜时若是走上坡路，最多只能走七步，走下坡路最多只能跑八步，走平路时最多只能跑九步就要毙命。它的毒液具有强心、加速心律、增加心血输出量的作用，在医药学上具有很大的研究价值和开发价值。

植物之最　最臭的花：死马海芋。它散发出腐尸般的气味来招引丽蝇，当丽蝇飞到花朵里来产卵时，花粉便沾到它身上，被它带走进行传

Part 4
探索微生物世界

微生物同样具有生命,它可以由小长大,可以"生儿育女"、繁殖后代,也可以"吃"进食物,排出废物。它的个子特别小,小到我们根本无法用肉眼看到,只能借助显微镜去研究它。

■ 微生物到底有多小？

微生物一词并非分类学上的名词，而是对一切微小生物的总称，它们形体微小、结构简单，不为人眼所见，人们必须借助显微镜才能观察到它们。微生物虽然个体微小，但仍具有结构和生理功能，并能在适宜的环境中快速地生长和繁殖。

微生物的世界主要是由一群肉眼看不见的单细胞生物所构成的，其种类之繁多、数目之庞大，超乎我们的想象。目前，微生物大致分为细菌、真菌（包含酵母菌和霉菌）、藻类和俗称为"寄生虫"的原虫和蠕虫等几类。病毒是一种只能在活的生物细胞中自我复制的简单有机体，严格说来它并不能算一种生物，但也被归属于微生物，其在医学上的重要性并不亚于其他种类的微生物。

后来，科学家们发现甚至有比病毒更简单的生物，如只含有核酸的类病毒，它可以在活细胞内自我复制；而只含有蛋白质的病原性蛋白质颗粒，竟然也能在人体内自我复制，使人患上可怕的慢性神经退化性疾病，真是不可思议。

发霉的葡萄
葡萄发霉了，这是霉菌在搞鬼。霉菌是微生物家族的一员，体形很小，个体用肉眼根本看不清楚。只有群体集中在一起，才可以看出其颜色。

■ 细菌都藏在什么地方？

细菌是与人类关系极为密切的一种微生物。它们具有原核型细胞结构，大多为单细胞，直径小于10微米，除少部分自养外，其余大多以腐生或寄生方式生存。细菌分布广泛，无论空气、水、土壤还是人身上都有细菌存在，其中土壤是细菌的主要分布场所，每克干土中大约含有108～1010个细菌。

在我们周围，到处都有细菌存在。凡在温暖、潮湿和富含有机物质的地方，都有大量的细菌在活动。如用手去抚摸长有细菌的物体表面，就会有黏滑的感觉。在固体食物表面如果长出水珠状、鼻涕状、糨糊状、颜色多样的细菌菌落或菌苔时，用小棒去试挑一下，常会拉出丝状物，这就是细菌。长有大量细菌的液体，会呈现混浊、沉淀或漂浮一片片小"白花"，并伴有大量气泡冒出。在它们大量集居处，常会散发出特殊的臭味或酸败味。

显微镜下观察到的细菌
细菌的形状千姿百态，属于非常低级的生物。其最主要的繁殖方式是二分裂这种无性繁殖方式：一个细菌细胞壁横向分裂，形成两个子代细胞。

【百科辞典】

细菌：
微生物的一大类，体积微小，必须用显微镜才能看见。有球形、杆形、螺旋形、弧形、线形等多种，其生殖方式一般是分裂繁殖。

原核型细胞：
仅有原始核，无核膜和核仁，缺乏细胞器。原核细胞构成的生物称为原核生物。原核生物包括细菌、衣原体、立克次氏体、支原体、螺旋体和放线菌。

微生物之最 最早的微生物化石：1977年10月，美国两位教授在南非发现了距今34亿年的一种球状单细胞微生物化石。

什么是球菌、杆菌、螺旋杆菌？

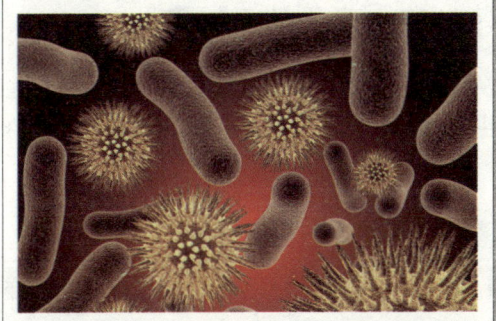

显微镜下观察到的细菌
细菌的形态不尽相同，主要有球状、杆状、螺旋状三种。

细菌不仅分布广泛，而且种类繁多，长相也各有不同。细菌的细胞形态包括球状、杆状、螺旋状三种，所属的细菌分别为球菌、杆菌和螺旋菌。球状或椭圆形的称为球菌；杆状或圆柱形的称为杆菌；螺旋菌细胞呈弯曲杆状，细胞壁坚韧，菌体较硬，这类细菌可分为弧菌、螺旋菌两种。

在球菌中，有的形单影只，称为单球菌，例如尿素小球菌；有的成双成对，称为双球菌，例如肺炎双球菌；有的四个菌体连在一起，称为四联球菌；有的八个菌体像"叠罗汉"一样地叠在一起，称为八叠球菌，例如藤黄八叠球菌；有的菌体像一串串珠子链儿一样连在一起，称为链球菌，例如乳酸链球菌；还有的菌体不规则地聚集在一起，看起来像一串串的葡萄，称为葡萄球菌，例如金黄色葡萄球菌。

杆菌又分为长杆菌（例如结核杆菌）、短杆菌（例如谷氨酸生产菌）和中型杆菌（例如大肠杆菌）三类。有的杆状菌体能连在一起，这样的杆菌称为链杆菌（例如炭疽杆菌）；还有的杆菌体能长出侧枝，称为分枝杆菌（例如结核杆菌）。

细胞形状略呈弯曲或弓形的称为弧菌，呈螺旋状的称为螺旋菌，也叫做螺旋体。

细菌是怎样繁殖的？

细菌一般以简单的二分裂方式进行无性繁殖，个体由1分裂为2，再分裂为4，再分裂为8，依此类推。个别细菌如结核杆菌偶用分枝繁殖的方式。球菌可从不同平面分裂，分裂后形成不同的排列方式；杆菌则沿横轴进行分裂。

细菌繁殖速度之快是惊人的。细菌分裂倍增的必需时间，称为"代时"。细菌的代时决定于细菌的种类和环境的影响，细菌代时一般为20～30分钟，如大肠杆菌的代时为20分钟。依此计算，在最佳条件下，8小时后，1个细胞可繁殖到200万以上，10小时后可超过10亿，24小时后，细菌繁殖的数量可以庞大到难以计数的程度。

因此，细菌虽然极其微小，但一夜之间便可繁殖出数10亿个相同的个体，这些个体形成的细菌落直径可达数厘米，可以为肉眼所见。但实际上，由于细菌繁殖过程中营养物质的消耗、毒性产物的积聚及环境酸碱度的改变，因此细菌绝不可能始终保持原速度无限增殖，经过一定时间后，细菌增殖的速度就会逐渐减慢，死亡细菌逐渐增多，活菌率逐渐降低。

你知道吗

▪ 细菌必须有充足的营养物质才能生长繁殖，这些营养物质为细菌的新陈代谢及生长繁殖提供必需的养料和足够的能量。

▪ 细菌必须在适宜的温度下才能生长繁殖，一般它的温度极限为7～90摄氏度。

▪ 细菌繁殖要有合适的酸碱度；因为在它的新陈代谢过程中，酶的活性在一定的pH（酸碱度）范围内才能发挥出来。

▪ 细菌繁殖还要有必要的气体环境，如氧和二氧化碳等。

微生物之最　最大的细菌：硫黄杆菌，长16～45微米，在适宜的条件下可以形成几毫米长的丝状体。

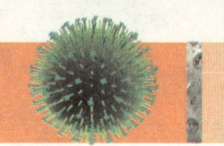

为什么说人类的生活离不开细菌?

Weishenme

酸奶

酸奶是由纯牛奶发酵而成的,除保留了鲜牛奶的全部营养成分外,还含有双歧杆菌、嗜酸乳杆菌、干酪乳杆菌等有益于人体健康的益生菌。

提起细菌,人们首先想到的恐怕是那些导致疾病、残害生命的病原细菌,因此难免"谈菌色变"。实际上,病原菌只是细菌的一部分,而在细菌家族的大千世界里,大多数细菌构成了人类生活的一部分,能够给人类带来很多的益处,它们和动物、植物共同组成生物大军,使大自然变得生机勃勃。

细菌是人类生活的伴侣,大多数细菌对人类生活都有益。某些细菌甚至对人体的健康起着至关重要的作用。例如,人类消化系统中的细菌能将有害细菌消灭。大肠中有许多细菌,这些细菌中含有的酶能使食物残渣和植物纤维分解,其中有益物质由肠壁吸收,有害物质则以大便形式排出体外。大肠内细菌还能利用肠内较简单的物质合成复合维生素B和维生素K,它们由肠壁吸收后对人体具有营养作用,并具有凝血功能。正常皮肤表面寄生的细菌可将皮脂分解成游离脂肪酸,对皮肤表面的致病菌有抑制作用。细菌对其他生物或自然环境也有重要作用。

有些豆类植物能利用它们根瘤中的细菌从空气中吸收氨并将其转化成硝酸盐。有些细菌还能将自然界的废弃物分解,是大自然的清洁工。

为什么细菌可以发电?

Weishenme

一种最新型的发电装置已经试制成功,出乎意料的是它的电流竟然是由细菌产生的。把细菌放在含有大量有机物并掺入葡萄糖的混合物中,细菌就会在其中分泌氢。随即,氢被氧化就产生了电流。

细菌在氧化有机物时具有传递电子的本领,能把化学能转变为电能,通过电极就可以对外供电,利用这种原理用细菌制成的电池叫做"细菌电池"。

20世纪80年代中后期,细菌电池已发展到酶电池的高新阶段。研究人员从细菌和真菌中提取酶,用来催化燃料电池内的反应。酶电池初露头角,便在科学研究、临床试验、通信显示、航标等各个方面得到了广泛应用。目前这种供电的通行装置已应用于太空中,用酶电池推动的船舶也已在海上自由航行。

最近,美国科学家在死海的大盐湖里找到一种嗜盐杆菌,它们含有一种紫色素,在把大约10%的阳光转化成化学物质时,可产生电荷。科学家们已利用它们制造出了一种小型实验性太阳能细菌电池。

面包

面包是来自西方的面食。它和中国的特产——馒头一样,在烤或蒸之前其面团里都要加入酵母菌进行发酵。制成之后的面包或馒头松软可口,里面有许多气泡留下的小孔,这些都是酵母菌的贡献。

- 主题索引
  为什么噬菌体能杀菌？为什么病毒性疾病很难治愈？
- 科学关键词
  噬菌体 核糖核酸 脱氧核糖核酸

探索微生物世界

■ 为什么噬菌体能杀菌？

Weishenme

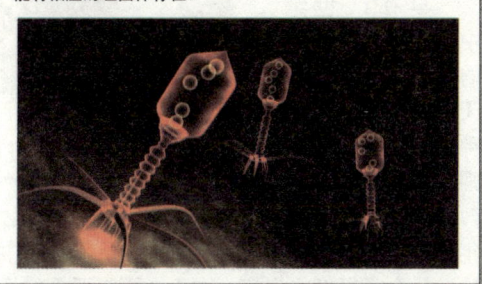

噬菌体侵入细菌身体
噬菌体是感染细菌、真菌、放线菌或螺旋体等微生物的细菌病毒的总称，分布极广，凡是有细菌的场所，就可能有相应的噬菌体存在。

噬菌体，又称"嗜菌体"、"细菌病毒"，在希腊文中意思是"细菌食客"，这是一种豆状的病毒。噬菌体有6条腿，能附着在比它更大的细菌表面。大多数噬菌体有尾巴，其顶端能够将自己捆绑在目标细菌表层特定的分子上。然后病毒DNA就会通过尾巴注入宿主细胞，在那里直接制造噬菌体后代，有时候半个小时就能生产100多个。被感染的细菌内部制造出了太多的噬菌体复制品，从而引起爆裂。所以，单细胞细菌染上噬菌体就意味着死亡。

噬菌体体积微小，呈蝌蚪状，能侵入细菌体内，并在其中大量生产繁殖，引起细胞分裂，从而在固体培养基上形成不同大小和形状的噬菌斑。噬菌体分布极广，凡是有细菌的场所，就可能有相应的噬菌体存在。

■ 为什么病毒性疾病很难治愈？

Weishenme

病毒是一种非细胞形态的微生物，它体积小，只能用电子显微镜才能观察到。它无细胞器，由基因组核酸和蛋白质外壳组成。基因组仅含一种类型的核酸，要么是核糖核酸（RNA），要么是脱氧核糖核酸（DNA）。

细菌是单细胞生物，在人体内合适的条件下，如在各种黏膜上就可能自我繁殖使人致病。只要改变细菌的繁殖条件就可能杀死细菌把病治好。

而病毒则是非细胞微生物，它缺乏完整的酶系统，不能独立进行代谢活动，因而不能像细菌一样进行自我繁殖。病毒感染后，先进入人体血液内形成病毒血症，随后只能严格地寄生在人体靶细胞内，利用细胞的生物合成机器进行自身的复制并释放子代病毒。换而言之，病毒只有进入到人体细胞内才能生存和复制，此时只要能识别病毒并能区分哪些是被感染细胞哪些是健康细胞，把病毒和被感染细胞杀死就能把病治好。可惜的是，到目前为止，现有的合成药物和治疗方法还不具备这种识别和区分功能，而又不可能把人体所有的细胞都杀死。因此，药物很难治愈病毒性疾病。

具备这种特异性识别功能的只有人体自身的免疫细胞和免疫球蛋白。如果感染者此时的免疫力低下，特异性抗体不足以清除病毒，病毒性疾病就会变得很难治愈。

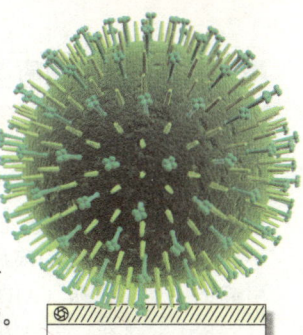

电子显微镜下的流感病毒
流感病毒会造成急性上呼吸道感染，并借由空气迅速传播。

•••【百科辞典】•••

核糖核酸：
存在于生物细胞以及部分病毒、类病毒中的遗传信息载体。

脱氧核糖核酸：
即DNA，染色体的主要化学成分，同时也是组成基因的材料，有时被称为"遗传微粒"。在繁殖过程中，母代会复制自己的一部分DNA并传递到子代中，从而完成性状的传递。

物之最　最深处的细菌：在东太平洋加拉帕戈斯群岛东部深达10000米的海底温泉中有一种硫细菌，每毫升海水中含100万～100亿个这种细菌。

主题索引	科学关键词
为什么有些动物病毒也能感染人类？为什么接种牛痘可以预防天花？	脊椎动物 无脊椎动物 抗体

■ 为什么有些动物病毒也能感染人类？

Weishenme

动物病毒指的是寄生于脊椎动物和无脊椎动物细胞内的病毒，能引起人和动物的多种疾病。许多人类的疾病是由脊椎动物病毒引起的，如艾滋病（AIDS）、非典型性肺炎（SARS）、天花、黄热病、流行性感冒、肝炎和麻疹等。研究人员认为导致艾滋病的HIV来源于野生灵长类动物，与SARS有关的冠状病毒也是由果子狸传给人类的。

动物病毒大多通过血液、呼吸道、口腔等的接触而传染给人体。比如狂犬病是由于狗受到感染，然后通过咬伤人类而传播开来的。狂犬病的目标是神经系统，但由于它不进入血液，所以免疫系统不会受到伤害。不过，一旦这种病毒到达大脑，就无药可救了。现有资料表明，人类的传染病约有80%是由病毒所致。可见，病毒是对人类危害最大、个头最小的"杀手"。

果子狸
2003年，突如其来的非典型性肺炎让整个世界为之恐慌，造成了巨大的人员伤亡和财产损失。最后研究得出的结果是果子狸携带的病毒通过人类的口传给了人类。

■ 为什么接种牛痘可以预防天花？

Weishenme

天花是由天花病毒引起的烈性传染病。患天花的人即使侥幸不死，也免不了脸上布满麻点，样子很难看。在人类历史上，多次发生过天花大规模流行的悲剧。16世纪~18世纪，欧洲每年死于天花病的人数约为50万，亚洲达80万。

早在12世纪，中国人就发明了在人的鼻孔里种痘以预防天花的方法，不过这种方法并不安全，轻则留疤，重则死亡。

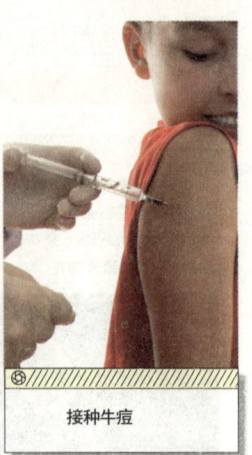

接种牛痘

1796年，英国医生爱德华·琴纳（1749—1827年）发现，奶牛场女工接触过患天花的奶牛后，只会得轻度的牛痘，而不会再得严重的天花。他由此发明了接种牛痘预防天花的方法。1979年10月26日，世界卫生组织正式宣布，天花已经从地球上绝迹了。

为什么接种牛痘可以预防天花呢？这是因为人类和许多动物在遇到病毒侵袭后，体内会产生一种专门抵御此种病毒的抗体。只要接种极少量经过处理后毒性变小的病毒，人类就可以预防该病毒所引起的疾病。

···【百科辞典】···

脊椎动物：
有脊椎骨的动物，是脊索动物的一个亚门。包括鱼类、两栖动物、爬行动物、鸟类和哺乳动物五大类。

狂犬病：
又名"恐水症"，是一种侵害中枢神经系统的急性病毒性传染病，所有温血动物包括人类都可能被感染。一般认为是被口边吐出白色泡沫的疯狗咬到而感染，其实猫、白鼬、浣熊、臭鼬、狐狸或蝙蝠也可能患此病并传染。患狂犬病的人类患者多数会发病身亡。

微生物之最　**最大的病毒：**天花病毒。这种病毒的直径为300纳米。

主题索引
艾滋病病毒为什么能致人死亡？变形虫为什么被称为"永生的动物"？

科学关键词
艾滋病 淋巴细胞 免疫

探索微生物世界

■ 艾滋病病毒为什么能致人死亡？

艾滋病病毒破坏人体细胞
艾滋病病毒，即人类免疫缺陷病毒（HIV），可以破坏人体免疫系统，使人体由于失去抵抗能力，感染其他病毒而死亡。

艾滋病是其英文名称AIDS的音译，它的全名是"获得性免疫缺陷综合征"，英文缩写为AIDS。艾滋病是感染人类免疫缺陷病毒（HIV）引起的以T4淋巴细胞免疫功能缺陷为主的一种混合免疫缺陷病。HIV把人体免疫系统中最重要的T4淋巴细胞作为攻击目标，通过大量吞噬、破坏T4淋巴细胞使整个人体免疫系统遭到破坏，最终使人体丧失对各种疾病的抵抗能力而导致死亡。

现代免疫学理论认为，人体一旦免疫机能受到严重损害，不但会失去对病毒和细菌的防御能力，而且那些本来并不致病的病原微生物也可能在人体内大量繁殖，从而致人发病。艾滋病患者随着免疫力的降低，会越来越频繁地感染上各种致病微生物，而且感染的程度也会变得越来越严重。艾滋病患者最终会因各种复合感染而死亡。

■ 变形虫为什么被称为"永生的动物"？

世界上各种生物都有自己的形状和独特的模样，可是变形虫却与众不同，它的身体只有孤零零的一个细胞，细胞由薄膜、细胞质和细胞核组成，没有心、肝、脾、肺、肾。但动物的一切生理机能，如运动、消化、呼吸、排泄等，都可以由这唯一的细胞来完成。

变形虫
变形虫是一种极小的原生动物，身体直径通常只有0.1毫米，最大的也只有0.4毫米，肉眼看去，不过是一个模糊的小白点。

变形虫通常在污水、池塘或湿土中生活，当它捕食、运动和抗敌时，细胞质便伸出去，形成"伪足"。这个"伪足"可以从身体的任何一个部位延伸出去，而且各条伪足不停地伸缩着，因此它的形态也就经常变换，没有固定形态。

自古以来，各种动物死了之后都会留下自己的尸体，然而变形虫却死不留尸。原来，变形虫长大之后就开始繁殖，由一个分裂成两个。这样，老的变形虫就消失了。所以科学家称变形虫为"永远不死的动物"或者"永生的虫"。

【百科辞典】

淋巴细胞：
白细胞的一种，产生于脾脏、淋巴结等器官，有产生和储存抗体的功能。

免疫：
由于具有抵抗力而不患某种传染病的现象，有先天性免疫和获得性免疫两种类型。

你知道吗

■ 变形虫这一家族有不少种类。例如在海水中生活的有孔虫、夜光虫、放射虫，在淡水中生活的太阳虫。

■ 人和动物体内也寄生着变形虫。痢疾类变形虫寄生在人的大肠里，能溶解肠壁上的细胞，引起"阿米巴痢疾"，危害人体健康。

物之最 致死率最高的病毒："埃博拉"病毒是人类迄今为止发现的致死率最高的病毒，感染者死亡率在50%～90%之间。

▶ 主题索引
草履虫在水中怎样运动？鞭毛虫靠什么维生？

▶ 科学关键词
原生动物 原生质 病原体

■ 草履虫在水中怎样运动？

Weishenme

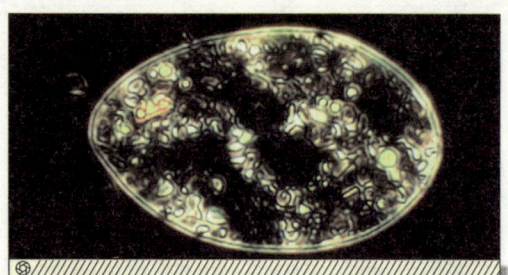

腰鞭毛虫

腰鞭毛虫属鞭毛虫纲，直径为40～50微米，有明显的纵沟和横沟，横沟上部称上锥或上壳，下部称下锥或下壳。有自纵沟伸出的纵鞭毛和绕横沟运动的横鞭毛，故也称为"双鞭毛虫"。

草履虫是一种身体很小的圆筒形单细胞原生动物。草履虫靠身体的表膜吸收水里的氧气，排出二氧化碳。大草履虫是较常见的一种原生动物，在分类上隶属于纤毛纲。它生活在淡水中，在一般的池沼、小河沟中都可以采集到。

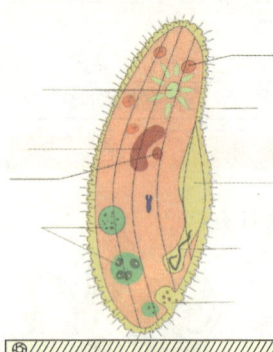

草履虫结构示意图

草履虫属于动物界中最原始、最低等的原生动物。它的身体就是一个细胞，最大的草履虫只有芝麻粒的1/10大。草履虫喜欢生活在有机物含量较多的稻田、水沟或水不常流动的池塘中，以细菌和单细胞藻类为食。

大草履虫的身体呈圆筒形，前端较圆，中后部较宽，后端较尖，体长只有80～300微米。它的身体形状从平面角度看上去像一只倒放的草鞋底，所以被叫做"草履虫"。草履虫全身由一个细胞组成，身体表面包着一层膜，膜上长满了纵行排列的密密的纤毛，它正是靠纤毛的划动在水里运动。从身体的前端开始，有一道沟斜着伸向身体的中部，在沟的后端有口，所以被称为口沟，相当于草履虫的"嘴巴"。口沟里有一个胞口，下面连着胞咽，口沟内的密长的纤毛摆动时，能把水里的细菌和有机碎屑作为食物摆进口沟，这些物质再进入草履虫体内，供其慢慢消化吸收。残渣由一个叫肛门点的小孔排出。当它游泳的时候，全身的纤毛都会有节奏地摆动。这样，草履虫的身体就旋转着前进了。

■ 鞭毛虫靠什么维生？

Weishenme

鞭毛虫是一类点状的原生质，是以鞭毛作为运动细胞器的原虫，无色素体，种类繁多，如眼虫、夜光虫、锥虫、利什曼原虫等。鞭毛虫多数种类表膜坚韧，能维持一定体形。它们长着一条或几条鞭毛，靠着鞭毛摆动运动。它们分布很广，在淡水、海水和潮湿的土壤中都有它们的踪迹。它们主要有以下4种营养方式：

1. 自养性营养（或称植物性营养），即体内有色素体，能进行光合作用自己制造养料，如衣滴虫。

2. 腐生性营养，体内无色素体，借助体表渗透作用摄取周围环境中呈溶解状态的有机物，如锥虫。

3. 动物性营养，以胞口等摄取或吞噬外界固体食物，如变形虫、草履虫等。

4. 混合性营养，即在有光条件下，可进行光合作用，自制养料；在无光条件下则进行腐生性营养。

有些鞭毛虫是人畜的病原体，如锥虫、利什曼原虫、毛滴虫等。它们主要寄生于宿主的消化道、泌尿道、血液中。这些寄生鞭毛虫损害鱼类及牲畜，间接危害人类，有的甚至能直接杀死人类。

◆138 微生物之最 **行动最快的细菌** 霍乱弧菌，它凭借鞭毛的摆动，1小时内能飞奔18厘米，这段距离是它身长的9万倍。

为什么说真菌既不是动物也不是植物？

世界上的生物通常被分为动物和植物两大类。而真菌到底应该归属于哪一类，至今也没有统一的定论。真菌是一个庞大的生物类群，包括酵母菌、伞菌、霉菌、蘑菇、地衣、马勃菌等。真菌的种属很多，已确认的种超过10万个，属达1万个以上。

真菌既不是动物也不是植物，而是一类没有叶绿素也不能进行光合作用的腐生或寄生生物。它们通过细细的菌丝来吸收营养物质，因为它们自己不能制造所需的养料。真菌依靠分解动植物组织为食，从而得到生长所需要的养分。它们大多能制造一种叫做菌丝的网，称为真菌体。这种缠绕的网铺在真菌寄生的物体上，用以吸收养分。真菌体常生长在土壤和动植物尸体中，因此我们很少见到活动着的真菌。

啤酒酵母

啤酒酵母是一种安全、营养并具有一定保健功效的食用真菌。除用于酿造啤酒、酒精及其他的饮料酒外，还可发酵面包。

真菌和细菌有什么区别？

真菌和细菌是微生物中最主要的两种，人们都知道细菌可以导致疾病，那么，真菌又是怎么回事，是细菌的一种吗？的确，真菌也很微小，也能使人生病，但真菌和细菌是有着本质区别的。

真菌是具有真核和细胞壁的异养生物。其个体除少数低等类型为单细胞个体外，大多是由纤细管状菌丝构成的菌丝体。低等真菌的菌丝无隔膜，称为无隔菌丝；高等真菌的菌丝都有隔膜，称为有隔菌丝。多数真菌的细胞壁中都含有甲壳质和纤维素。常见的真菌细胞器有线粒体、微体、核糖体、液泡、溶酶体、泡囊、内质网、微管、鞭毛等；常见的内含物有肝糖、晶体、脂体等。真菌通常又分为三类，即酵母菌、霉菌和蕈菌（大型真菌），它们归属于不同的亚门。

蘑菇

蘑菇属于食用菌。食用菌是真菌家族中数量庞大的一支，包括香菇、草菇、蘑菇、木耳、银耳、猴头、竹荪、松口蘑（松茸）、口蘑、红菇、羊肚菌、马鞍菌、块菌和牛肝菌等。

细菌主要由细胞壁、细胞膜、细胞质、核质体等部分构成，有的细菌还有荚膜、鞭毛、菌毛等特殊结构。细菌有广义和狭义之分。广义的细菌即为原核生物，是指一大类细胞核无核膜包裹，只存在称作拟核区（或拟核）的裸露DNA的原始单细胞生物，包括真细菌和古生菌两大类群。狭义的细菌是指一类形状细短，结构简单，多以二分裂方式进行繁殖的原核生物，是在自然界分布最广、个体数量最多的有机体，是大自然物质循环的主要参与者。

【百科辞典】

真菌：
低等生物，菌丝体中有明显的细胞核，以有性或无性的孢子进行繁殖，主要靠菌丝体吸收外界现成的营养物质来维持生活，通常寄生在其他生物体上。

菌丝：
真菌体表面的一种缠绕的网。这种缠绕的网铺在真菌寄生的物体上，用以吸收养分。

微生物之最 我国发现的最大真菌：1987年发现的一颗特大真菌，长36.5厘米，重10.5千克，据分析已生长了1000多年。

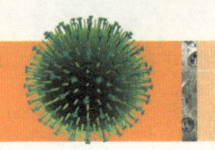

▶ 主题索引
真菌是怎样繁殖的？为什么潮湿的食物上会生霉菌？

▶ 科学关键词
孢子 霉菌 青霉素

■ 真菌是怎样繁殖的？

Weishenme

真菌经过营养阶段之后便进入繁殖阶段，经过繁殖产生许多新个体。真菌是通过产生孢子来进行繁殖的。真菌的繁殖方式同其他高等生物一样，分为无性繁殖和有性繁殖两类。无性繁殖又称为体细胞繁殖，是指不经过两性细胞的结合便

香菇
香菇属于食用真菌，其菌伞下的褶皱里藏有许多孢子，它就是靠孢子来进行繁殖的。

能产生新的个体，不涉及细胞核的融合（核配）和减数分裂的繁殖方式，以营养繁殖为特征。有性繁殖则以两个细胞核的融合以及随后的减数分裂为特征。有性繁殖的意义在于可提供较高的遗传物质的重组概率，因此能产生较多具有新基因型的后代，使真菌更好地适应自然环境。有些真菌如酵母菌，以一分为二的方法繁殖，但大多数真菌都是通过释放微小的孢子来繁殖的。大部分真菌都能同时进行无性繁殖与有性繁殖，并且以无性繁殖为主。有的菌种缺少无性繁殖阶段，而另一些菌种缺少有性繁殖阶段。

■ 为什么潮湿的食物上会生霉菌？

Weishenme

每年初夏的黄梅季节一到，气温就逐渐增

西红柿表面长出的霉菌
霉菌是丝状真菌的统称。凡是在基质上长成绒毛状、棉絮状或蛛网状菌丝体的真菌统称为霉菌。

高，特别是在我国南方，雨量也逐渐增多，空气中的湿度增大了很多，往往使人感到闷热不堪。更加讨厌的是，许多东西都发霉了。为什么会这样呢？

所谓发霉，就是指食物、衣物、家具等东西受到了霉菌的侵害。原来，在我们周围存在着许多我们肉眼看不见的真菌类生物的孢子，它们广泛分布在土壤、水、动植物体和各种有机物中。在遇到潮湿和温暖的环境时，这些孢子就会开始大规模地生长繁殖。

霉菌的学名叫丝状真菌，它的基本单位是菌丝（即一种管状的细丝），直径一般为3～10微米。这些菌丝可伸长并产生分枝，许多分枝的菌丝相互交织在一起，就形成了我们肉眼可见的绒毛状、絮状或蛛网状的霉斑，通常呈白色、褐色、灰色或其他颜色。

霉菌在繁殖生长过程中会产生毒素，这种毒素降低了食物质量。如果霉菌毒素直接侵入人体，还会导致严重的病变。

不过，也不是所有霉菌都罪大恶极，我们制造酱、酱油、豆腐乳等，就离不开曲霉和毛霉等霉菌的帮助。而从青霉中提取的青霉素，更是挽救了千千万万人的生命。

•••【百科辞典】•••

孢子：
某些低等动物、植物或者菌类产生的一种有繁殖作用或休眠作用的细胞，离开母体后就能形成新的个体。孢子一般很微小，是单细胞。

霉菌：
真菌的一种，用孢子繁殖，种类很多，如天气湿热时衣物上长的黑霉、制造青霉素用的青霉，手癣、脚癣等皮肤病的病原体等。

青霉素：
抗生素的一种，是从青霉菌培养液中提制的药物。常用的青霉素是钙盐、钾盐或钠盐。青霉素对葡萄球菌、链球菌、肺炎双球菌等有抑制作用。

微生物之最　产生孢子最多的真菌：树舌菌。能产54600亿个孢子，每天放出300亿个，可连续散放6个月。

主题索引	科学关键词
为什么说食用菌的营养价值很高？为什么许多蘑菇都有"伞盖"？	食用菌 蘑菇 营养菌丝

探索微生物世界

■ 为什么说食用菌的营养价值很高？

Weishenme

食用菌的营养价值很高，从总体上说，食用菌是高蛋白、低脂肪并富含维生素、矿物质和膳食纤维的优质美味食物。食用菌蛋白质含量高，氨基酸种类齐全且比例平衡，是蛋白质和氨基酸的很好来源。

蘑菇
蘑菇是真菌中担子菌的子实体。子实体是担子菌长出地面的部分，样子很像插在地里的一把伞。地下还有白色丝状、到处蔓延的菌丝体，是担子菌的繁殖器官。

食用菌的营养成分中40%～82%是碳水化合物，碳水化合物是生命活动的能源物质。食用菌碳水化合物中的水溶性多糖和酸性多糖有较强的抗肿瘤活性。

食用菌含有多种维生素。据测定，每100克鲜草菇中维生素C含量高达206.27毫克，这是其他蔬菜和水果中达不到的。香菇的维生素更加丰富，除含有大量的维生素B和烟酸外，还含有丰富的维生素D。维生素D是钙质成骨的必要因素。此外，香菇中的多种酶也可以纠正人体酶的缺乏症。食用菌还是人类膳食所需矿物质的很好来源。

"撑伞"的蘑菇
蘑菇依靠腐生或寄生的方式生存。有的蘑菇长在腐烂的木头上，吸收腐木中的营养；有的直接寄生在活的植物身上，"偷取"植物体内的营养物质。

■ 为什么许多蘑菇都有"伞盖"？

Weishenme

蘑菇是几种食用真菌的统称。我们平时吃的蘑菇有许多都顶着一个"伞盖"。这是为什么呢？

蘑菇是一种比较低等的生物，从蘑菇的伞盖上切下一块，放在显微镜下，可以看到一束一束的菌丝。每一条菌丝是一个细胞，非常微小，只能在显微镜下才看得清楚。菌丝是有分工的：专管营养和增大身体的，叫做营养菌丝；专管传宗接代的，叫做繁殖菌丝。

蘑菇没有根，没有枝叶，也不含叶绿素，自己不会制造营养物质，完全靠吸收现成的养分来生活。它靠营养菌丝吸收养分，这种菌丝伸入土壤、朽木甚至一些植物体中，分泌出一些酶来，把复杂的有机物分解成比较简单的物质，然后直接吸收利用。所以说，蘑菇的伞盖是它维持生存和繁衍的器官。

你知道吗

■ 人们常说"不敢在太岁头上动土"，你知道太岁是什么吗？1986年，甘肃省永登县连城村有人挖出了一个肉乎乎像坛子似的怪物，直径有14厘米。后经兰州大学生物系专家鉴定证实：这是一种世界上罕见的白腹菌新种，已有100多岁了，现已被正式命名为"太岁菌"。

■ 有一种称作墨西哥裸头草的蘑菇，体内含有裸头草碱，人误食后肌肉松弛无力，瞳孔放大，不久就会情绪紊乱，对周围环境产生隔离的感觉，似乎进入了梦境，但从外表来看依然与常人无异。因此，误食这种蘑菇的人的所作所为常令别人感到莫名其妙。

微生物之最 杀虫本领最大的霉菌：白僵菌是杀虫的多面手，它能杀灭苹果食心虫、玉米螟、黄地老虎等3000多种害虫。

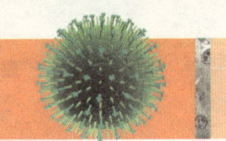

主题索引
哪些蘑菇是有毒的？马勃菌为什么会炸裂？

科学关键词
菌柄 菌托 马勃菌

■ 哪些蘑菇是有毒的？

Weishenme

蘑菇营养美味，颇受人们喜爱，但有不少蘑菇是有毒的。毒蘑菇的颜色一般比较浓艳美丽，它们柔软多汁，且汁液浑浊。毒蘑菇的"伞盖"多半是红色的，上面带有红色、紫色或其他杂色的斑点，能发出辣味、恶臭或苦味。菌柄上有时候长着小裙子一样的菌环或菌托，伞柄很难用手撕开，如弄破则会流出乳白色或黄色的汁液。毒蘑菇在森林里悄悄地生长，我们之所以会注意到它们，是因为被它们那与众不同的外表所吸引。它们往往生长在比较肮脏的地方，而可供人类食用的蘑菇往往形象平实、颜色朴素，生长在清洁的地方。

当然，也并不是所有的毒蘑菇颜色都很鲜艳，事实上色彩不艳的肉褐鳞小伞、白毒鹅膏菌、秋盔孢伞等菌类也有毒性，而同样很漂亮的橙盖鹅膏却是非常美味可口的食用菌。那些颜色鲜艳的有毒蘑菇终日生长在阴暗、潮湿的肮脏地带，吸收的毒素都表现在外观上，这也是部分毒蘑菇颜色鲜艳的原因所在。

在我国发现的食用蘑菇有300多种，有毒蘑菇有100多种，其中剧毒者有10种。由于蘑菇有毒与无毒没有明显的区分标准，所以采食野蘑菇时要特别小心，那些色彩鲜艳，有疣点、斑点、裂沟、生泡的以及奇形怪状的野蘑菇均不可食用，对于不认识或从未吃过的野蘑菇，千万不要随便采摘食用。

毒蝇蕈
毒蝇蕈是具有代表性的毒蘑菇，也叫毒蝇鹅膏、蛤蟆菌，属于担子菌纲、伞菌科。它的菌盖幼时为半球形，后平展开来，表面有黏性，呈鲜红色至橘红色，上面有白色或黄色鳞片。

■ 马勃菌为什么会炸裂？

Weishenme

原始森林里生长着一种叫"天然催泪弹"的菌类——大型马勃菌。它可以长得像南瓜一样肥大，重达5千克以上。如果人或动物一不小心触碰或踢到，它们就会"砰"的一声爆裂，冒出一股黑烟，烟味刺鼻，使人的鼻孔、喉咙感到奇痒无比，因而不由自主地涕泪横流。

马勃菌的样子像白色的皮球，它是一种会爆裂的真菌。马勃菌的孢子在它体内的一个袋状小室里发育成长。当它们成熟后，只要轻轻一碰就会炸裂开来，喷出一股尘雾。这股尘雾实际上是由数万亿颗的孢子组成的，它们对人的眼睛、鼻子、喉咙有刺激作用。孢子很轻，能飞出很远。一粒孢子落到了适宜的地方，就能长成一株新菌。

马勃菌
马勃菌的故乡在南美洲的森林，人或动物一不小心碰到，它们就会"砰"的一声爆裂，冒出一股烟雾，人吸入这种烟雾，鼻孔、喉咙便会感到奇痒无比，不由自主地涕泪横流。

你知道吗

■ 有一种美丽的致幻蘑菇叫蛤蟆菌，人吃了它会产生幻觉，眼前的东西会被放得很大，看普通的人也如同看巨人一样。猫吃了这种蘑菇，就不敢抓老鼠了，因为在猫眼里，老鼠已经"变成"了大象。

---

142 微生物之最 **毒性最强的菌类**：某些鹅膏毒伞菌，它们的菌株基部都有环状的基座或菌托。

- 主题索引
  冬虫夏草是虫还是草？灵芝为什么是"仙草"？
- 科学关键词
  冬虫夏草 灵芝 神经衰弱

探索微生物世界

■ 冬虫夏草是虫还是草？

Weishenme

冬虫夏草产于我国西南低温、严寒、海拔3000米以上的山区，是很珍贵的药材。古人说它冬天是虫，夏天成草，再到冬天又变为虫。真的是这样吗？

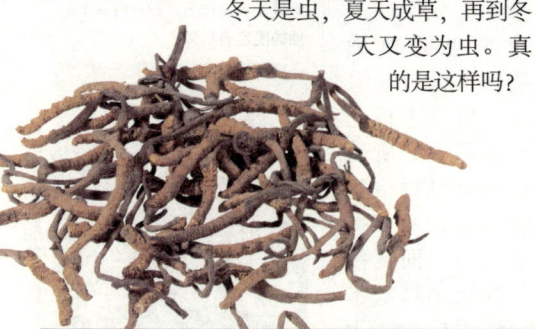

冬虫夏草
冬虫夏草是虫和草结合在一起长成的一种奇特的东西。它在冬天是虫子，夏天从虫子里长出草来。虫是虫草蝙蝠蛾的幼虫，草是一种虫草真菌。

其实，虫草是一种昆虫与真菌的结合体。虫是虫草蝙蝠蛾的幼虫，菌是虫草真菌。每当盛夏，海拔3000米以上的雪山草甸上，冰雪消融，体小身花的蝙蝠蛾便将千千万万个虫卵留在花叶上。蛾卵继而变成小虫，钻进潮湿疏松的土壤里，吸收植物根茎的营养，逐渐将身体养得洁白肥胖。这时，球形的子囊孢子遇到虫草蝙蝠蛾幼虫，便钻进虫体内部，以幼虫为食，萌发菌丝。

受真菌感染的幼虫逐渐蠕动到距地表2～3厘米的地方，头上尾下而死。幼虫虽然死了，但它的体壳仍然完好，所以冬季被发现时它仍像一条虫子。这就是"冬虫"。

寒冷的冬天过后，到第二年春天，虫体内的真菌迅速发育，到五六月份，从幼虫头部长出一根紫红色的小草，高2～5厘米，顶端有菠萝状的囊壳，里面充满了真菌的孢子，这就是"夏草"。这些孢子成熟后从子囊壳中散发出来，再去感染其他幼虫。被感染的幼虫尸体都

会在地面上长出一根像草一样的真菌，人们便叫它们"冬虫夏草"。

■ 灵芝为什么是"仙草"？

Weishenme

灵芝俗称灵芝草，民间称之为"仙草"，在我国古代的民间传说中，灵芝一直被赋予了一层神秘色彩。

其实，灵芝并不是草，它同蘑菇一样是一种真菌，寄生在一些大树的树桩或腐烂的树根上。灵芝的形状也和蘑菇相似，有一根细长的柄，柄上展开一个扇形的盖。这个盖很像动物的肾脏，表面有环形的纹路。我们可以根据盖上的圈数来推算出灵芝的年龄。

灵芝
《神农本草经》把灵芝列为上品，谓灵芝："主耳聋，利关节，保神益精，坚筋骨，好颜色，久服轻身不老延年。"

灵芝幼小时呈黄白色，成熟后变成棕红色，表面油光铮亮，像用油漆漆过一样。灵芝对人体有滋补作用，味苦。中医用它来强心、补血、益气、安神，它可以医治神经衰弱、高血压、心脏病、小儿哮喘等多种病症。为了使用方便，人们常把它制成针剂、冲剂等。灵芝既能医治人体的许多病痛，又能对人体起到滋补保健作用。因此，人们把灵芝称为"仙草"也是有一定道理的。

•••【百科辞典】•••

灵芝：
菌的一种，菌盖呈肾脏形，赤褐色或暗紫色，有环纹和光泽。

神经衰弱：
一种神经活动机能失调的病。症状是头痛、耳鸣、健忘、失眠、容易兴奋激动并且容易疲劳等。

微生物之最 **最大的蕈菌**：生物学家曾在原捷克斯洛伐克发现一种巨蕈，直径4米多，重达100多千克。

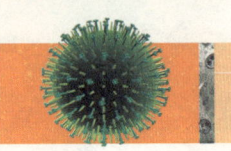

▶ 主题索引
为什么有一些真菌能"吃虫"？ 地衣是植物还是真菌？

▶ 科学关键词
原生动物 无机盐 假根

■ 为什么有一些真菌能"吃虫"？

Weishenme

在自然界，不仅有一类绿色的高等植物会捕食昆虫，还有一些菌类也具有这种奇妙的本领。科学家惊奇地发现，有许多真菌以捕食线虫、纤毛虫、草履

捕蝇蕈
捕蝇蕈是一种毒蘑菇。夏秋季生长在树林中，蕈伞为鲜红色或橙黄色，表面有白色或黄色的鳞片。

虫、变形虫等一些原生动物为生，还有真菌甚至能够捕食蚊蝇，人们称它们为食虫真菌。真菌不同于绿色植物，它们没有叶绿素，不能进行光合作用制造养料，要靠分解吸收其他生物机体来维持自己的生命。

有一种叫少孢节丛孢菌的真菌，它的菌丝能形成菌网并分泌出黏液来粘捕线虫。一旦线虫被粘住，它便在粘住虫体的地方长出穿透枝伸进线虫的体内，穿透枝的顶端形成一个侵染球，球上长出许多营养菌丝，用来吸收线虫体内的营养物质，最后菌丝充满虫体，线虫就只剩外壳了。

有一种真菌叫蕈，它的菌套非常敏感，当有线虫爬近时，其菌套就会突然扩大3倍以上，以便让线虫入套。线虫一旦钻进套中，菌套立即收缩将它捕获，动作非常迅速，整个过程仅需要一秒钟，其敏捷程度简直令人吃惊。

■ 地衣是植物还是真菌？

Weishenme

地衣是真菌和水藻的共生体，它的结构有点像三明治，其中真菌有如面包，水藻有如夹馅。绿色的水藻捕捉阳光并合成食物供给真菌，而真菌保护水藻免受脱水的威胁。

地衣有两万多种，在地球上分布十分广泛。地衣中的单细胞藻类含有叶绿体，可以进行光合作用。它所制造的有机物给真菌的生长发育提供营养，而真菌的菌丝则吸收水分和无机盐，为地衣进行光合作

地衣
地衣是多年生生物，是由真菌和水藻组合成的复合有机体。因为两种生物长期紧密地结合在一起，在形态上、构造上、生理上和遗传上，都形成一个单独的固定有机体。

用提供原料。两者之间是相互依存的关系，而且形成一体，这是生物界里典型的共生关系。

此外，地衣中的菌丝成束，从下层伸出，叫做假根，假根可以使地衣固着在岩石或树皮上。地衣经常遇到不良环境而处于休眠状态，所以生长十分缓慢。

你知道吗

☐ 在澳大利亚有一种野生蘑菇，它所分泌的带有特殊气味的黏液可将30米以内的蚊子吸引过来。当蚊子碰触蘑菇伞时便被粘住，然后被蘑菇"吃"掉。据科学家观察，一株蘑菇一昼夜可捕食蚊子200～300只。

☐ 地衣的生长慢得惊人，但寿命却很长。人们发现北极岩石上的一小块地衣已有数百岁了，而且看样子还会长期地生存下去。

☐ 地衣对空气污染特别敏感，在空气遭受污染的地区很难找到地衣。科学家据此利用地衣来监测大气污染。

Part 5
认识人类自身

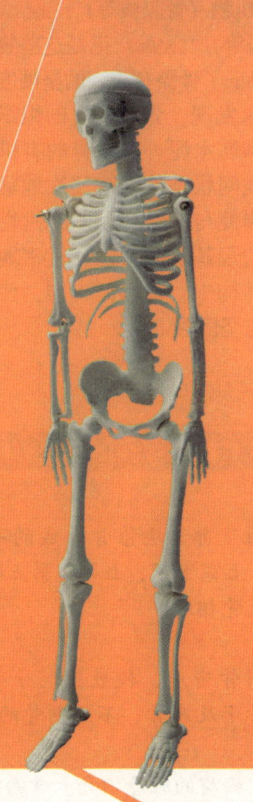

人体像一台复杂的机器,虽然外形不尽相同,但组织结构却是相同的。人体的每一个器官都有其特殊的功能,它们密切合作,共同维持着人的生命与健康,并使之繁衍不息。

▶ 主题索引　　　　　　　　　　　　　　　　　　　▶ 科学关键词
人身上共有多少块骨头？骨骼为什么是坚硬的？　　　　　骶骨 骨皮质 骨髓

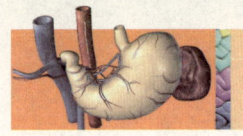

■ 人身上共有多少块骨头？

Weishenme

成人共有 206 块骨头，分为头颅骨、躯干骨、上肢骨、下肢骨四个部分。但儿童的骨头却比大人多。因为儿童的骶骨有 5 块，长大成人后合为 1 块了；儿童的尾骨有 4～5 块，长大后也合成了 1 块；儿童有 2 块髂骨、2 块坐骨和 2 块耻骨，成人以后就合并成为 2 块髋骨了。这样加起来，儿童的骨头要比大人多十一二块，就是说有 217～218 块。医学书上说，初生婴儿的骨头竟多达 305 块。

不过，某些骨头会再生出"副骨"或"子骨"来。例如，有些人每只手和腕部有"副骨"及"子骨"24 块，每只脚有 26 块。在身体的膝、肘、脊椎部位，有时也会另外长出小骨来，不过每个人额外长出的骨头多少不一样。要是把"副骨"或"子骨"算进去，成人的骨头就远不止 206 块了。但由于这些"额外小骨"的意义不大，我们只要知道成人有 206 块骨头就行了。

当然，说成人有 206 块骨头，这是针对全球人类的"总体"而言的。世界各地的人在这方面还存在差异，我国科学工作者在 1985 年进行的抽样调查表明，中国人的骨头要比欧美人少，大多数人只有 204 块骨头。而在欧美，绝大多数人有 206 块骨头。这是由于大多数中国人的脚上第 5 趾骨为 2 块骨头，不像欧美人有 3 块骨头，每只脚少 1 块，所以只有 204 块。

■ 骨骼为什么是坚硬的？

Weishenme

骨骼是人体的"支架"，它为肌肉提供了附着处，支撑着皮肤和其他器官，并保护着重要的身体器官，所以它的组织特别坚硬。骨骼分为骨皮质与骨髓质两部分。真正坚硬无比的是骨皮质，而骨髓质为半空心，宛如丝瓜筋络，是制造血液的"工厂"。

骨皮质如此坚硬，究竟是由什么成分组成的呢？下面是一个成分配方：水 50%、脂肪 15.75%、有机物（骨胶质等）12.4%、无机物（钙、镁、钠、磷等）21.85%。正是这些物质所构成的组织结构保证了骨骼有一定的坚硬度。

科学家发现，骨皮质里的组织结构特别精致，好像钢筋水泥一般。骨的有机物宛如钢筋一样，组成网状结构，有层次地紧密排列，使骨骼具有弹性与韧性。骨的无机物特别是钙与磷结合成的羟基磷灰石，会紧密地填充在有机物的网状结构中，像水泥一样，使骨骼具有相当的硬度与坚固性。

人体的骨骼

【百科辞典】

骶骨：
腰椎下部 5 块椎骨合成的一块骨，呈三角形，上宽下窄，上部与第五腰椎相连，下部与尾骨相连。

骨皮质：
又叫骨密质，较致密。分布于长骨、短骨的骨干及扁骨、不规则骨的表层。

骨髓：
在骨松质的腔隙内和长骨的空腔中充满一种像果冻一样的柔软物质，这就是骨髓。

◆146　人类之最　人体最小的骨骼：耳内的镫骨，它只有 3 毫米长。

▶ 主题索引
人的头骨是一块完整的骨头吗？肋骨是做什么用的？

▶ 科学关键词
骷髅 颅腔 肋骨

认识人类自身

■ 人的头骨是一块完整的骨头吗？

Weishenme

我们有时候会在电视里见到，人死了很久之后，只剩下一堆白骨，各部分骨头都散落开，可是白森森的头骨，或者说骷髅还是完整的。难道人的头骨是一整块骨头吗？

人的头骨学名叫颅，它虽然看起来像是一整块，但事实上，它是由23块骨头组成的，其中脑颅8块，面颅15块。这些骨通过坚硬的骨缝紧紧地连接在一起。颅骨上的圆顶是头盖骨，由8块弯曲的片状骨融合而成。此外，颅骨上还有许多孔，血管和神经从这些孔中通过。

颅另外有3对听小骨位于颞骨内。脑颅位于后上方，略呈卵圆形，内为颅腔，容纳脑。面颅位于前下方，形成面部的基本轮廓，并参与构成眼眶、鼻腔和口腔。

■ 肋骨是做什么用的？

Weishenme

人体躯干上部的胸廓主要由肋骨及胸骨构成。人体内共有24根肋骨，它们是成对排列的细长扁骨。在背部，肋骨与脊柱的胸椎相连接。在正面，上方的7对肋骨通过软骨与胸骨相连接。

肋骨有三个作用：一、保护肺和心脏。肺与心脏被整个包在肋骨之中，避免了来自外部的冲击。二、呼吸作用。当我们吐气的时候，肺部收缩，前面的肋骨部分下降，肋骨内的厚度会减少，肺中的空气因而被挤了出来；吸气时，肺部膨胀，前面的肋骨部分拉上，肋骨内的厚度会增加，肺因吸入空气而鼓起。三、支撑两臂。支撑左右臂的两肩肩胛骨，肩胛骨被韧带紧紧地固定在肋骨后。

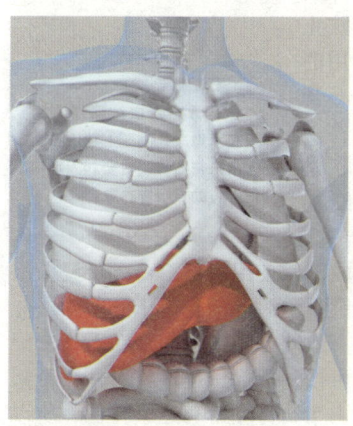

人体肋骨
人体肋骨有12对，左右对称，后端与胸椎相连接，前端仅第1～7肋借软骨与胸骨相连接，称为真肋；第8～12肋称为假肋。

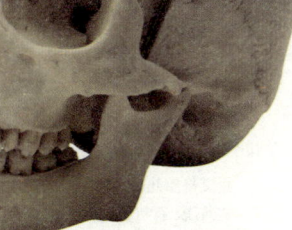

头骨
头骨是由23块骨头组成的，包括8块脑颅骨和15块面颅骨。仅下颌骨能活动，其余的骨都紧密连接，不能活动。

你知道吗

■ 1929年，我国古人类学家裴文中在北京周口店发现了"北京人"头盖骨，被誉为"古人类研究史上最为动人的发现之一"。此发现把最早的人类化石历史从距今不到10万年推至距今50万年。

■ 1964年，在我国陕西蓝田县又发现一个猿人头盖骨。蓝田猿人比北京猿人还要早，距今已有五六十万年。在此之前，世界上只有我国的周口店、印度尼西亚的爪哇和阿尔及利亚的突尼芬发现过猿人头盖骨。

人类之最　**人体最硬的骨头：**头骨。牙齿是人体最硬的器官，但牙齿不属于骨头。　147

> 主题索引
> 为什么女人的骨盆比男人的宽而浅？骨折患者为什么要打上石膏？

> 科学关键词
> 骨盆 石膏 骨折

■ 为什么女人的骨盆比男人的宽而浅？

Weishenme

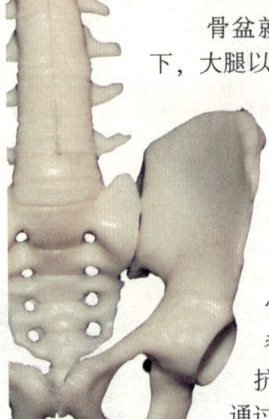

骨盆就是位于身体腰部以下，大腿以上的这一大块盆状的环形结构。它由髋骨和脊椎下部的骶骨组成。骨盆是人体的重要结构，由多块骨骼借助关节、韧带互相连接而成。它由骶骨上接腰椎和脊柱，支托躯干，对抗强大的重力负荷，并通过两侧的髋臼与股骨组

女性骨盆
骨盆的主要功能是支持体重和保护盆腔内脏器。女性骨盆又是胎儿娩出时必经的通道。与男性骨盆相比，女性骨盆宽而浅，有利于分娩。

成髋关节，将重力传导至下肢，起着承上启下的作用。呈碗状的骨盆还对身体较低部位的内脏器官起着保护作用，如肠子、膀胱、子宫等。

男女的骨盆构造一样，但女人的较宽、较浅。女性骨盆形态前浅后深，并有一定的弯曲度，其轴呈半月形。骨盆是产道的主要部分，是自然分娩时胎儿的必经通道，其大小和形态是直接影响阴道分娩能否顺利进行的因素。分娩时，胎儿必须经母体骨盆中间的大孔。这个孔的左右径最长，而胎儿的头部是前后径最长。这样，胎儿必须将头稍稍转向侧面才能顺利娩出。由于不需要生产，男人的骨盆孔较女人的自然要小得多。

■ 骨折患者为什么要打上石膏？

Weishenme

人因意外而骨折后，医生会给伤者骨折的部位打上厚厚的石膏，等到骨头长好了再拆掉。这是为什么呢？

骨折是骨部分或完全断裂或移位的一种比较严重的外伤，非常疼痛。因为骨折的愈合需要较长的时间，所以必须借用外部的固定物来维持折骨复位后的正确位置，防止它再移位。常用的外固定物就是石膏绷带。

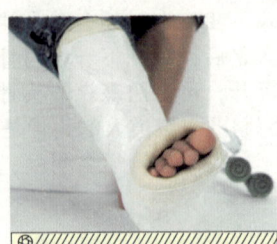

石膏绷带
石膏绷带由纱布浸透生石灰水做成，临床上利用石膏绷带来打石膏，主要起固定作用，有助于折骨的愈合。

石膏绷带是用熟石膏的细粉末撒在特制的纱布绷带上卷曲而成的。使用时把石膏绷带浸入水中，无水硫酸钙吸水后逐渐变得十分坚固，能够对折骨起到有效的外固定作用。在石膏未硬固时，医生就可按骨折部位迅速将石膏绷带塑形，包扎好。由于石膏绷带有这个特性，所以被广泛用于躯干部脊椎及四肢的骨折治疗中。

你知道吗

■ 人类骨盆的形态与其他哺乳动物的有着明显的不同，大多数哺乳动物的骨盆是长长的，这适于它们以4条腿行走，人类用2条腿走路，因而人类骨盆逐渐进化为现在的碗状结构。

■ 早期的哺乳动物均用4条腿行走，它们的脊柱以骨盆为桥梁与腿骨之间形成一个直角。今天，大多数哺乳动物（如牛、羊等）仍保持着这种结构。

■ 黑猩猩的骨盆较长，但不像四足动物的盆腔那样窄长，也不像人类骨盆一样宽阔呈盆状，这就使它能够以半直立姿态行走，十分独特。

■ 关节到底有什么作用?

Weishenme

人的骨头如果真的像顶梁柱一样硬直，人们将无法运动，人之所以能够活动自如，关键在于人拥有关节。这些关节有的很大，大到足以承担人体的全部重量；有的很小，小到人的肉眼都无法看见。正是有了关节，我们的身体才能做出各种各样的动作。

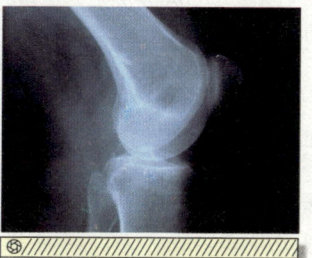

膝关节结构示意图
膝关节是人体最大的关节，结构十分复杂，由骨、肌腱、韧带、关节腔、关节囊及一些有特定作用的软组织等组成。每一次运动，膝关节从脑接受的信息量和人体中枢系统对其的反馈量是全身关节中最大的。

我们的骨头都是由关节连接起来的，没有关节我们只能一动不动地躺着，不能走路，不能抬手，也不能摇头、动手指头。关节是两块或两块以上骨骼相连的部分，可以分为固定关节、半动关节和活动关节。事实上，人体内的大多数关节都是活动关节。活动关节有4种，一种是球状的，像肩部的关节，我们的胳膊能前后摆动，全靠肩关节起作用。最大的球状关节是髋关节，连接下肢和髋骨。一种是椭圆形的，像腰关节，这种关节只能前后或左右活动。还有一种关节只能像门一样，在一个平向上前后移动，手指的关节就是这样。最后一种是旋转关节。我们的头盖骨底部就有旋转关节，所以头部可以来回转动。手腕处也有旋转关节，我们用钥匙开锁时，手能转动就是旋转关节在起作用。

■ 为什么女性的肌肉没有男性的发达?

Weishenme

我们知道男性一般长得都比女性结实、魁梧，力气也大；女性很少有像男性那么发达的肌肉，而是脂肪比较多。这是为什么呢？

其实，这是由于男女分泌的不同激素而导致的。激素又称荷尔蒙，是由内分泌腺或内分泌细胞分泌的高效生物活性物质，它们直接进入血液分布到全身。在体内作为信使传递信息，对肌体的代谢、生长、发育和繁殖等起重要的调节作用，是我们生命中不可或缺的重要物质。男性以雄性激素为主，女性以雌性激素为主。

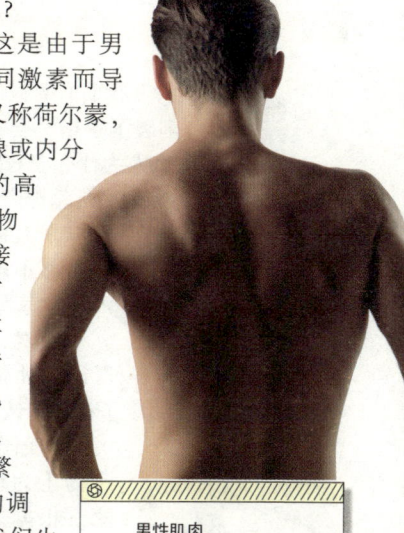

男性肌肉
因为男性体内的雄性荷尔蒙比女性体内的高很多，所以男性肌肉要比女性的发达。

雄性激素具有促进蛋白质合成和肌肉发育的作用，在男性机体内雄性激素的含量要比女性机体内雄性激素含量高几十倍，它们对肌肉的发育起着良好的促进作用，所以男性的肌肉显得特别发达。

而女性体内主要是雌性激素，该激素能促进身体各部位的脂肪沉积，所以女性会显得更丰满。

•••【百科辞典】•••

激素:
内分泌腺分泌的物质。它直接进入血液，遍布全身，对机体的代谢、生长、发育和繁殖等起重要调节作用。

关节:
骨头互相连接的地方。

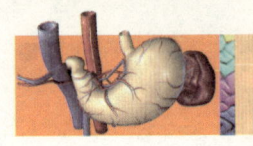

主题索引
为什么受伤了会觉得疼？皮肤为什么会出油？

科学关键词
胰蛋白 氨基酸 皮脂腺

■ 为什么受伤了会觉得疼？

Weishenme

我们有时候不小心被小刀割破了手指，会有疼痛感。那么人为什么会有疼痛感呢？疼痛到底是怎样产生的呢？长期以来人们对此一直迷惑不解。后来，科学家经过反复试验和探索，提出了一些理论，才使人们对此有了初步的认识。

以美国的约翰·博尼卡博士为首的一批科学家，根据人体神经系统的化学原理来阐明疼痛产生的过程：人体某一部位受伤以后，会立刻释放出一些化学物质，同时产生疼痛信号。释放出来的化学物质主要是：用来传递疼痛信号的P物质、前列腺素和迟延奇诺素。迟延奇诺素是由胰蛋白和血浆球蛋白作用而释放出来的一种物质，含有9种氨基酸链，在已知的与疼痛有关的物质中作用最为强烈。P物质、前列腺素和迟延奇诺素会刺激神经末梢，使疼痛信号从受伤部位传向大脑，引起痛感。前列腺素还能加速受伤部位的血液循环，使抗感染的白血球大量聚集在患处，从而引起局部红肿发炎，增加疼痛感。

疼痛的产生
疼痛是身体受到损伤时的一种不愉快的感觉和情绪体验，是一类复杂的病理、生理改变。以"疼痛"为主要症状的疾病称为"疼痛性疾病"。

■ 皮肤为什么会出油？

Weishenme

新穿在身上的洁白衬衣，等我们晚上睡觉时脱下来一看，领口、袖口常有一层油。你也许会问，为什么会出油呢？如果没有油就好了，多干净啊！其实不然，皮肤没有油，就不健康了。那么这些油脂是怎么来的呢？

皮肤外表有一层表皮，上面有歪歪斜斜的毛发。表皮的下面是一层真皮，在这里分布有血管、神经，毛发的根部就深埋在这一层。毛发根部的周围有一种腺体，叫皮脂腺。皮脂腺就是分泌皮脂油质的，它的开口通向毛发。当附近的肌肉收缩时，压迫皮脂腺，皮脂油脂就顺着毛发根部流向毛孔，到达皮肤表面，皮肤上的油就是从这儿来的。全身的皮肤，除去手心、足掌以外，都有皮脂腺，但它们的分布并不均匀，其中以头皮、面部及胸背等部位分布较多，因而这些部位的油脂分泌也更旺盛。

这些油脂对我们的身体是有益的，它们对于毛发及皮肤的润滑，有很大的作用。有了皮脂，毛发光滑发亮，皮肤不干燥，也不会破裂。据研究，健康成年人一天里要分泌100～300克的皮脂。

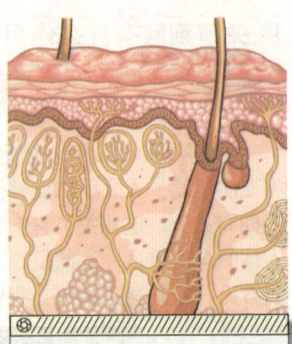

皮脂腺结构示意图
皮脂腺可分泌皮脂，经导管进入毛囊，再经毛孔排到皮肤表面。皮脂为油状半流态混合物，含有多种脂类。其主要成分为甘油三酯、脂肪酸、磷脂、脂化胆固醇等。

你知道吗

■ 皮脂中含有脂肪酸、乳酸以及溶菌酶等成分。假如把细菌放在皮肤上，3分钟就可生成300万个细菌，但经过2个小时后，这些细菌就只剩下7000个左右了。

■ 皮脂中的各种酸，使皮肤的环境呈酸性，据测量其pH值约为5.5。这种酸性的环境能杀灭细菌。

■ 皮脂还具有防水和防止体温下降等作用。

人类之最　人体最大的器官：皮肤，它覆盖全身，占体重的5%～15%。

人手为什么有五根手指？

正常人都长着5根手指，当然也有特例，比如有长着6根或者7根的，那是先天性的畸形发育，我们另当别论。为什么人都长着5根手指呢？

我们先来假设一下，如果你的手只有1根手指的话，想想看方便不方便呢？如果只有1根手指，就几乎干不了什么事了。因为连东西都抓不住，更谈不上使用工具了。那么如果是2根手指呢？连环画上机器人的手指大多被画成2根手指头。可是，要灵巧地制造塑料玩具，轻轻地捏住昆虫，随意地用筷子夹菜，以及编织毛衣、制作陶器等，2根手指就显得力不从心了。

人类因为会使用工具才创造了灿烂的文明。手指分为5根，而且大拇指也灵活自如，这是人类经过长期进化的结果。比如马，为了跑得更快，马蹄逐渐发生变异，脚趾结成一体，并最终形成现在这样的形状。

总之，各种生物形态的变异进化都是适应环境的结果。

拇指为什么只有两节？

人的手有5根手指，除了大拇指有2个指节外，食指、中指、无名指、小指都有3个指节。你别小看大拇指，它虽然短小，但它的功能却独占整个手功能的一半以上。如果没有了大拇指，整个手就变得极不灵活。

你知道为什么大拇指只有两节吗？其实，大拇指的这种结构是人类长期进化的结果。人的祖先是猿，古猿靠四肢爬行，拇指或大足趾与其他四指（趾）分开，在树上进行攀援活动时，三节的指或趾十分适宜，而两节的拇指（趾）用处却不大。猿开始直立行走后，上肢逐渐从爬行的功能中解放出来，下肢则专门用于负重行走。这种分工导致了手指功能的变化。由于经常使用工具，大拇指逐渐变长且更加粗壮有力。在哺乳动物中，人类的手独一无二，其最大的优越性就在于大拇指同其他四个手指的相对结构。许多类人猿可以将自己的拇指和食指对合，但却无法将拇指与中指、无名指以及小指对合，因为它们的手指不够柔韧。只有人类，在手掌有一群发达的大拇指肌肉，使拇指能与其他四指任意对合，非常灵活。为了适应这一特点，使大拇指能够进行伸屈、收展及旋转等活动，最佳的结构就是两个指节。如果拇指仍保持三个指节，活动就不能兼备灵活与稳健两个优点。所以，大拇指的结构是自然选择的结果。

手工劳作

手在从猿到人的进化中起了决定作用。古猿用脚直立行走，从而将手解放出来，并用手制作各种工具，进行各种劳动，从而使人类彻底与猿告别。

【百科辞典】

畸形：
生物体的某部分发育不正常。

变异：
同种生物世代之间或同代生物不同个体之间在形态特征、生理特征等方面所表现出的差异。

进化：
事物由简单到复杂、由低级到高级逐渐发展变化的过程。19世纪后用于生物学，专指生物由简单到复杂、由低级到高级的发展变化过程，又称演化。

作用最大的指头： 大拇指。其功能占整个手功能的一半以上，美洲的印第安人称之为"手指之母"。

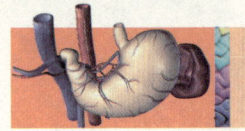

> 主题索引
> 人脑由什么物质组成？大脑皮层为什么布满了褶皱？

> 科学关键词
> 蛋白质 无机盐 褶皱

■ 人脑由什么物质组成？

Weishenme

脑看起来像是一块固态的、很重的块状物质，其实它不但不重，而且物质组成也很简单，主要由脂类、蛋白质、糖类、无机盐等构成。

脂类是脑不可缺少的营养物质，大脑皮质脂类占脑干重的一半以上，主要包括甘油磷脂、神经磷脂、糖脂和胆固醇等。此外，脑组织还存在着少量的不饱和脂肪酸，如亚油酸、亚麻酸、花生四烯酸等，这些必需的不饱和脂肪酸在脑的发育过程中起着极为重要的作用。这些脂类的主要功能不是供给能量，而是构成脑细胞的结构成分。蛋白质是脑细胞的主要成分之一，占脑干重的30%～35%。脑中的蛋白质包括各种球蛋白、核蛋白和一种称为神经角蛋白的特殊硬蛋白。脑组织的蛋白质多与胆固醇结合成脂蛋白，从而构成神经细胞膜的主要成分。脑组织的蛋白质所含氨基酸大多数为疏水的，故很难溶于水。

真实的人脑
脑是人体中主管全身知觉、运动、思维、记忆等活动的器官，是神经系统的主要部分，位于颅腔内，由大脑、小脑和脑干三部分组成。

糖类不仅是神经和脑组织的主要供能物质，也是脑细胞的构成成分之一，常与脂类或蛋白质结合成糖脂或糖蛋白。脑组织含有多种无机盐，主要的有磷酸盐、钾、钠、氯和钙。钙对脑有多方面的作用，其中最主要的是抑制神经的异常兴奋，使神经活动保持在正常状态。

■ 大脑皮层为什么布满了褶皱？

Weishenme

人类之所以成为万物之灵，在很大程度上取决于大脑。大脑皮层是大脑最外层的皱皱巴巴的灰色组织，平均厚度为2.5～3毫米。这里决定着我们的语言能力、推理能力。布满大脑皮层的褶皱，即沟回。人类的大脑为什么会产生沟回呢？要知道，很多哺乳动物的大脑都是平滑的。

美国神经学专家埃森对此作出了解释：大脑神经细胞在发育过程中的张力造成大脑皮层产生了大量沟回。如果大脑皮层没有褶皱，而是完全平展开的话，它所占"地"面积要比现在大三倍。但是，很长时间以来，研究人员一直弄不明白大脑皮层产生沟回的原因。他们只知道胎儿大脑在6个月大时才开始形成沟回。有些科学家认为，部分大脑细胞天生就比其他细胞生长迅速，这种不平衡的发育最终导致大脑皮层布满褶皱。但是埃森认为，大脑皮层布满沟回可能是由于为了争取最大程度增加表面积与体积比而自然形成的。

脑CT
大脑结构非常复杂，因此当大脑有病变时，需要借助CT检查来帮助诊断。

【百科辞典】

蛋白质：
天然的高分子有机化合物，由多种氨基酸组成。是构成生物体活性物质的最重要部分，是生命的基础，种类很多。

无机盐：
指除碳酸盐和碳的氧化物外，不含碳原子的化合物。

人类之最 人体对缺氧最敏感的部位：大脑。大脑细胞丰富，代谢率高，需氧量高，会最先接收到人体缺氧的信号。

左右脑功能有何不同？

大脑是人体内最精密脆弱却最为奇妙的器官，它最奇妙之处不在于它的构造与组织，而在于它蕴藏了人类无穷无尽的思想与潜在能力。大脑分为左、右两个半球，左半部分就是左脑，右半部分就是右脑。它们的形状虽然对称相同，但发挥的功能却不一样。

左脑被称为"知性脑"，比较偏向理性思考。它掌管说话、领会文字、对信息进行分析和判断等能力。右脑比较偏向直觉思考，掌管图像、绘画、音乐等能力，被称为"艺术脑"，负责情绪处理。协作中，左脑把从感觉器官收到的信息转换成语言，再传到右脑加以印象化，接着传回左脑进行逻辑处理，再由右脑显现创意或灵感，最后交给左脑，进行语言处理。比如，演奏钢琴时左脑将视觉、触觉、听觉信息收集，然后传给右脑，由右脑对音乐进行鉴赏和理解。

基本上，人身体各部的神经若是上传到大脑，信息都会交叉传达到对侧的大脑半球。所以左脑管右边的身体，而右脑管左边的身体。但左、右脑并不是单独运作，互不相干的，它们之间有非常密切的联系，会互相传送信息，也必须要相互支持、密切合作，才能将身体的潜在功能发挥到极致。

人的左右脑示意图
人的左右大脑半球由胼胝体相连。半球内的腔隙称为侧脑室，每个半球有三个面，即膨隆的背外侧面、垂直的内侧面和凹凸不平的底面。

人的小脑起什么作用？

小脑位于大脑的后下方，颅后窝内，延髓和脑桥的背面，是脑的第二大组成部分。从外观上看，小脑中间有一条纵贯上下的狭窄部分，蜷曲如虫，称为蚓部。蚓部两侧有两个膨隆团块，称为小脑半球。在小脑蚓部和半球表面有一些横行的沟和裂，将小脑分成许多回、叶和小叶。小脑表面的灰质为小脑皮层，深部为白质，也称髓质。白质内有数对核团，称中央核。

小脑位置示意图
小脑位于大脑半球后方，覆盖在脑桥及延髓之上，横跨在中脑和延髓之间，是脑六个组成部分中仅次于大脑的第二大结构。

小脑是运动的重要调节中枢，有大量的传入和传出神经。大脑皮质发向肌肉的运动信息和执行运动时来自肌肉和关节等的神经冲动，都可传入小脑。小脑经常对这两种传来的神经冲动进行整合，并通过传出神经调整和纠正各有关肌肉的运动，使身体各部在运动中保持协调。

此外，小脑在维持身体平衡上也起着重要作用。它接受来自前庭器官的信息，通过传出神经，改变躯体不同部分肌肉的张力，使肌体在重力作用下，做加速或旋转运动时保持姿势平衡。据研究，小脑对内脏机能活动也有一定作用。

人类之最 最神奇的大脑：爱因斯坦的大脑。研究发现，他的大脑在内部结构上跟常人有很大不同。

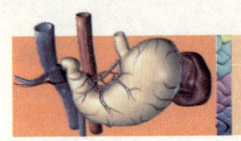

> 主题索引
> 人为什么要每天睡觉？睡着后为什么会做梦？

> 科学关键词
> 睡眠 抑制 夜游

睡梦中的婴儿
据统计，人类睡眠的时间随着年龄的增长而逐渐缩短。新生儿最初几天里的睡眠时间每天超过20小时，而成年人为7～8小时。

人为什么要每天睡觉？

Weishenme

凡是动物都要睡眠，唯一的例外是鳄鱼。人也是这样，从出生的第一天起就会睡觉，不需要人教，而且年龄越小睡的时间越长。人处在非常情况下，不吃东西可以活一个月或更长的时间，但不睡觉只能活10～15天。由此可见，睡眠对人实在太重要了。

科学研究表明：睡眠是人借以维持正常生命的自然手段。睡眠能使大脑细胞免于衰竭和破坏，使神经细胞在清醒时的消耗得到恢复和补充。正如一台机器一样，耗油到一定程度，就得添加油料，否则它就会停止工作。清醒和睡眠都是人的正常生理需要。一个人一生中大约有三分之一的时间是在睡眠中度过的。一位80岁的老人，大约有30年的时间花在睡眠上。

睡着后为什么会做梦？

Weishenme

人的大脑是由许多细胞组成的。白天大脑指挥着我们做各种事情，到夜晚进入睡眠以后，大脑开始进入被抑制状态，也要进行休息。但是，如果大脑的活动不能被普遍地抑制，还有一些区域的细胞没有休息，处在兴奋状态，就会发挥作用，人就会做梦。在仍然兴奋的细胞中，如果有主管说话的细胞，还会说梦话。

有一些人患有夜游症，他们在入睡以后，往往不像一般人那样静静地睡眠，而是无意识地从床上下来，做着各种机械的动作，摸索着走路，眼睛是睁着或者半睁着的。有的人还会走出房间上下楼，甚至翻越障碍物。夜游也是因为大脑细胞没有完全被抑制而产生的，这些仍然处于兴奋状态的细胞主管行动，指挥着人去夜游。

你知道吗

▪ 多数动物都有睡眠行为。马、牛、大象的睡眠时间很短，每天仅需2～4小时；犰狳与蝙蝠每天的睡眠时间多达19～20小时。家畜中的猫与狗都是随时睡随时醒。

▪ 美国加利福尼亚州的蒙培镇，有一名叫格利斯的男子，单腿站着就能睡觉，醒来以后，也从不到椅子上面去歇息。从早到晚，他都是用一只脚蹦着行走，休息的时候也是单脚站立，累了再由另一只脚替换。十分有趣的是，格利斯的职业为舞蹈演员，他擅长跳独脚舞。

▪ 心理学家认为，人的智能有很大潜力，一般情况下只用了不到1/4，另外的3/4潜藏在无意识之中，而做梦便是一种典型的无意识活动，梦境可帮助你进行创造性思维，许多著名科学家、文学家的丰硕成果，不少就得益于梦的启迪。

人类之最　人体最大的内分泌腺：甲状腺。它重约50克，分泌的甲状腺素能促进人体新陈代谢，维持身体正常的生长发

眼睛为什么能看见东西？

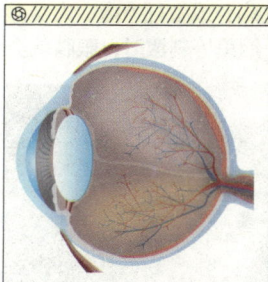

眼球的构造
眼球分眼球壁和内容物两部分。眼球壁分3层，由外向内顺次为巩膜、脉络膜和视网膜。眼球内容物是眼球内一些无色透明的折光结构，包括晶状体、房水和玻璃体，它们与角膜一起组成眼的折光系统。

每天我们睁开眼睛，就能看到五彩缤纷的大千世界，不管是走路、吃饭，还是看书、学习、工作，一时一刻都离不开这双眼睛，那么眼睛为什么能看见东西呢？

从外面观察，我们眼睛有眼白和眼珠两部分，其中黑色眼珠的最外面是一层薄薄的透明角膜，角膜内透明的液体叫房水，房水后面是个有弹性、可调节曲度的晶状体，晶状体的后面还有透明的胶状物，叫做玻璃体。它们都能透过光线。包裹它们的是三层膜，最里面的一层叫视网膜，上面有许多感光细胞，可感受光的刺激；中间一层叫脉络膜，上面有许多色素，它的作用是使眼球里面保持黑暗（像照相机的暗房一样），以免漏过其他光线而影响视觉；最外面的一层叫巩膜，也就是我们看到的眼白，上面有许多血管和神经，有保护作用。当物体上的光线透过角膜、房水、晶状体、玻璃体时，被折射聚焦到视网膜上成一倒立的像，而视网膜上的感光细胞受到光线的刺激，产生冲动，由视觉神经传到大脑视觉中枢，经过大脑的分析，我们便看清了物体，并且能够判断出物体的亮度、形状、大小和颜色等。

人为什么有两只眼睛？

每个人都长着两只眼睛，为什么不只长一只呢？这是因为用两只眼睛观察周围比用一只眼睛来得准确和精细。人生活在一个三维立体空间中，可是一只眼睛的视网膜得到的却是一个没有深度和立体感的二维平面像，无法把三维立体的客观事物如实地反映出来。如果用双眼同时注视某一景物，由于位置和角度的一致，可产生微小的相位差，也就是视差。再经过大脑的加工处理，便可将它综合成一个单一的、完整的、具有深度和立体感的物体像了。对于远离我们的物体，两眼视线几乎是平行的，视差位移接近于零，所以我们很难判断这个物体的距离，更不会对它产生立体感了。仰望星空你会感觉到天上所有的星星似乎都在同一球面上，分不清远近，这就是视差位移为零造成的结果。

把两个有视差的二维平面像重叠分析成一个三维立体物像，这就是双眼的视觉功能。可见，人的两眼就是要一左一右，并处于头部的正前方，形成视差，才能获得具有深度和立体感的物像。反过来，如果只有一只眼的话，也就无法获得立体的物像了。

明亮的眼睛
人类拥有两只处于同一平面上的眼睛有诸多方便。简单来说，这样的一对眼睛非常便于定位。

【百科辞典】

角膜：
黑眼珠表面的一层透明薄膜，由结缔组织构成，向前凸出，没有血管分布，有很多神经纤维，感觉很灵敏，后部与巩膜相连。

巩膜：
眼球最外层的纤维膜，白色，很坚韧，前面与角膜相连，有保护眼球内部组织的作用。

主题索引
瞳孔的大小为什么会变？人为什么会流泪？

科学关键词
瞳孔 括约肌 开大肌

■ 瞳孔的大小为什么会变？

Weishenme

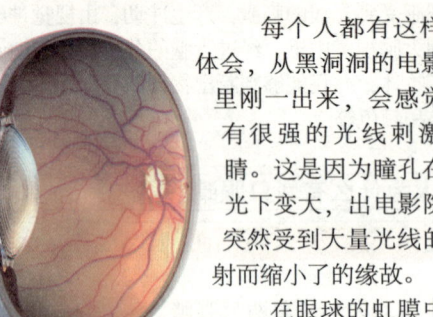

瞳孔的反射路径
瞳孔对光反射的通路：视网膜→视神经→视交叉→两侧视束→上丘臂→顶盖前区→两侧动眼神经副核→动眼神经→睫状神经节→节后纤维→瞳孔括约肌收缩→两侧瞳孔缩小。

每个人都有这样的体会，从黑洞洞的电影院里刚一出来，会感觉到有很强的光线刺激眼睛。这是因为瞳孔在暗光下变大，出电影院后突然受到大量光线的照射而缩小了的缘故。

在眼球的虹膜中，有两种细小的肌肉，一种叫瞳孔括约肌，是使瞳孔缩小的肌肉；另一种叫瞳孔开大肌，负责瞳孔的扩大。瞳孔括约肌绕着瞳孔，它收缩时把肌肉拉向瞳孔前面的上方，这样瞳孔就缩小了。瞳孔开大肌由外向内放射在瞳孔周围，它收缩时会把肌肉拉向外面和后面，使瞳孔扩大。瞳孔的大小变化可改变进入眼内的光的多少。在亮光下，瞳孔变小，能防止光线太强损害眼睛。在暗光下，瞳孔变大，使人能够看见事物。

但有时人们在看到奇特的事情时，瞳孔也会比平时扩大很多倍，这是受人的情感影响的结果。

瞳孔的扩大还与思维活动有关系。例如学生做简单的习题时，瞳孔保持原来的状态；如果题目很难或者在考试时，瞳孔就会扩大到最大程度。

无论是光线强弱的变化，还是情感和思维的影响，瞳孔放大和缩小都是植物性神经支配瞳孔肌运动的结果。

■ 人为什么会流泪？

Weishenme

人们感到悲伤、疼痛，或者打喷嚏、大笑，或者受到强光、沙尘、烟熏等刺激时，眼睛就会流出眼泪来。

那么，人的眼泪是从哪儿来的呢？原来，人的眼睑外侧上方各有一条泪腺，专门分泌泪水。我们平时觉察不出眼泪，是因为下眼睑的内角处有一针尖大小的洞连通鼻腔，平时眼睛分泌的泪水，除一部分蒸

流泪
泪液由位于眼球外上方的泪腺产生，泪液流经眼球表面，并通过眼睑上的小开口（泪道）出眼。泪道开口下接鼻泪道，鼻泪道下方开口于鼻腔。

发外，其余的就经过这个小洞流到鼻腔里。当人们悲伤或高兴过度或者眼睛受到刺激时，泪水来不及从小洞流走，便会夺眶而出。

其实，眼泪还起着保护眼睛的作用。它冲洗眼球表面的尘土，保持眼睛清洁，防止细菌生长。同时，它还起到润滑作用，使角膜保持润湿和透明。

如果眼睛有病，通过鼻腔的小孔会塞住，泪水流不到鼻腔，就会发生经常流泪的现象。

你知道吗

☑ 洋葱中含有硫代丙醛和氧化硫代丙醛，会刺激人的眼球，使人流泪。这些物质极易溶于水，所以在切洋葱时，旁边放一盆水，可缓解流泪的症状。

☑ 人在悲伤时流出的眼泪中含有大量水分、钾离子和蛋白质，哭可以把体内的有害物质排出，从而使人体免受不良情绪和有害物质的损害。

最早的角膜移植手术：1905年，奥地利眼科医生埃德特·泽姆给一个病人植入了一对角膜，使他恢复了视力。

人的两只耳朵为什么长在脑袋两侧？

人的两只耳朵长在脑袋两侧可以使头部具有对称感，看起来比较协调。想想，如果有人在一侧长着两只耳朵，而另一侧光秃秃的，该有多么难看！更重要的是，两只耳朵长在脑袋两侧有助于听清楚来自不同方向的声音。左边来的声音，左耳朵听到的声音强些；相反，右边来的声音，右耳朵听到的强些。

这样，不论从左右哪个方向传来声音，我们都能清楚地听到。如果两只耳朵长在了同一侧，不论是在左边还是右边，从相反方向传来的声音，都会听不清楚。

耳朵如何听到声音？

我们的整个听觉器官包括外耳、中耳和内耳。外耳和中耳都是传导声波的重要部分，外耳的耳郭收集外界的声波，通过外耳道、中耳集中将声波传到鼓膜。而内耳则是感受声音以及感受身体在静止状态和运动时的位置的器官。

人耳内部结构
听觉系统包括外耳、中耳、内耳及听觉神经系统。听觉神经系统包括听觉神经和大脑听觉区。

鼓膜位于中耳内，是一块鸭蛋形的薄膜，面积大概为85平方毫米。由外耳传来的声波传到中耳，接着引起鼓膜振动，而鼓膜的振动又导致3块听小骨振动，继而引起内耳中听神经的感知，听神经立即将信息传送到大脑。于是大脑就通过耳朵马上感受到外界各种各样的声音了。

耳朵里为什么有耳屎？

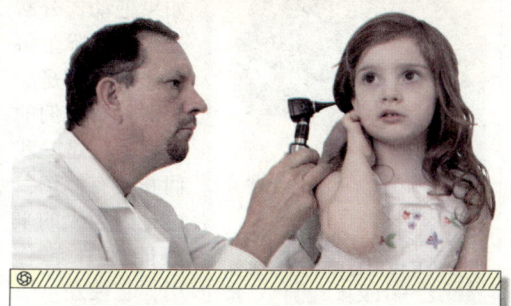

治疗耵聍栓塞
耳屎的学名叫"耵聍"，是外耳道的分泌物，功能主要是防止异物侵犯鼓膜。但耳屎分泌异常会造成栓塞，引起耳闷、听力减退甚至耳痛，这时，应该请医生处理。

人类能听到声音靠的是耳朵和它的神经系统。耳朵是我们的听觉器官，耳朵里有一层皮肤，在外耳道的管壁上有一种腺体，能分泌黄色的蜡状液体。当它与灰尘、皮屑等混在一起，就形成了我们所说的耳屎，医学上称之为"耵聍"。

耳屎可以湿润耳内的细毛，还可以防止小虫进入耳内，是保护耳朵的一道防线。但是，如果耳屎堆积太多，会使人耳朵发痒，还会造成耳道堵塞，影响听觉。这时，可用一根棉签把耳屎轻轻地扫出来，切不可用指甲随意乱掏，以免损伤耳道内的皮肤、碰伤鼓膜，导致发炎，影响听力。

你知道吗

- 人体里有少数组织没有血管，耳内就有这种组织，内耳细胞不凭借血液而是始终浸在某种液体里，以获得养分。
- 人的耳朵对不同的声音和响度的感受是不一样的，但都有一定的限度。经常连续收听响度、强度过大的声音很容易造成耳朵的疲劳，导致听力下降。

人类之最　人体最小的肌肉： 耳朵里面的镫骨肌。它的长度不过1毫米，可它却有调节声音传导的作用。

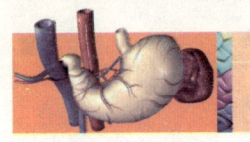

- 主题索引
  人怎样保持身体平衡？为什么有的人会晕车？
- 科学关键词
  内耳 半规管 平衡感觉器

■ 人怎样保持身体平衡？

Weishenme

内耳结构示意图
内耳由构造复杂的弯曲管道组成，所以又称"迷路"。其中，半规管是感受方向和平衡的前庭系统的一部分。

我们每个人在走路的时候，如果把动作分解开来，实际上每迈一步，都是一个即将要摔倒的过程。可是，我们并没有摔倒，这是因为人的平衡能力在起作用，它使左、右脚交替迈出，使得人能稳稳当当地行走。正因为人有了平衡能力，所以才能完成许多高难度的空中翻滚、跳跃等动作。

那么，人体这种保持平衡的能力是怎么来的呢？原来，在人的颅骨内有一个很小但结构十分复杂的内耳。主宰人的平衡能力的就是内耳中的半规管和半规管前的两个囊状结构。当头部在三维空间发生位置变化时，半规管的内部组织会把这种信息传到大脑中枢，而那两个囊状结构则专门感受头部处于静止时的位置，以及前进、后退、升降等直线运动。神经中枢从内耳的这两个部分获得人在运动时的种种信息，从而及时作出反应，使人体保持平衡。

■ 为什么有的人会晕车？

Weishenme

有的人在乘车或乘船的时候会感到头晕目眩，严重的还会恶心呕吐和出虚汗，这就是晕车或晕船现象。产生这种现象，是由于耳朵里面的平衡感觉器感受到摇动而引起的。

耳朵分为外耳、中耳和内耳三大部分，平衡感觉器就在内耳里面，它与内耳神经相连接，内耳神经又连着大脑和小脑，平衡感觉器能感受到身体所受的摇动，能把身体摇动时所处的位置，通过内耳神经及时传到大脑和小脑，大脑和小脑得到信号，就能及时地调节身体的位置，使身体位置恢复正常。无论是乘车还是乘船，甚至从事体育活动，身体都会出现很剧烈的摇晃颠簸，如果摇动的幅度小，一般的人还是能够适应的，但是有的人平衡感觉器特别敏感，在受到摇动时就会频频地向大脑和小脑发出信号，信号又多又乱，大脑和小脑在接收这些信号时没有规律，就会有很不适应的感觉，产生头晕和目眩现象。

平衡木
平衡木表面狭窄，对运动员完成动作的准确性和控制身体平衡的能力有很高的要求。

你知道吗

■ 在坐车前保证有充足的睡眠，不要吃得过饱，选择坐在车子中部靠近车窗通风的地方，或乘车前半小时服用苯海拉明、扑尔敏等防晕车药，在前额部、鼻唇沟处涂些清凉油或者薄荷油，都可以预防晕车或减轻晕车反应。

■ 有些人因车辆颠簸或对汽油味不习惯，以致头晕恶心，可以带一根小人参在口袋里，当感到难受时，立即将一小片塞入口中含服，这样很快就会适应环境，减轻晕车反应。

158 人类之最 耳朵最长的人类：印度尼西亚波洛尼亚岛上的卡拉比部族人以耳长为美，当地有一人的耳朵竟长达24厘米。

■ 鼻子为什么能闻到气味？

Weishenme

我们的鼻子有两大本领，一是用来呼吸，二是作为嗅觉器官。我们能辨别出4000多种不同的气味，那么，鼻子是怎样闻出各种气味的呢？

花香
鼻子里长着许多能闻到气味的嗅觉细胞。当气味钻进鼻子里时，它们就能闻出味道，然后告诉大脑。

在人的鼻腔内壁，有一块比大拇指还要大的嗅区黏膜，里面分布着大量的嗅觉细胞和能分泌液体的嗅腺，嗅觉细胞有1000多万个，它们与大脑有联系。当人吸气时，飘散在空气中的气味分子便随气流钻进鼻腔，溶解在嗅腺的分泌物中，刺激嗅觉细胞。这时，嗅觉细胞马上兴奋起来，产生神经冲动。这些神经冲动通过嗅神经，传给大脑的嗅觉中枢。大脑经过分析判断后，就能辨别出各种气味了。

人的嗅觉有两个明显的特点：一是它非常灵敏，一个化妆品专家仅凭鼻子，就能分辨出上百种不同的香味；二是它具有适应性，一种气味闻得时间久了，就会产生疲劳现象，"入芝兰之室，久而不闻其香"说的就是这种情况。

■ 为什么要用鼻子呼吸？

Weishenme

有不少人认为，鼻子和嘴都可以呼吸，二者没有太大的区别。其实，这种观点是不正确的。用鼻子呼吸才是合乎科学的，因为鼻腔不止是空气的通道，它还有温暖、湿润和洁净空气的功能。

鼻腔黏膜的血管十分丰富，具有收缩和扩张功能，而且能随着体内外环境的改变而进行自我调节。当外界有冷空气进入鼻腔时，小血管里的血液就会增多，流速也会加快，这样，就能把进入鼻腔的冷空气调节到和体温相似的温度；同时，可将干燥的空气变得湿润，以维持呼吸道的正常生理活动。

此外，鼻孔里长有很多鼻毛，用鼻子呼吸，鼻毛可以挡住空气中的灰尘。当空气中的灰尘和微生物等吸入鼻腔后，会被鼻毛和鼻子中的黏液吸附住。鼻腔分泌的黏液中还含有一种溶菌酶，它能抑制和溶解细菌。所以，用鼻子呼吸比用嘴巴呼吸更科学卫生。

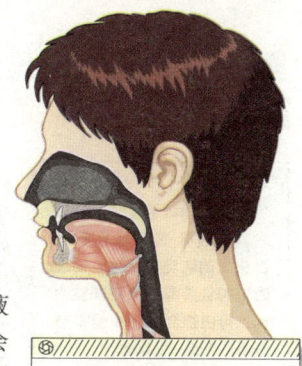

鼻腔结构示意图
鼻腔是呼吸道的首端和门户。鼻毛对空气中较大的粉尘颗粒有过滤作用；鼻甲黏膜下有海绵状血窦，可供调节鼻内气温所需热量；鼻腔黏膜腺体可分泌大量液体，用来提高吸入空气的湿度，防止呼吸道黏膜干燥。

••• 【百科辞典】•••

嗅觉：
鼻腔黏膜与某些物质的气体分子相接触时所产生的感觉。

嗅腺：
位于嗅黏膜深部的小形腺体。嗅腺可分泌黄色的物质，对黏膜有湿润作用，对嗅细胞的感受活动也起一定的协助作用。

嗅神经：
第一对脑神经，从大脑的前下部发出，分布在鼻黏膜中，主管嗅觉。

人类之最　人体所含最多的矿物质：钙。它在人体内可达1千克左右，99%以骨盐形式存在于我们的骨骼和牙齿中。

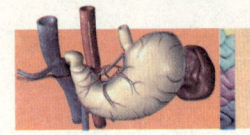

主题索引
舌头为什么能尝味道？手的触觉为什么很敏感？

科学关键词
味蕾 味觉 神经末梢

■ 舌头为什么能尝味道？

Weishenme

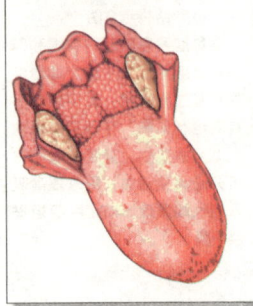

味觉系统示意图
不同味道的物质刺激舌头上的味觉感受体，信息通过神经传导到大脑味觉中枢，再由综合神经中枢系统分析，从而产生味觉。

人的舌头能感觉到酸甜苦辣千般味道，所以有人称它为"味道检测器"。我们不禁要问：舌头为什么能辨别这么多味道呢？

它的秘密就在于长在舌面上的味蕾。味蕾是味觉感受器，它除了长在舌面的乳头状突起内，还分布在舌头的底面和咽部、软腭等。味蕾呈椭圆形，外面有一层盖细胞，里面是细长的味觉细胞。味觉细胞的末端还有纤毛，叫做味毛。支配味蕾的感觉神经末梢细支就包围在味觉细胞上，像根电线一样，把味觉细胞的兴奋冲动传递到大脑的味觉中枢。

科学家说，舌头上巧妙地分布着甜、酸、苦、咸四种基本味觉细胞，味毛受到某种味觉刺激后，立即报告给大脑中管味觉的神经，从而作出反应。涩、辣等味觉则是混合味觉，是这四种基本味觉的不同组合。味觉也同其他感觉，如嗅觉、触觉等相联系，比如辣觉就是热觉、痛觉和基本味觉的混合。

■ 手的触觉为什么很敏感？

Weishenme

人体触觉最敏感的部位是手、舌、唇、足等。人们往往通过手去探知物体的形状、温度、粗糙度等，利用手指的触觉去感知外部世界。手的这个功能对于人的日常工作和生活是相当重要的。

制作陶艺的双手
陶艺被称为"手指间的艺术"，制作者要通过手指微妙的力量变化，体现出泥巴的肌理，塑造出陶器的形状。

为什么手的触觉那么灵敏呢？原来，人体皮肤上有许多神经末梢感受器，能把冷、热、痛等感觉用信号的形式传递到大脑，由大脑作出判断。据统计，人体每平方厘米的皮肤上大约有12个感知热的感受器，100多个感知痛的感受器，25个感知触觉的感受器。手指部位的感受器分布尤其多，因此手指的触觉功能最发达。

如果经过特别训练的话，手指的敏感程度还可以比正常情况高出很多。例如，盲人可以流利地"阅读"盲文，这种"阅读"完全是靠手指触摸盲文纸上凹凸不平的小颗粒来实现的。手指不仅触觉灵敏，对冷、热、痛的感觉也很灵敏。俗话说"十指连心"，如果手指被刺伤了，那真是钻心地疼。因此，我们应保护好自己的手指，它们对我们的生活实在是太重要了。

•••【百科辞典】•••

味觉：
舌头与液体或者溶解于液体的物质接触时所产生的感觉。甜、酸、苦、咸是最基本的四种味觉。

神经末梢：
神经从神经中枢发出后分布到各组织的部分，作用是感受外来的刺激并把这些刺激传达到神经中枢，又把神经中枢的命令传达到各个组织。

人为什么会感觉痒？

Weishenme

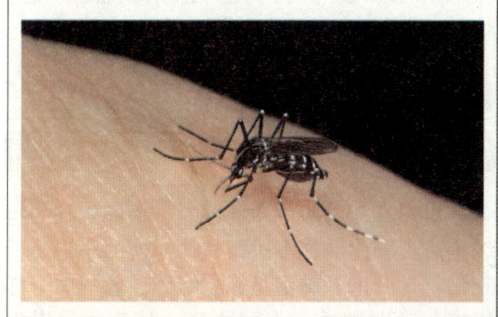

蚊虫叮咬皮肤
蚊虫叮咬之后，皮肤上往往出现红色的斑点，感觉很痒。但究竟是什么原因引起痒的感觉，至今仍是个谜。

痒是人类拥有的感觉之一，就如同疼痛、恐惧等一样，是人类的本能。人不仅会感到痒，而且有时还会被它搞得非常难受，甚至坐立不安。比如，夏天的时候，如果你不小心被蚊子叮了一下，就会感到奇痒无比。那么，你知道为什么人会感觉到痒吗？

据科学研究统计，在人皮肤每平方厘米的面积上有100～200个痛点、10个冷点、1个热点，就是没有痒点。既然没有痒点，人为什么还会感觉到痒呢？这个问题曾一度让科学家感到困惑。随着科学的发展，科学家们对此现象的研究越来越深入，目前有两种解释：有些科学家认为，人虽然没有痒点，但是对那些痛点给一些轻微的刺激，这种刺激传到大脑，人们就感到痒；还有一些科学家认为，在现阶段，虽然痒的感觉点并没有找到，但是它们是有可能存在的，只是我们还没有发现而已。

盲人为什么能识别盲文？

Weishenme

盲人要区别伍元、拾元的钞票，只需用手摸一摸钞票上的盲点就知道了。他们的手指怎

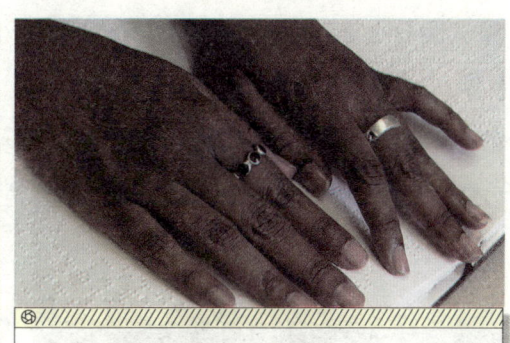

用手指"读"盲文
盲人通过指尖触摸突起的点组成的文字，就可以和正常人一样"阅读"书籍了。

么会有那么大的本领呢？

原来，手指是全身感觉最灵敏的部位之一。据测定，在手指头上一块比邮票还小的范围内就有上千万个神经细胞，能分辨出所接触到的物体是圆是方，是软是硬，是光滑还是粗糙等。因此，长期从事某种工作的专业人士对自己所熟悉的事物往往有超乎寻常的分辨力。

盲文是一种专为盲人设计、靠触觉感知的拼音文字。它是由排列不同的凸出的点组成的。盲人就是靠手指触摸盲文纸上细微的凸出的小颗粒来"阅读"的。盲文最早是由法国盲童学校教师布莱尔于1824年创制的，故又称"布莱尔盲字"或"布莱尔点字法"。盲文由六个凸点组成，以点数的多少和点位的不同来区分不同的符号，可变化成63个不同的图形符号，是现代国际上普遍使用的盲文形式。

盲人经过学习训练，用手指便可"阅读"。

【百科辞典】

痛点：
皮肤上专管疼痛感觉的神经细胞末梢。

点字：
专供盲人使用的凸出来的点状文字，字母由不同排列的凸出的点子组成。

我国最早使用的盲文：康熙盲字是我国最早的通用汉语盲文，以两方盲符的排列组合，组成408个号码，代表汉语的408个音节。

▶ 主题索引
人为什么离不开空气？ 为什么肺部有许多肺泡？

▶ 科学关键词
氧化 肺泡 血红蛋白

■ 人为什么离不开空气？

Weishenme

潜水员
由于海底压强较大，空气非常稀薄，因此潜水员需要靠氧气瓶来维持正常的呼吸。

人不进食可活一个月或更长的时间，不喝水只能活7天，但如果不呼吸，马上就活不下去了。在维持生命的三种基本要素——氧、水、食物中，人体对氧的储备是最少的，如果断绝氧的供应，人体组织所储存的氧仅能维持3~4分钟的有氧代谢。

空气中含有氧、氮、二氧化碳，以及微量的其他气体，还含有水蒸气。我们知道，我们的体温能恒定在37摄氏度左右，是因为我们体内不断在"燃烧"，只不过"烧"的不是煤、柴，而是食物中的碳水化合物、脂肪或蛋白质。如果没有氧，这些物质的氧化"燃烧"是无法

呼吸系统示意图
人的呼吸系统包括呼吸道（鼻腔、咽、喉、气管、支气管）和肺两大部分。

进行下去的，我们的生命也将终止。我们吸入的空气含氧量为20.9%，但呼出的气体中只含氧16.4%，呼吸之间所减少的氧就是被人体吸收利用，在氧化代谢过程中"烧"掉的。我们呼出的气体中含二氧化碳4.1%，比吸入时多100倍，这也是氧化"燃烧"的结果。氮虽然在空气中占的比例最大，但它不是人体新陈代谢所需的物质，对我们的健康也无害。

■ 为什么肺部有许多肺泡？

Weishenme

肺是用于呼吸的主要器官，由海绵状的组织构成。肺内有许多进行气体交换的小泡囊，它们就是肺泡。肺泡是粒状组织，像气球一样中空，有时收缩、有时膨胀，使空气得以出入。每个肺内约有3亿个肺泡。肺泡通过结缔组织连接在一起，通过毛细血管和内皮细胞的薄壁进行气体交换。正因为这样，空气和血液之间的间隔非常小，只有0.5微米。

肺泡壁上密布着毛细血管，这些血管中有从心脏送来的血液流入，之后血液再往心脏的方向折回。血液中的血红蛋白有在氧气多的地方（如肺中）与氧结合、在氧气稀薄的地方（如人体末端组织）释出氧的特性。同样，它在二氧化碳多的末端组织中会与二氧化碳结合，而在二氧化碳稀薄的肺中则会释出二氧化碳。像袋子般的肺泡壁非常薄，所以氧和二氧化碳的气体分子可随意穿透。运来二氧化碳的血液在肺泡中释出二氧化碳，同时与肺泡中的氧相结合，再经过心脏运至全身。正因为肺部有那么多肺泡，氧气以及二氧化碳才能顺利进行交换，维持人体功能。

你知道吗

☐ 成人在安静状态下，一昼夜所吸入和呼出的气体体积达20～30立方米。

☐ 人类利用空气治疗疾病的历史和整个医学史一样悠久。在1945年抗痨药物发明以前，医生对付肺结核的唯一办法，就是利用自然界的空气、水和阳光，加上营养来进行治疗的。

人类之最　人体内最多的物质：水。成人身体里约有45升水，大约占体重的65%。

人是怎样发声的？

Weishenme

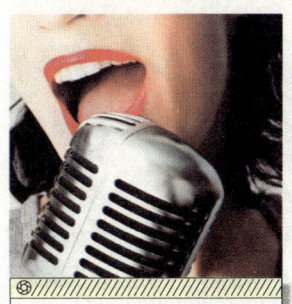

发声

人声基频的高低取决于声带的长短、张力（松紧）和声门的大小；声音强度则取决于气流的大小和速度。

在人的颈部内有一种产生声音的结构，叫做喉。它的内部有一个空腔，我们叫它喉腔。喉腔中连着两块能够振动发声的肌肉——声带。它们紧密地并列在一起，而且像橡皮筋一样，拉得越紧，反弹的声音越大。

在两根声带中间有一条裂缝，叫做声门裂。随着声带的一紧一松，声门裂也忽长忽短，忽大忽小。当人准备发出声音时，总要先吸一口气然后暂时停止呼吸，这时松弛的声带被喉部的肌肉上下拉紧，相互靠拢，声门裂变得又细又长，只留下一道窄小的缝隙。因为闭气的时候，气流都积在气管里，气管内的压力一时之间大大增加，等到你想吐掉这口气时，被久压的气流就会迅速地冲向声带并试图从这条缝隙中穿过，这就使得声带发生振动，而且这种振动还会使喉腔里的空气也一起产生振动，引起共鸣，因而发出了声音。嗓音的高低、粗细就是由声带的紧张度、呼出的气流量等因素决定的。

青少年声带比较娇嫩，如果说话时间过久，就会发生充血现象，声音会变得嘶哑，所以一定要注意保护嗓子。

人为什么会打喷嚏？

Weishenme

每当我们想打喷嚏的时候，就好像突然来了一股不可抗拒的力量，想控制都控制不住。打完喷嚏后，会出现瞬间的轻快感。人体的一切活动都是由神经支配的，打喷嚏也是同样道理。科学家把这种神经系统调节反应的过程叫做"反射"。

鼻腔内神经分布非常丰富，因此也经常出现神经反射现象。打喷嚏就是鼻腔内一种神经反射现象。其反射过程大致是这样的：当鼻腔吸入灰尘颗粒、花粉、不良的气体、气味，甚至感冒、情绪激动及强光刺激等，均可直接或间接刺激鼻腔黏膜感觉神经（即三叉神经的分支）末梢，感觉神经再将刺激反射给大脑的呼吸中枢，立即就会出现控制不住的深吸气，随之而来的则是强呼气，即一股强气流经鼻腔猛烈喷出。这股强大的气流中带着大量的鼻腔分泌物，如同暴风骤雨，以迅雷不及掩耳之势，将鼻腔的异物等驱逐出去。所以，打喷嚏是一种对人体非常好的保护性反射。

> **打喷嚏**
> 打喷嚏是从鼻道排除刺激物或外来物的一种方式。其原因主要有4种，即感冒时打喷嚏、患有过敏性鼻炎或花粉症打喷嚏、患有血管收缩性鼻炎打喷嚏和患非过敏性鼻炎打喷嚏。

【百科辞典】

声带：
发音器官的主要部分，是两片带状的纤维质薄膜状肌肉，附在喉部的匀状软骨上，肺内呼出气流振动声带，即发出声音。

反射：
有机体通过神经系统，对于刺激所产生的反应。

打喷嚏最多的人：英国人克朗宁。他从1983年11月起，每天从早晨5点到下午5点都在不停地打喷嚏，一天要打18000次。

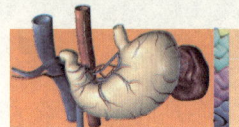

主题索引	科学关键词
人为什么会咳嗽？人为什么会打哈欠？	咳嗽 白细胞 感应性

■ 人为什么会咳嗽？

Weishenme

当人感冒或者喉咙不舒服时，常会咳嗽。那么，人为什么会咳嗽呢？

从喉部支气管一直到终末支气管的内壁有一层黏膜，黏膜是由带纤毛的上皮细胞构成的，能分泌黏液，这种黏液能保持呼吸道湿润，黏膜上的纤毛具有活动能力，能不停地摆动。当灰尘、细菌随空气被吸入时，就会被黏膜上的黏液粘住，并逐渐被黏膜上的纤毛扫向喉部。这些含有灰尘、细菌的黏液经咳嗽可排出体外，这就是平时所说的"痰"。所以，咳嗽是喉部、气管、支气管受到刺激而引起的一种保护性反应。

当人身体健康，抵抗力强时，空气带进来的病菌即使没被咳嗽咳出，潜伏在喉咙和气管等处也不敢轻举妄动。当人着凉生了病，抵抗力减弱的时候，病菌便会在里面兴风作浪，引起喉咙、气管发炎。这时人非但更容易咳嗽，而且咳出的黏液往往含有病菌和白细胞尸体，会变成浓浓的黄色。如果支气管甚至肺部受到病菌感染，原来在毛细血管里的红细胞跑了出来，咳出的痰液往往呈铁锈色或鲜红色，这时就得赶快上医院请医生诊治了。

■ 人为什么会打哈欠？

Weishenme

打哈欠是常事，有时还有感染力，特别是午后2点、晚上10点左右，一个人打哈欠，周围人也会跟着打哈欠。打哈欠是大脑兴奋处于低潮所引起的感应性和良性的调节反应，医学上说打哈欠是一种自我保护的行为。

二氧化碳是身体内的废气，在血液中积聚过多时，便引起哈欠反射。打哈欠时，咀嚼肌、面肌、颈部肌肉收缩，使嘴强制张大，呼出二氧化碳；与此同时，胸腔扩展，双肩抬高，使肺部能够吸收比平时更多的空气，供给脑部更多氧气。所以，打哈欠有醒脑提神的作用。

引起哈欠的原因很多。疲劳、紧张、久坐、专心致志做功课、腰带太紧、室内过热和通风不良等，都会引发哈欠。

气管和肺部支气管示意图

支气管是由气管分出的各级分支。一级支气管，即左、右主支气管。左主支气管较细长，走向倾斜；右主支气管较粗短，走向略直。

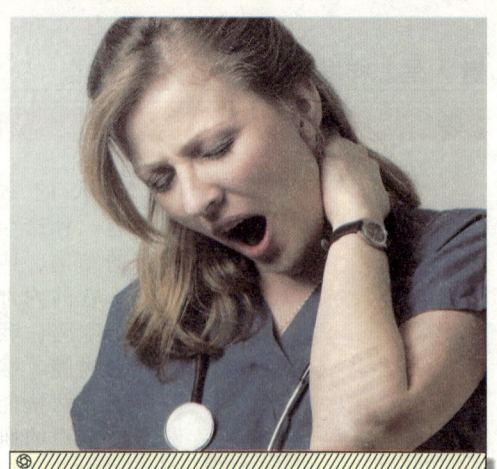

打哈欠

打哈欠时人体吸入新鲜空气，这些空气能够降低鼻腔中血管和血管中血液的温度，这些低温血液被输送至大脑后会进一步刺激大脑，使大脑保持警觉。

【百科辞典】

咳嗽：
喉部或气管的黏膜受到刺激时迅速吸气，随即强烈地呼气，声带振动发声。

白细胞：
血细胞的一种，比红细胞大，圆形或椭圆形，无色，有细胞核，产生在骨髓、脾脏和淋巴结中，作用是吞噬病菌、中和病菌分泌的毒素等。

感应性：
因受外界刺激而引起灵敏反应的特性。

 人类之最　**功能最多的内分泌腺：** 人的大脑下面有个像蚕豆一样的小东西叫脑垂体，它能分泌至少七八种身体必需的激素。

主题索引
为什么人血是红的？为什么小伤口流血会很快停止？

科学关键词
血红蛋白 血小板 血痂

认识人类自身

■ 为什么人血是红的？

Weishenme

人类很早就知道血是红色的，也知道血对人的重要性，如果血流尽了，人就会死去。那么，血液为什么是红色的呢？

这是因为在血管中奔流的红细胞是血液最主要的构成成分，它占全部血液量的50%左右。所以，是这些悬浮于血浆中的红细胞使血液变成了红色。

红细胞的主要成分是一种名叫血红蛋白的物质，血红蛋白是一种含铁的结合蛋白质，由球蛋白和血红素组成，其中关键部分是能够携带氧分子的含铁血红素。由于每个红细胞有4个含铁血红素分子，每个含铁血红素分子可携带1个氧分子，所以一个红细胞可以携带4个氧分子。红细胞的颜色因含氧量的不同而稍有变化。人体血液中所含氧气量的多寡是决定血液颜色的关键因素之一。动脉血含氧量高，所以颜色鲜红；静脉血含氧量低，所以颜色暗红。

这要归功于血液家族中个头最小的成员——血小板。虽然名为血小板，可它却不像板，它的形状是不规则的。有的是椭圆形，有的就像一块块碎片，数量不多也不算少，每立方毫米血液中约有10万～30万个。血小板寿命约7～14天，每天约更新总量的1/10，衰老的血小板大多在脾脏中被清除。

血小板就像水龙头的开关，而且还是个自动开关。当血液从伤口往外流时，血小板即迅速集中在伤口处，并融合在一起，阻止伤口流血。血小板还能释放出凝血因子，它与血浆中的纤维蛋白原相互作用，使纤维蛋白原变成固体纤维蛋白，这

血液的组成

血液是流动在心脏和血管内的红色液体，主要成分为血浆、血细胞和血小板三种。血细胞又分为红细胞和白细胞。其中红细胞占大部分，因含有名为血红蛋白的蛋白质而呈红色。

你知道吗

■ 有一种生活在深海底处名叫鲎的动物，它的血液是蓝色的，这是因为它的血细胞的主要成分是一种血蓝蛋白而不是血红蛋白，这种血蓝蛋白含铜，呈蓝绿色，因此也叫铜蓝蛋白。

■ 在非洲西北部山区有一种过着原始生活的绿色人种，总数不到3000。据说，这些绿种人不仅看上去像树叶一样绿，而且他们的血液也是绿色的。

■ 为什么小伤口流血会很快停止？

Weishenme

当我们的手指不小心被刀割伤后，会流出一滴滴的鲜血。可是过了一会儿，流出的血会越来越少，最终伤口结了血痂，血流也自行止住了。这是什么原因呢？

些纤维蛋白相互交错重叠，最终就堵住了伤口。

有些专家发现，血小板中具有生长因子，它可以帮助伤口愈合。当我们的伤口结痂后，只要不再去碰破它，过几天所结的痂便会自动脱落，这是血小板中的生长因子在起作用。生长因子具有修复伤口，恢复皮肤、血管的功能。

人类之最　**人类最多的血型**：根据调查，就全世界范围来说，O型血的人数量最多，约占总人口的46%。

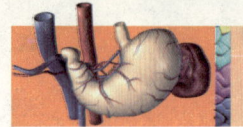

> 主题索引
> 静脉中流动的都是静脉血吗？为什么会有脉搏？
>
> 科学关键词
> 含氧量 脉搏 桡动脉

■ 静脉中流动的都是静脉血吗？
Weishenme

首先我们要弄明白静脉和静脉血、动脉和动脉血之间的区别：动脉和静脉是输送血液的管道，属于器官。动脉血和静脉血是血管中流动着的血液，属于组织。区分动脉和静脉主要看血管中血液流动的方向：将血液由心脏送出去的血管为动脉；将全身各处的血液收回心脏的血管为静脉。区分

人的心脏模型
心脏如同本人的拳头大小，通过间隔分为左右两半，每一半再进一步分为两部分：回收血液的部分（称为心房）和喷血的部分（称为心室）。图中红色的为动脉血管，蓝色的为静脉血管。

动脉血和静脉血的依据是血液中氧的含量、血液的颜色。氧含量高，颜色鲜红的血液为动脉血；含氧量低，颜色暗红的为静脉血。

动脉血因其中的氧气被身体利用后成为静脉血进入静脉，所以静脉血含氧量少，呈暗红色，这些血液最终流到腔静脉，进入右心房，最后流向肺。并不是所有的静脉里流动的血液都是静脉血，肺静脉中流动的就是含氧量很高的动脉血。

■ 为什么会有脉搏？
Weishenme

当你把左手自然地平放在桌面上，掌心向上，用右手的食指、中指、无名指搭在左手腕靠近大拇指的一侧时，你会感到手指上有一跳一跳的感觉，这就是脉搏。这时你所搭的是桡动脉。此外，在头上、颈部、腹部、脚上都可以摸到脉搏。人为什么会有脉搏呢？

脉搏是由心脏的收缩和舒张引起的。当心脏收缩时，心室里的血液猛地朝动脉血管里冲去，

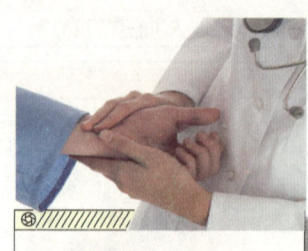

检测脉搏
脉搏就是指浅表动脉的搏动。正常人的脉搏和心跳是一致的，临床上有许多疾病，特别是心脏病会使脉搏异常。

由于血管腔较小，大量血液冲进来使血管壁扩张；当心脏舒张时，血液进入血管的速度较为缓慢，这时血管壁借助于自身较好的弹性回缩。心脏有节律地收缩和舒张，血管壁也有节律地扩张、回缩，这就是血管的搏动。这种搏动能沿着血管壁不断地向前传播，因此，我们在身体的许多部位都能摸到脉搏。

一般情况下，摸静脉血管感觉不到脉搏，这是因为静脉血管管腔较大、血流速度慢、管壁较薄、弹性不足等。因此，准确地说，我们能摸到的是动脉脉搏。

古代中医早就有了切脉看病的诊断方法。他们根据脉搏的次数、强弱、节律、波形的变化来判断心脏的健康状况、血压的高低等，甚至可以判断是否怀孕，传说高明的医生还可以根据脉搏判断胎儿的性别。由此可见切脉之神奇。

···【百科辞典】···

脉搏：
心脏收缩时，由于输出血液的冲击引起的动脉的跳动，也叫脉息。

桡动脉：
位于手腕部肱桡肌与桡侧腕屈肌之间，浅面为前臂深筋膜，深面为拇长屈肌腱和旋前方肌及桡骨下端。

166 人类之最 人体内微血管最多的部位：肺部一共有3000亿条微血管，假如连接起来，总长度约为2400千米。

■ 不同血型的人为什么不能相互输血？

Weishenme

当伤者急需输血而医院恰巧没有合适的储备血时，医生要组织人员为伤员输血。在输血之前，医生首先要检验伤员和为伤员输血者的血型，看他们的血型是否相合，一般相同的血型才可以输血，不相同则不能输血。

1902年，奥地利病理学家兰特斯坦纳发现，人类的血液有四种基本类型，即A、B、AB、O四种，我们每个人的血型只是四种中的一种。这四种血型是根据不同人的血液含有四种不同的特殊物质的情况确定的。这四种物质，有两种在红细胞里，叫A凝集原和B凝集原；另两种在血清里，叫α凝集素和β凝集素。A型血的红细胞里含有A凝集原，血清中含有β凝集素；B型血的红细胞里含有B凝集原，血清中含有α凝集素；AB型血的红细胞里含有A和B两种凝集原，血清中没有凝集素；O型血的红细胞里没有凝集原，血清中含有α和β两种凝集素。血型不合者不能相互输血，是因为不同血型的血液里所含的上述物质一旦接触就会使红细胞发生凝集，使人出现生命危险。

■ 皮肤苍白就是贫血吗？

Weishenme

贫血是一种常见的病症。从检测指标上说，贫血通常是指成年人每升血液中红细胞和血红蛋白指标低于正常值。有许多人认为，只要皮肤苍白就是贫血。其实，这种观点是片面的、不科学的。

事实上，人的皮肤颜色深浅受到多种因素影响。肤色不仅和血液里血红蛋白数量有关，而且与皮肤厚度、皮肤色素含量等也有密切关系。此外，环境因素也对肤色有很大影响。比如，一个人如果长期不晒太阳，肤色也会比平时白一些。

由此可见，皮肤颜色苍白不一定是贫血引起的。相反，肤色较深的人也有患贫血的可能。因此，确定某人是否贫血或贫血程度如何，不能单纯靠肤色深浅来判断，通常应以血红蛋白指标作为诊断贫血的依据。同时，医生也会结合贫血的临床特征，如皮肤、指甲根部、口唇的颜色，以及心慌、气短、头晕、失眠、记忆力下降等症状，作出正确的判断。

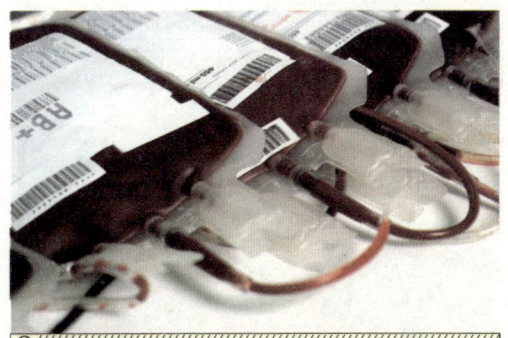

血库里的血浆
血库里的血浆都是按照不同的血型进行分类的，非常严格。血型不同的人不能进行输血，否则被输血者有生命危险。

贫血病人的红血球
贫血是指全身循环血液中红细胞总量减少至正常值以下。虽然红血球决定了血液的颜色，但贫血病人的脸色不一定苍白。

你知道吗

■ 过去人们认为只有人才有血型，现在已知许多动物都有血型。生长在美国缅因海湾的角鲨有4种血型。大马哈鱼至少有8种血型。家畜也有血型，牛有3种，马有4种，猪也有4种。

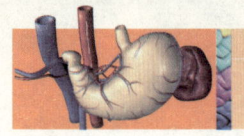

> 主题索引
> 只要血型相同就能保证输血安全吗？心脏从来不休息吗？

> 科学关键词
> 凝集素 心房 心室

■ 只要血型相同就能保证输血安全吗？

Weishenme

献血

无偿献血是国际卫生组织、国际红十字会推崇的献血形式。健康人按规定献血后，由于造血功能加强，失去的血细胞很快得到补充，身体会变得更健康。

根据A、B、O血型分类法，可以把人类的血型分为四种。凡红细胞只含A凝集原的血，称为A型血；红细胞只含B凝集原的血，称为B型血；A和B两种凝集原都有的血液，称为AB型血；A、B两种凝集原都没有的血液，则称为O型血。

任何人的血清中都不含有和自身红细胞凝集原相对抗的凝集素，即在A型血的血清中只含抗B凝集素；B型血的血清中只含抗A凝集素；AB型血的血清中，这两种凝集素都没有；而O型血的血清中则两种凝集素全有。因此，最好是输同型的血，否则容易产生凝集反应。

但是，即便是同型输血，也不一定能保证绝对安全。这是因为人类除了A、B、O血型以外，还有一种含Rh因子的血型。凡红细胞有Rh因子的人称为Rh阳性，没有Rh因子的人称为Rh阴性。一个Rh阴性的人第一次接受Rh阳性的血液时不会发生凝集反应。但这个人以后如再次输入Rh阳性的血液时，就会发生凝集反应。所以，即使是同型输血也要小心谨慎。

■ 心脏从来不休息吗？

Weishenme

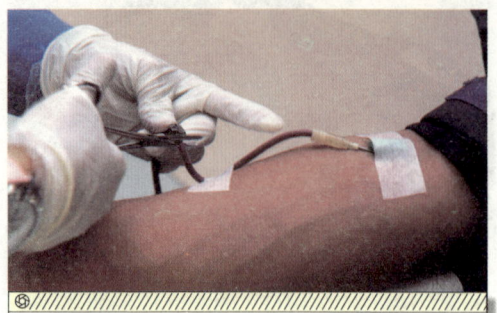

心脏是循环系统中的动力。人的心脏如本人的拳头大小，外形像桃子，位于横膈之上，两肺间而偏左。心脏主要由心肌构成，有左心房、左心室、右心房、右心室四个腔。左右心房之

心脏

如果按一个人心脏平均每分钟跳70次、寿命70岁计算的话，一个人的一生中，心脏就要跳动近26亿次。一旦心脏停止跳动而通过抢救不能复跳，那就意味着生命终止了。

间和左右心室之间均由间隔隔开，所以互不相通；心房与心室之间有瓣膜，这些瓣膜使血液只能由心房流入心室，而不能倒流。人在睡着之后，手脚不动了，眼、耳不看不听了，大脑也基本休息了。脑细胞也像夜里城市的路灯，只有少数亮着。可人的心脏却一直在跳个不停，"生命不止，心跳不停"。那么，心脏真的从来都不休息吗？

其实，心脏是会自我协调、积极休息的。心脏跳动一次，包括收缩、舒张，医学上称为一个心动周期。如果心跳每分钟75次，那么一个心动周期等于0.8秒（即60秒除以75次等于0.8秒）。在0.8秒的时间里，心房收缩占0.1秒，心房舒张占0.7秒，心室收缩占0.3秒，心室舒张占0.5秒。由此可见，不管是心房还是心室，收缩占的时间都比舒张的时间短。实际上，心房每天工作4小时，休息20小时；心室每天工作11小时，休息13小时。可见，心脏有充分的时间休息。

◆ 168 人类之最 世界上最稀少的血型：最稀少的血型是"孟买血"血型，1961年在捷克的一名护士身上发现。

牙齿为什么各不相同？

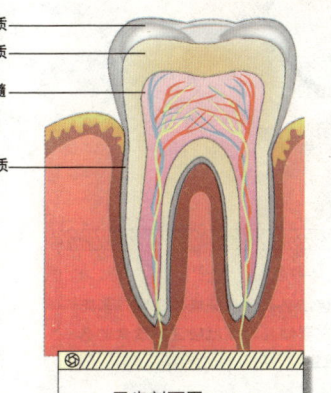

牙齿剖面图
牙齿由牙釉质、牙本质、牙骨质和牙髓四部分组成。

人类牙齿的类型、结构与食物的种类、性质有密切关系。由于牙齿要担负切割、撕裂、研磨食物的任务，所以32颗牙在颌骨上的位置及排列非常巧妙，并且分工明确：前方门牙主要负责切割食物；向内两侧是用来撕肉食的尖锐犬牙，共4颗，占10%；剩余20颗，占60%，是适合磨碎谷类食物的臼齿。人类进化后，由于工具的发明和烹调技术的进步，牙齿的功能和颌骨承受的压力大大减小，颌骨退化，牙床变小，牙齿的排列就比较拥挤。有时第三恒齿，也叫智齿，会发生阻生，引起牙龈病，让人疼痛难忍。奇形怪状的智齿并不是智慧的象征，而是多余无用的牙齿，若经常发炎，可以拔除。

牙齿形态各异，但牙的骨质都一样，它是全身最硬的骨组织。牙冠表面釉质钙化度最高，无机盐物质占96%～97%，加上面部发达的咀嚼肌，所以人能咀嚼硬度较高的食物。但是，过硬或过热、过冷的刺激均会造成牙齿的损害。一般在35～36摄氏度的温度下，牙齿组织和细胞的新陈代谢才能处于最佳状态。

刷牙
刷牙是保持口腔清洁的主要方法，它能消除口腔内软白污物、食物碎片和部分牙面菌斑，减少口腔环境中的致病因素，预防和治疗蛀牙、牙周炎等各种牙科疾病。

蛀牙是怎样形成的？

爱吃糖的人的牙根附近常会产生黑色斑点，有时甚至产生黑洞，这就是我们常说的蛀牙。那么，蛀牙是怎么形成的呢？

蛀牙的形成最主要与两个因素有关，即糖类的摄取以及特定的口腔内细菌（如某些链球菌）。食物中的糖类经过口腔菌落的发酵而生成有机酸，有机酸会破坏牙齿附近的酸碱平衡，当酸性达到一定程度时，牙齿便会去钙化。刚开始牙齿的珐琅质会出现不透明的白点，若去钙化的过程继续，牙齿便会空洞化，最后形成蛀牙。

糖类食物摄取越多，糖类在口腔中停留的时间越长，蛀牙形成的概率就越大。如嚼食含蔗糖的口香糖造成蛀牙的概率远比喝含蔗糖的汽水饮料高。

【百科辞典】

智齿：
口腔中最后面的白齿，一般在18～30岁才长出来，也有的人终生不长智齿。

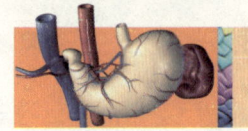

- 主题索引
- 为什么酸东西吃多了会"倒牙"？人为什么要换牙？
- 科学关键词
- 牙釉质 牙本质 乳牙

■ 为什么酸东西吃多了会"倒牙"？

Weishenme

倒牙

"倒牙"在医学上被称为牙齿感觉过敏，是指在牙本质部分暴露或者机体抵抗力下降时，牙齿遇到在正常生理范围内的外界刺激时出现的异常酸痛感。

我们平常吃一些酸味儿特别浓的水果后，会感觉牙齿变"软"了，产生一种酸痛的怪感觉，这就是所谓的"倒牙"。吃酸东西倒牙，是因为牙齿有了伤，碰上酸的东西或其他硬的东西容易受到刺激的缘故。

我们牙齿的最外层都有一层保护膜，叫牙釉质。它能保护我们的牙齿免受冷、热、酸、甜的刺激。但是，由于平时不注意保护牙釉质，咬较硬的食物，比如啃硬骨头、咬带壳的核桃、杏仁儿等，就会破坏牙釉质。这样牙釉质下面的牙本质就露出来了，牙本质上通着神经，感觉比较灵敏，碰上酸的东西容易受到刺激，我们自然就会有酸痛的感觉。

再者，酸的东西本身就有腐蚀性。即使牙齿原来没有受伤，酸的东西吃多了，也会使牙齿外面的牙釉质被腐蚀掉一部分，进而发生"倒牙"现象。

■ 人为什么要换牙？

Weishenme

每个人一生都有两副牙齿——乳牙和恒牙。乳牙在婴儿6个月后就开始长出来了，乳牙的数目等于婴儿出生的月数减去4或6，也就是说1岁时乳牙就会长出6个或8个，到两岁半左右全部出齐，共20颗。6岁时，乳牙就开始自己掉了，慢慢长出恒牙来；12岁时，恒牙就完全占

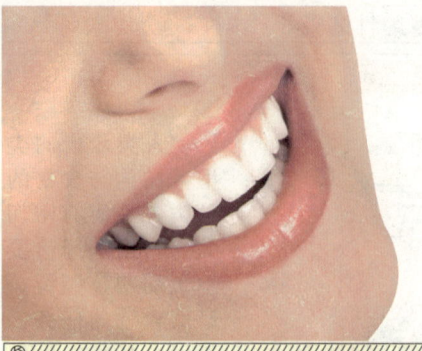

健康的牙齿

要想有一副健康的牙齿，必须注意牙齿的保健，多吃含钙丰富的食物，特别是在婴幼儿时期就应注意饮食的选择。再则，还要注意口腔卫生。

据了乳牙的位置；17～25岁时，恒牙全部长了出来，共28～32颗。

换牙是每个人都会经历的生理过程。但人为什么要换牙呢？

科学家认为，人从出生到6岁，是头颅骨骼发育最快的时期。人出生时上下腭牙床的骨骼比较小，随着人体的生长发育，牙床逐渐变大，乳牙会显得越来越小，而它的功能也渐渐不能满足人体生长的需要。人的牙床到6～7岁以后基本定型，以后的生长变化很小，因此，人在六七岁时换牙最佳。

•••【百科辞典】•••

牙釉质：

牙冠表面呈半透明且有一定光泽的一层物质，主要成分是磷酸钙等无机物，其硬度可与石英相媲美。

牙本质：

牙釉质的内层组织，色泽淡黄，对外界刺激非常敏感，主要成分是羟磷灰石等无机物和胶原蛋白等有机物。

乳牙：

在婴儿出生后六七个月开始长出，到两岁半左右长全的牙齿，共20颗，也叫奶牙。

人类之最　人体最大的细胞：卵子，是女性独有的细胞，直径在0.1毫米左右。

■ 为什么食物要经过咀嚼才能吞咽？

Weishenme

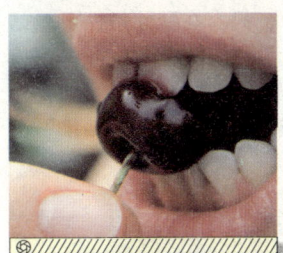

牙齿的作用
恒牙按形态和功能可分为切牙、尖牙和磨牙。切牙的功能是切断食物，尖牙用以穿刺和撕裂食物，磨牙则能磨碎食物。人类咀嚼食物使用的主要是磨牙。

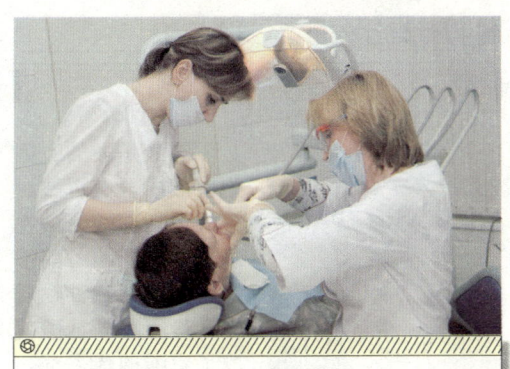

诊治牙病
用一侧牙齿咀嚼食物可能导致牙齿畸形，或引起牙病。牙齿离大脑很近，疼痛起来非常难受，最好到牙科诊所治疗。

我们对食物的消化过程是从口腔开始的，由牙齿、舌和唾液的活动而引发。锐利的门齿和犬齿切断、撕碎食物，扁平的前臼齿和臼齿将食物磨碎，这就是咀嚼过程。

食物进口后在第一关被嚼得十分细碎，然后通过咽喉、食道，进入胃里。经过胃的不停蠕动，在胃液的作用下，食物被细致加工成为半流质的糊状物，然后再被送到肠子里去。肠液、胰液再对糊状物进行充分消化，使肠道能吸收营养并排出废物。

如果我们吃东西时狼吞虎咽，食物没有经过仔细咀嚼，就会增加胃的负担。胃不能很好地消化食物，就会影响肠的消化和吸收，进而影响到身体健康。食物在嘴里加工得越细，胃的负担越小。所以，我们吃东西时一定要细嚼慢咽。

■ 为什么嚼东西时不宜偏用一侧牙齿？

Weishenme

牙齿具有咀嚼功能，并与发音和面部美观有密切关系。如果常偏用一侧牙齿咀嚼食物，常使用的一侧牙齿就会负担过重，牙面容易磨损引起牙质过敏或牙髓炎。不常用的一侧牙齿，则因缺少适当的食物摩擦，牙周组织比较薄弱，容易积存牙垢，引起龋齿和牙周病。从小就偏用一侧牙齿，还会使一侧的脸部肌肉发育超过另一侧，引起两侧面部不对称，从而影响到美观。

总喜欢用一侧牙齿咀嚼食物的人，多数是因为另一侧牙齿缺失、有洞或缝隙宽，容易嵌塞食物。有了这些问题应及时到医院治疗，纠正偏用一侧牙齿咀嚼食物的习惯。当开始使用原来不常用的一侧牙齿时，常会感到不得力，这时可以用较软或小块的食物逐渐锻炼，经过一段时间就会适应了。

你知道吗

■ 我们口腔中的唾液里含有酶，它能分解淀粉、碳水化合物等，帮助消化食物，还可以冲掉食物残渣，使口腔及牙齿保持清洁。

■ 牛有四个胃，分别是瘤胃、蜂巢胃、重瓣胃和皱胃。牛吃东西时，食物不经过咀嚼就从瘤胃到蜂巢胃，经过发酵后又返回嘴里，经反复咀嚼后再送到重瓣胃，最后送到皱胃消化吸收。

力量最大的牙齿：1983年，在瑞士洛桑的一次比赛中，杂技团大力士巴尔涅特咬住飞机上的铁链，使飞机无法驶离原地。

▶ 主题索引
胃酸有什么用？ 为什么胃不会把自己消化掉？

▶ 科学关键词
盐酸 胃黏膜 胃蛋白酶

■ 胃酸有什么用？

Weishenme

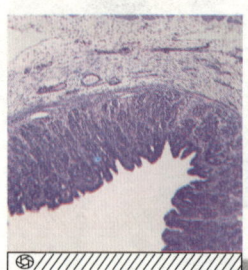

胃壁剖面
人的胃壁由黏膜、黏膜下层、肌层和外膜四层组成，并有神经、血管和淋巴管分布其中。

胃液是酸的，因为胃液中含有胃酸。胃酸包括盐酸、酸性磷酸盐、乳酸、醋酸等。由于后几种物质的含量很少，盐酸就成了胃酸的代名词。正常人每天分泌胃液1500～3000毫升，可见酸的分泌量是很多的。胃黏膜中有一种特殊的细胞叫做壁细胞，它是一个盐酸的"制造车间"。胃内之所以有这么多盐酸，是因为它对人体起着很重要的作用。胃内的盐酸有什么生理作用呢？

杀菌：随食物混进胃内的细菌，生长在口腔、饮水中的细菌很难闯过这第一道"酸防线"，大多在胃中被消灭。

初步消化蛋白质：盐酸可使食物中的动物蛋白（肉、蛋、鱼、奶）和植物蛋白（谷类、豆类等）发生变性而易被消化，更重要的是，胃内的胃蛋白酶只有在盐酸作用下才能消化蛋白质，不过只是初步消化而已。

促进胰液、胆汁分泌：胃酸进入小肠后会间接地促进胰液和胆汁这两种消化液分泌，前者是消化蛋白质和脂肪的"主力军"，后者则负责消化吸收脂肪。

促进铁和钙的吸收：铁是造血原料，钙是骨骼生长必需的成分，只有在酸性条件下，二者才能较好地被吸收利用。

可见，胃酸是人体消化系统的重要成分之一，胃酸缺乏或减少会出现一系列消化不良的症状。

■ 为什么胃不会把自己消化掉？

Weishenme

胃是人体消化食物的主要器官之一。它能蠕动，把食物磨烂。它分泌的胃液中含有胃酸和胃蛋白酶：胃酸可以杀死食物中的细菌，使富含纤维的食物变得十分柔软，还能增强胃蛋白酶的作用；胃蛋白酶能把食物中的蛋白质分解成便于人体吸收的氨基酸。

胃能消化掉其他动物的肉，但却不会把自己也腐蚀消化掉，这是为什么呢？

事实上，胃液在消化食物的同时，确实对胃壁有一定的损害作用。但由于胃有很强的再生能力，因此这种损害仅是暂时的。据研究，每分钟胃的表面能够产生约50万个新细胞，也就是说，只需三天就可以再生一个新的胃。而且胃壁上覆盖着一层厚厚的黏膜，它可以防止腐蚀性的胃液直接渗入内壁。此外，在胃壁上皮细胞上面还覆盖着薄薄的一层碳水化合物，可以进一步加强对胃的保护。有这么多重的保护和防范措施，我们的胃当然就不会消化掉自己了。

你知道吗

■ 胃酸的功能很重要，在胃酸分泌过少或服用碱性药物时，常常会有腹胀、腹泻等消化不良症状。

■ 胃酸分泌过多对人体也没有好处，因为过多的胃酸对胃和十二指肠黏膜有侵蚀破坏作用，是消化性溃疡病的发病原因之一。

胃
胃是人体消化系统的主要部分。胃壁上覆盖的胃黏膜具有特殊的保护作用，与胃液直接接触，带有腐蚀性的胃液不能渗入到胃的内壁，使其免遭或只受到轻度的酸液侵蚀。

人体最主要的能源：糖类是供给人体热量和力气的最主要的能源。正常情况下，人体大约70%的能量是由糖类来提供

■ 肚子饿了为什么会叫？

Weishenme

当食物在胃中消化将近完毕时，胃液仍旧继续分泌，由于胃里空了，胃的收缩就逐渐加强。空胃猛烈收缩时的冲动通过神经传至大脑，就引起饥饿感觉，我们称这种猛烈的胃收缩运动为"饥饿收缩"。

当胃进行饥饿收缩时，胃内的液体和吞咽下去的气体在胃内不得安宁，一会儿被挤到东，一会儿又被挤到西，结果就会发出"咕咕"的声音。

饥饿收缩是周期性的，在饥饿时胃的强烈收缩只不过延续半小时左右，随后也就进入平静期，再这么延续半小时到1小时，随着胃收缩的停止，饥饿的感觉也就消失了。所以，等到饿过头以后，我们反而吃不下东西了。

■ 吃下的东西都去哪儿了？

Weishenme

人的身体就好像一个炉子。要不断地向炉子里添煤，火才能一个劲儿地烧下去。人体不断地在发热、运动，也需要按时往里加"燃料"——食物。食物中所含的蛋白质、脂肪、碳水化合物等，在人体内各种酶的作用下被氧化了，这个过程虽然不会产生火，却能释放大量的热。

蛋白质"燃烧"以后，变成了尿素，从小便里排出去。脂肪和碳水化合物"燃烧"后，变成了二氧化碳和水。二氧化碳从鼻孔里跑掉了。水分有的在呼气时跑掉，有的成了"无形的汗"从皮肤上跑掉，也有的从大小便里排出去。这些东西排泄出去，人体就轻了。也正因为这样，人们要经常进餐，用吃进去的食物来供给热量，维持生命活动。

■ 人为什么会打嗝？

Weishenme

我们常常会遇到这样的现象，当吃饭太快、吞咽不当或遇到某些刺激时，人们往往会控制不住地打嗝。虽然打嗝不会影响身体健康，但使人难受，在大庭广众之下更使人难堪。

那么，人为什么会打嗝呢？这是因为人们吃饭过快，或吃饭时说话把气体吞入胃中，由膈肌痉挛引起的，是暂时的现象。一些胃病患者，或消化功能不好的人，也会有此现象。

防治打嗝，第一，吃饭要细嚼慢咽，不要边吃饭边说话。第二，吃干饭时喝点汤。遇到打嗝时，可深吸一口气，屏住气，然后喝几口水；也可以张口做腹部深呼吸；或用拇指压耳垂后凹陷处5～10分钟；或紧压左手少商穴（此穴在拇指桡侧指旁）1分钟；或两手拇指压在太阳穴上，两手食指在两侧眉毛处按摩。

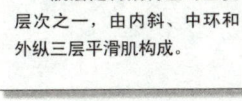

胃的肌层
肌层是构成胃壁的主要层次之一，由内斜、中环和外纵三层平滑肌构成。

人体消化系统示意图
消化系统由消化管和消化腺两部分组成。消化管是一条起自口腔，延续为咽、食管、胃、小肠、大肠、肛门的很长的肌性管道。消化腺包括消化管各部的管壁、三对唾液腺、肝和胰。

人体"库存"最多的物质： 脂肪一般约占成年人体重的15%，是人体"库存"最多的物质。

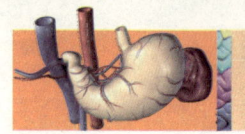

▶ 主题索引
胆汁是胆囊分泌的吗？为什么大肠里有细菌？

▶ 科学关键词
胆汁 胆囊 肠道菌

■ 胆汁是胆囊分泌的吗？

Weishenme

胆汁不是由胆囊分泌的，它由肝脏分泌，不断进入肝内毛细胆管，聚集在胆囊，最后由胆总管排到肠道。正常成人每天生成并分泌的胆汁有300～700毫升，其主要成分是胆汁酸盐、胆红素和胆固醇。胆囊位于肝脏的下方，起到储存和浓缩胆汁的作用。

肝脏制造胆汁，然后汇聚到一根管子（即胆总管）里，这根管子在中间部分分了个叉，分出一根管子与胆囊相通。胆总管最后与十二指肠相通。平时没吃东西的时候，胆总管与十二指肠的接口处是关闭的（由一层环形肌肉控制），肝脏制造的胆汁就暂时储存在胆囊内；在人吃油腻、高蛋白的食物时，胆总管与十二指肠的接口处就会开放，胆囊内储存的胆汁就释放入十二指肠，参与脂肪的消化。

胆汁对人体是有益的：胆汁中的胆汁酸能乳化脂肪，使之成为乳胶体，且能激活胰脂酶，促进脂肪的消化和吸收；胆汁既是一种消化液又是排泄液；除胆红素外，进入体内的药物、代谢产物、毒物、染料及重金属盐等均可随胆汁排入肠道，再由粪便排出体外。

人体肠道示意图
人体肠道微生态系统对人类抵抗肠道病原菌引起的感染性疾病起到很重要的作用。

■ 为什么大肠里有细菌？

Weishenme

人体有些地方是不能有任何细菌的，如血液、骨髓内，但有些器官却必须有细菌存在，如肠腔、皮肤、口腔等。当然，这些细菌通常是不具有致病性质的。

大肠中有许多细菌。细菌中含有的酶，能使食物残渣和植物纤维分解。其中有益物质由肠壁吸收，有害物质则以大便形式排出体外。大肠内细菌还能利用肠内较简单的物质，合成复合维生素B和维生素K，并由肠壁吸收，它们对人体具有营养作用和凝血功能。肠道内正常生长的细菌还有抑制致病微生物的作用。有些长寿老人，由于膳食结构的关系，他们大肠中的正常寄生菌较多，因而致病菌较少。有学者认为这是使人长寿的重要因素之一。酸牛奶和奶酪之所以有益于健康，原因就在于其中的乳酸杆菌可以抑制致病菌的生长和繁殖。不适当地使用抗生素会大量杀灭肠道内正常的寄生菌，往往会导致真菌性肠炎，原因便是肠道菌丛种类发生了改变。

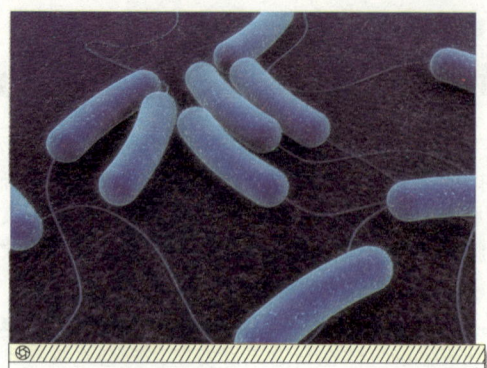

人体肠道示意图
人体肠道微生态系统对人类抵抗肠道病原菌引起的感染性疾病起到很重要的作用。

你知道吗

▪ 大肠中充斥着数十亿的细菌，只要大肠壁保持完整，这些细菌便无害。

▪ 有些细菌能合成少量可被大肠吸收的维生素，虽然这些维生素的量与食物中所含维生素的量相比要少得多，但当饮食中缺乏这些维生素时，这些由细菌所产生的微量维生素便显得十分重要了。

 人类之最　人体内细菌最多的器官：大肠。在人出世后不久，某些细菌就会进入我们的肠道，并永远定居下来，成为我们的终身伴

阑尾是无用的器官吗?

多年来,人们一直认为阑尾没有什么生理功能。但是我们知道,阑尾在人的胎儿和青少年时期发挥着重要的作用。人类胎儿发育到11周前后,阑尾中会出现内分泌细胞。这些内分泌细胞可产生各种生物胺和缩氨酸激素,从而协助人体进行自我平衡。

研究人员认为,成人身上的阑尾主要与免疫功能有关。人出生后不久,淋巴组织便开始在阑尾中聚积,在20岁左右达到高峰,之后迅速下降,并在60岁后消失殆尽。不过,在身体发育阶段,阑尾能够发挥淋巴器官的功能,促进B淋巴细胞(一种白细胞)的成熟和免疫球蛋白A类抗体的生成。研究人员还证明,阑尾参与制造的分子有助于淋巴细胞向身体内的其他部位转移。

由此看来,阑尾的功能似乎是使白细胞接触胃肠道里的大量抗原即外来物质。因此,阑尾可以帮助抑制具有潜在破坏作用的体液性抗体反应,同时能够提供局部的免疫作用。阑尾吸收肠道内的抗原并对其作出反应。这种局部的免疫系统在生理免疫反应以及对食物、药物、细菌或病毒性抗原的控制中发挥了重要的作用。目前,科学家正在对这些局部免疫反应与炎症性肠疾病以及自体免疫反应之间的关系进行研究。

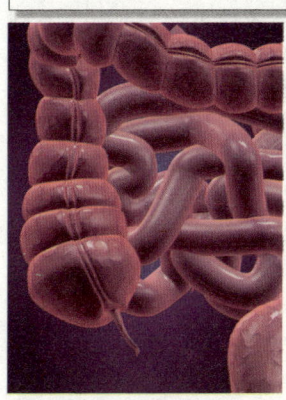

盲肠和阑尾
阑尾是回肠与盲肠交界处的一条蚯蚓状突起,有时会发炎,称为阑尾炎,也叫"盲肠炎"。

为什么要定时排便?

每天,我们要吃进大量的食物。这些食物经过消化道时被消化、吸收,剩下的食物残渣在肠内经过发酵形成粪便,进入直肠,最终由肛门排出,这就是排便。

排便是人体正常的排泄行为,是不可缺少的生理活动。但是,不同的人排便的习惯也不同,有的人每天排一次便,很有规律;有的人则几天才排一次便。事实上,身体每天都会产生便意,但有些人因工作忙,一时走不开或场所不合适,便忍了下来。如果长期这样,直肠壁上的神经末梢对大便积聚的反应就不敏感了。粪便长时间地积聚肠腔内,其中大量的水分被肠壁吸收,变得干结,不易被排出,久而久之,便会导致便秘、痔疮等症。另外,肠道内还寄生着一些细菌,细菌在使食物残渣发酵的同时,还会产生一定量的毒素,这些毒素在人体内的时间过长,人就会中毒,感到头晕、不舒服。

因此,我们要养成定时排便的习惯,这对保持身体健康有很重要的作用。

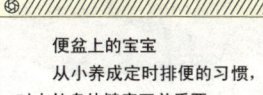

便盆上的宝宝
从小养成定时排便的习惯,对人的身体健康至关重要。

主题索引
人晒太阳为什么会变黑？皮肤磕碰后为什么会变成乌青色？人害羞为什么脸会红？

科学关键词
黑色素 毛细血管 肾上腺

■ 人晒太阳为什么会变黑？

Weishenme

皮肤的黑与白是由皮肤中黑色素的多少决定的，皮肤变黑是黑色素增加的结果。那么，在夏天的阳光下，皮肤的黑色素为什么会增多呢？

阳光中的紫外线是最容易伤害皮肤的，而皮肤产生黑色素正是为了抵挡阳光中的紫外线，以免皮肤受到它的伤害。我们穿着衣服的部位之所以不会被晒黑，是因为有衣服的遮挡，皮肤不需要产生黑色素来抵挡紫外线的缘故。

到了冬天，我们的皮肤又会慢慢变白，那是因为我们穿着厚厚的衣服，使得皮肤不需要直接抵抗紫外线。同时，冬天的紫外线也不是很强烈。

防晒
夏天里，太阳炽烈，给裸露的皮肤涂上防晒霜，可以保护皮肤。

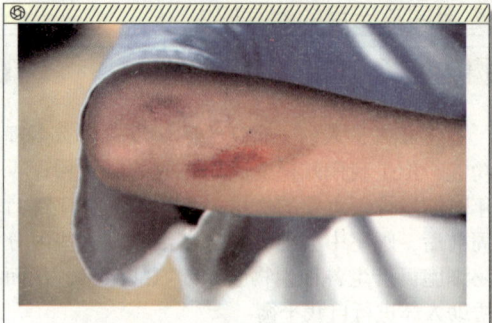

受伤的皮肤
表面没伤而皮肤乌青，是因为皮下组织的毛细血管破裂，造成红细胞死亡。死亡的红细胞时间长了就会变为青紫色。

■ 皮肤磕碰后为什么会变成乌青色？

Weishenme

当我们不小心撞到坚硬的物体时，除了感到疼痛以外，有时候我们还会发现，被撞到的部位虽然不流血，但过了一会儿，这些被撞的地方会变得乌青，这到底是什么原因呢？

原来，在我们的皮肤里分布着很多血管，有的很粗，血管壁也较厚，这种血管不会轻易破裂。有的血管则很细，如毛细血管，将二三十根毛细血管拧成一股，也只有一根头发那么粗，而且它的血管壁很薄，仅由一层上皮细胞构成。

如果毛细血管受到外力的撞击，就很容易破裂，在皮下形成淤血块。由于这些血液中的红细胞没有充足的氧气供应，逐渐变成暗红，继而坏死，就呈现青紫色了。人体内专门负责清除废物的细胞会慢慢地将坏死的红细胞吃掉。因此，被撞部位的乌青色也要经过一段时间才会消失。

■ 人害羞为什么脸会红？

Weishenme

很多人一害羞脸就红。这好像很奇怪，难为情和感到羞耻等感情是大脑产生的，脸怎么会变红呢？

人的视觉和听觉神经都与大脑紧密联系着，当与别人谈话或者做事情的时候，看到或听到使人害羞的事情，眼睛和耳朵会立即通过神经把信息传给大脑，大脑皮质收到信息，迅速进行分析判断，然后开始刺激肾上腺，肾上腺受到刺激，立即分泌出肾上腺素。肾上腺素会使血管扩张，尤其是脸皮下的微血管扩张得更厉害，所以脸孔就发热并且红起来了。

176 人类之最 最罕见的不出汗者：安徽蚌埠有3个孩子不会出汗，在炎热的季节里，他们常常要泡在冷水中，否则就会热昏

主题索引
人体内的淋巴系统是做什么用的？ 为什么得过一次水痘就终身免疫？

科学关键词
淋巴细胞 免疫 疫苗

认识人类自身

■ 人体内的淋巴系统是做什么用的？

Weishenme

淋巴系统是指能够制造白细胞和抗体，滤出病原体的循环系统。它主要分布在颈部、腹股沟及腋窝等处，由淋巴结、淋巴组织、淋巴器官、淋巴和淋巴管等组成。淋巴结是淋巴系统中最小的单位。淋巴组织也称网状内皮组织，分布于全身各处。淋巴管是全身的第二条液体循环线，分布于全身。在淋巴管内流动的液体叫淋巴。全身各处的淋巴组织和淋巴结通过大小不等的淋巴管连接相通。淋巴系统可将淋巴排出，输入血液中，以抵抗病菌的感染。

淋巴细胞是人体免疫功能的主力军。按发生、形态和功能等特点，又可分成 T 淋巴细胞和 B 淋巴细胞两种。T 淋巴细胞主要执行细胞免疫功能。异物抗原经巨噬细胞吞噬处理后，将决定异物特异性的抗原物质传送到 T 淋巴细胞，激活 T 淋巴细胞。T 淋巴细胞能破坏具有这种特异性的异物抗原。B 淋巴细胞主要执行体液免疫功能。它可产生大量免疫球蛋白，能识别、凝集、溶解异物或中和毒素。

■ 为什么得过一次水痘就终身免疫？

Weishenme

患水痘的小女孩
水痘是由水痘带状疱疹病毒初次感染引起的传染病，其主要症状是发热及出现周身性红色斑丘疹、疱疹、痂疹等。

水痘是一种常见的主要发生在儿童中的传染病。它是由水痘带状疱疹病毒感染所引起的出疹性急性呼吸道传染病，一年四季均可发病，特别多发于冬、春季。水痘主要通过空气、飞沫经呼吸道传播，也可因接触患儿疱疹内的疱浆通过衣服、用具、玩具传染，传染性较强。病毒先在上呼吸道繁殖，小量病毒侵入血液中在单核吞噬系统中繁殖后，再大量进入血液循环，形成第二次病毒血症，侵袭皮肤及内脏，引起发病。但是，出过水痘的人，一生都不会再得这种病，有了终身的免疫力。这又是什么原因呢？

这是因为，人体有一套健全的免疫系统，对特殊的微生物（病毒、细菌等）有特殊的免疫力。所谓免疫力，就是在微生物等被叫做抗原的物质刺激下，免疫淋巴组织被激活，产生免疫物质（抗体）直接杀灭微生物。免疫记忆细胞对接触过的微生物抗原留下了记忆，下次同一抗原再次侵入时，免疫记忆细胞就会很快识别出来，并迅速产生免疫物质（抗体），杀死微生物。

人类根据这一原理发明了各种疫苗，就是把微生物做减毒处理后，作为抗原注射到免疫力还不强的人身上，使其产生免疫力，以预防这些特殊传染病，达到终身免疫的目的。

人体淋巴分布示意图
淋巴系统是循环系统的组成部分，由淋巴管、淋巴结、淋巴组织、淋巴和淋巴器官组成。

【百科辞典】

疫苗：
能使机体产生免疫力的病毒或立克次氏体等制剂，如牛痘苗、麻疹疫苗等。

人类之最 人体最大的淋巴器官：位于身体腹腔左上部的脾脏，重约 100 克，是人体最大的淋巴器官。

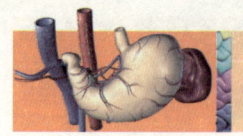

> 主题索引
> 基因是什么? 人类的细胞有什么用?

> 科学关键词
> 基因 DNA 细胞

■ 基因是什么?

Weishenme

1909年,丹麦科学家约翰逊首次提出了"基因"的概念。他认为,生物的性状,如植物的高矮、花色、籽粒大小,动物的肤色、毛色等,都是由基因决定的。

1910年,美国杰出的遗传学家摩尔根在研究果蝇的遗传现象时,发现基因会发生突变。本来是红眼的果蝇,在它的后代中突然出现白眼果蝇。究其原因,是控制红白眼性状的基因发生了变化。

这一现象告诉人们,改变基因,就有可能得到新的性状,培育出新的生物种。这对于包括基因重组技术在内的基因工程技术来说,是极其重要的。

> **双螺旋结构示意图**
> 1953年4月25日,美国科学家詹姆斯·沃森博士和弗朗西斯·克里克博士提出了DNA的新结构——双螺旋结构模式,使人们了解到基因是如何复制并携带信息的。

在很长一段时间里,虽然人们知道基因是怎么回事,但它具体是什么物质,却不太清楚。直到1944年,科学家通过实验才明确DNA是构成基因的物质基础。DNA由4种核苷酸组成,4种核苷酸固定配对形成密码,这就是一切生物的遗传密码。经过将近一个世纪的努力,科学家们对基因的研究已经取得了突破性的成果,可以设想,基因技术在未来的科学领域中将发挥日益重要的作用。

■ 人类的细胞有什么用?

Weishenme

你想过自己的身体是由什么构成的吗?我们的身体是由细胞构成的。细胞是表现生命体结构和功能的基本单位,其形状各种各样,主要由细胞核、细胞质、细胞膜等构成。

细胞的首要任务是准确无误地构成我们的身体。例如骨是骨细胞的集合体,肌肉由肌

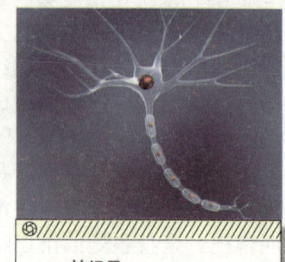

> **神经元**
> 神经细胞是高等动物神经系统的结构单位和功能单位,又被称为神经元。其基本结构可分为胞体和突起两部分。胞体包括细胞膜、细胞质和细胞核;突起由胞体发出,分为树突和轴突两种。

细胞组成,脑由无数个脑神经细胞组成,胃、肝、皮肤也都是由各自的细胞所组成的。其次是在各个环节上发挥它们各自的作用。在多细胞生物中,随着机体结构和功能的发展,细胞分化成各种各样的形态,以适应机体的各种功能,如运动、营养和生殖等。

这如同一辆汽车,汽车是由很多机械零部件组装成的,只有组装正确,它们才能全都正常运转,才能保证汽车不出故障而安全行驶。

据说,人体细胞的个数无法统计,那是一个超出人类想象能力的数字。正因为如此众多的细胞在各自的岗位上辛勤地工作,我们的身体才能这样健康。

> **•••【百科辞典】•••**
> **DNA:**
> 脱氧核糖核酸,是核酸的一类,因分子中含有脱氧核糖而得名。存在于细胞核、线粒体、叶绿体中,也可以以游离状态存在于某些细胞的细胞质中。

◆ 178 **人类之最** **人体内最长的细胞**:专管运动功能的神经细胞。它们的突起末端有的可达到1米以上。

- 主题索引
  精子是由哪里产生的？精子为什么长着小尾巴？
- 科学关键词
  精子 睾丸

认识人类自身

■ 精子是由哪里产生的？
Weishenme

精子是产自男性体内的生殖细胞。它是一种形态特殊的细胞，外形像一只小蝌蚪，长约60微米，头部的细胞核负责携带亲代遗传基因，其尾部则具有运动功能，使精子能向卵子游动，与卵子结合。卵子受精后，就成为一个新的受精卵，它会一边发育一边向子宫方向移动，最终发育成一个胎儿。

精子是在睾丸的曲细精管中制造出来的。曲细精管的内壁是基膜，由精原细胞和支持细胞构成。精子由精原细胞发育而来。精原细胞经过分裂增殖后长成为初级精母细胞，初级精母细胞再分裂为次级精母细胞，次级精母细胞继续分裂形成精子细胞，精子细胞发育成熟后便成为真正的精子。这些精子细胞在不断发育的过程中，逐渐向管腔方向移动，最终脱离曲细精管上皮，以成熟的精子形式释放到管腔中来。

精子的形成也就是男性生殖细胞发育成熟的过程。成熟的精子在附睾中停留10天后便来到射精管，在那里它可存活6周，而在女性体内它仅能存活3天。

男性生殖系统
生殖系统是生物体内和生殖密切相关的器官组成的统一体。男性内生殖器包括睾丸、附睾、输精管、射精管、精囊腺、前列腺等。外生殖器有阴茎和阴囊。

■ 精子为什么长着小尾巴？
Weishenme

在显微镜下观察，精子个个长着大脑袋、小细脖、粗身子、长尾巴，模样活像春天池塘里游泳的蝌蚪。精子全长五六十微米，可想而知，精子真的是微乎其微了。精子虽然极微小，但构造并不简单，可以分为头、颈、体、尾四个部分。

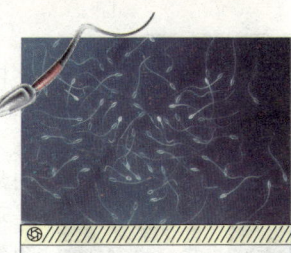

精子
精子外形很像蝌蚪，不过很小，只有借助显微镜才能看得见。

一个精子就是一个细胞。精子的"头部"主要成分是一个高度浓缩的细胞核，细胞核的里面，含有大名鼎鼎的染色体，在染色体上携带着遗传基因。精子细胞核的前方，像是戴了一顶圆圆的大帽子（即顶体）。顶体的作用像一只钻头，当精子与卵子相遇的一刹那，像钻头一样的精子顶体便释放出一些水解酶，溶解卵子的外膜，帮助精子顺利地进入卵子内部，完成受精过程。精子的"尾巴"很长，几乎是"头部"的10倍，它是精子前进的"推进器"。精子靠着它，可以悠闲地摆来摆去，向前，向上，翻跟斗，转圆圈，甚至还能爬高。精子的运动速度可以达到每秒钟五六十微米，生育能力强的精子，其存活期间可以爬到5厘米的高度，可谓是身怀绝技，不同凡响。

你知道吗

- 成年男子每天可产生3亿个精子。
- 一个精子的发育成熟，要经历复杂的过程，大约需要3个月的时间。精子是在睾丸曲细精管内形成的，经过附睾后，又进入子宫、输卵管内，才具有了活动和受精能力。

人类之最 第一个看到精子的人：荷兰人安托尼万·列文胡克于1677年第一次在显微镜下见到精子。

> 主题索引
> 卵子是怎样形成的？ 精子和卵子怎样结合？

> 科学关键词
> 卵子 精子 受精卵

■ 卵子是怎样形成的？

Weishenme

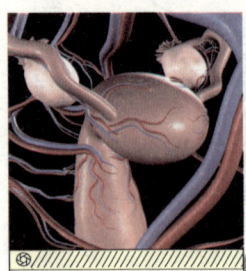

卵巢和子宫

卵子是产自女性体内的生殖细胞，由卵巢中的原始卵母细胞发育而成，是人体内最大的细胞。卵子是球形的，由卵黄膜包裹着，起着保护卵子的作用。

如果将卵巢解剖开来，可以发现它分为两层：外围的皮质和中央部位的髓质。皮质是产生卵子的场所，髓质协助皮质完成产生卵子的任务。一般来说，在生育年龄里，每一个月经周期只有1个卵泡发育成熟。成熟的卵泡不但体积增大，卵泡液增多，里面的卵细胞也发育为成熟的卵子，而且逐渐向卵巢表面移行。等到排卵时，卵子从卵泡里破裂而出，即被守候在旁边的输卵管伞部"捕获"进输卵管，然后慢慢地移动到输卵管管腔最宽大的壶腹部，并停留在该处，等待精子的光临。

卵巢的生卵作用是不连续的。女性青春期发育成熟以后，在每一个规则的月经周期内排出1个成熟的卵子（有时也会产生2个卵子），直到绝经期止。女性一生大约排出400个卵子。1个卵子排出后大约可以存活48小时。在这48小时内如果卵子与精子相遇就有可能形成受精卵，若不能遇到精子形成受精卵，便在48～72小时后自然死亡。

■ 精子和卵子怎样结合？

Weishenme

女性在排卵时，每次只排出1个卵子，而性成熟期的男子，一次射精能排出3～5毫升精液，含有几千万甚至几亿个精子。这些精子中，有少数是属于"先天残疾"的，不堪担负生育后代的重任。

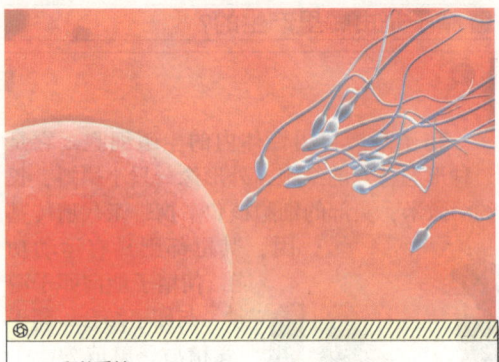

卵的受精

精子进入阴道后，以每分钟2～3毫米的速度游入子宫，再进入输卵管内部。这时，如果输卵管中正好有卵子，无数精子中最幸运也是最有活力的一个，就会在靠近卵巢的部分和卵子结合，成为受精卵。

发育良好的精子进入阴道后，靠着"尾巴"的摆动和阴道肌肉的收缩，以每分钟两三毫米的速度向卵子游去。它们要连闯四关才能到达输卵管。第一关：沿着阴道上行；第二关：通过子宫颈管口进入子宫腔；第三关：游过宫腔，进入输卵管；第四关：在输卵管内与卵子结合。

在射精后2小时，最英勇顽强的一小批精子终于抵达目的地——输卵管上端。这时，成熟卵也在羞涩、焦急地等待着它的"如意郎君"——精子的到来。卵子排出后，只有一天的寿命，而且只有前半天才有受精能力。最终，一个幸运的精子用头部的顶体，揭开了卵子的"盖头"，钻进卵子体内，同时卵子的膜发生改变，使其他精子不能再进入。于是，辉煌的时刻到来了：一个新的生命，精子与卵子形成的一个新的细胞即受精卵诞生了。

你知道吗

■ 受精卵是1个新细胞，大约在受精后30个小时，它开始分裂，产生2个细胞，这2个细胞再继续分裂形成4个，这些细胞再分裂成8个，依此类推。

■ 受精卵在形成后六七天，就在子宫"扎根落户"，与子宫内膜开始形成胎盘。

---

180 人类之最　　人体内最小的细胞：淋巴细胞。它的直径只有6微米，500个淋巴细胞排起来，才有一粒芝麻那么大。

■ 为什么说"十月怀胎，一朝分娩"？

Weishenme

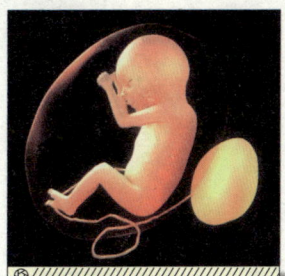

母亲腹中的胎儿
从怀孕到出生，胎儿在母亲的腹中共经历约280天即40周。第37周已进入最后阶段，满37周出生的胎儿就可以称为"足月儿"了。

因为精子和卵子结合成受精卵后，便开始细胞分裂（也叫卵裂），并随着输卵管肌肉的蠕动、纤毛的摆动、管内液体的流动，受精卵逐渐向子宫腔移动，这个过程大约要4天时间。这时，受精卵已反复分裂成一形如桑葚的细胞团。它在子宫腔内分泌一种分解蛋白质的酶，侵蚀子宫内膜，趁机钻入子宫内膜的功能层中，然后内膜重新修复。从此，受精卵就像种子埋进肥沃的土壤，迅速茁壮成长起来。

发育到第2个月时，受精卵已发育成具有人形的胚胎，可分辨出头、四肢、眼、耳和鼻子。到第3个月，胚胎就改称"胎儿"了。到第4个月，胎儿骨骼系统开始发育，且可分辨出胎儿的性别，胎儿的活动（胎动）也比较活跃。到了第5个月，胎儿的心脏发育不断完善。以后的主要变化是个头逐渐增大，体重与日俱增，直至胎儿呱呱坠地。胚胎和胎儿在母体内的生长发育通常需要280天，医学上计为40个孕周，每月按4周算，正好是10个月。相对而言，胎儿从母体分娩出来的时间是十分短暂的，故人称"十月怀胎，一朝分娩"。

■ 为什么会有双胞胎？

Weishenme

正常的生育是一个成熟的卵子和一个精子结合为受精卵，并发育为一个胎儿。但在某些特定的情况下，妇女也会生出双胞胎甚至多胞胎。双胎（孪生）有两种：

一种是双卵（异卵）双胎，是指妇女同时排出2个卵子，又各自和1个精子受精，成为2个受精卵。由于从不同的卵发育而来，各含有不同的遗传结构，其性别往往不相同，身体外貌特征也不一定相似。这种同一时间排出2个卵，多系女性生殖器官生理上不正常所致。双卵双胎占双胎总出现率的2/3。

另一种是在整个胚胎发育的早期，由于某种原因使受精卵在第一次分裂时形成2个卵裂球，两者各自发育成1个婴儿，叫做单卵双胎，其胎儿具有相同的遗传性，在性别、血型、指纹、相貌、身材、行为、智能和性格特点上极为相似。

双胎的产生可能与遗传因素有关。在有双胎的兄弟或姐妹的家庭中，双胎的出现率较高。另外也与临床上常用促性腺激素等激素类药物诱导排卵有关。这类激素有时会导致多排卵。

多胞胎则是多卵同时受精的结果，也可由单卵分裂而来。

双胞胎
双胞胎分异卵双胎和单卵双胎两种。单卵双胎是一个精子与一个卵子结合产生的一个受精卵一分为二，形成两个胚胎，长成两个胎儿。

人体收缩性最大的器官：子宫。它平时只有鸡蛋大小，到怀孕后期可胀得像冬瓜那么大。